Hans-Peter Bürgler
Ekbert Hering

LOTUS 1–2–3
Schritt für Schritt

—— Anwender-Software ——

Multiplan Software Training
herausgegeben von Regina B. und Rolf B. Baumeister

Word Software Training
herausgegeben von Regina B. und Rolf B. Baumeister

Chart Software Training
herausgegeben von Regina B. und Rolf B. Baumeister

dBASE III Software Training
herausgegeben von Regina B. und Rolf B. Baumeister

dBASE III – Eine anwenderorientierte Einführung
von Robert A. Byers

dBASE II im praktischen Einsatz
von Alan Freedman

dBASE II – Programmierbegleiter
von Lawrence Calmus und Bruce Perelman

LOTUS 1–2–3 – Schritt für Schritt
von Hans-Peter Bürgler und Ekbert Hering

—— Vieweg ——

Software Trainer Grundstufe

Hans-Peter Bürgler
Ekbert Hering

Lotus 1-2-3

Schritt für Schritt

Springer Fachmedien Wiesbaden GmbH

Das in diesem Buch enthaltene Programm-Material ist mit keiner Verpflichtung oder Garantie irgend-
einer Art verbunden. Die Autoren und der Verlag übernehmen infolgedessen keine Verantwortung und
werden keine daraus folgende oder sonstige Haftung übernehmen, die auf irgendeine Art aus der
Benutzung dieses Programm-Materials oder Teilen davon entsteht.

1987

ISBN 978-3-528-04531-9   ISBN 978-3-322-89721-3 (eBook)
DOI 10.1007/978-3-322-89721-3

Inhaltsverzeichnis

Vorwort

Immer mehr Rechner werden an Arbeitsplätzen in Verwaltung, Wirtschaft und bei Selbstständigen eingesetzt. Wenn auch die Hardwarepreise zum Kauf eines Rechners verlocken, so wird es doch für viele Anwender schwierig, ihre eigenen Probleme zu lösen. Viele stehen vor der Frage, ob sie eine der vielen Programmiersprachen lernen sollten oder für teures Geld ihre individuellen Probleme programmieren lassen müssen.

Das hier beschriebene Werkzeug Lotus 1-2-3 ist idealerweise dazu geeignet, ohne den Umweg über das Beherrschen einer Programmiersprache die eigenen Aufgaben schnell und effizient lösen zu können.

In Lotus 1-2-3 werden alle Aufgaben in einem elektronischen Arbeitsblatt, das in Spalten und Zeilen organisiert ist, erfaßt und mit Hilfe der Lotus 1-2-3 Befehle gelöst. Aus diesem Grunde lassen sich alle *Tabellenkalkulationen* bequem durchführen. Wichtig ist dabei die Möglichkeit, sehr schnell Zahlenwerte ändern zu können und per Knopfdruck das neue Ergebnis zu erhalten. Die wichtige Frage: „Was passiert, wenn?" kann in Sekundenschnelle beantwortet werden.

Folgende weitere wichtige Vorteile bietet Lotus 1-2-3:

1. *Grafische Auswertung*

Die Zahlenreihen in den Tabellen können zur besseren Anschauung durch Drücken weniger Tasten in eine gewünschte Linien-, Balken- oder Kreisgrafik umgewandelt werden.

2. *Datenbank*

Die Zahlenwerte in den Tabellen können zu einer Datenbank erweitert werden, in der Datensätze nach bestimmten Eigenschaften ausgewählt, gesucht und sortiert werden können.

3. *Statistik, Finanzmathematik und Investitionsrechnung*

Statistische Kennzahlen, wie der arithmetische Mittelwert, die Standardabweichung und die Varianz sind errechenbar. Weiterhin können Aufgaben aus der Zinseszins- und Investitionsrechnung gelöst werden, beispielsweise die Bestimmung des Barwertes, des internen Zinsfußes oder das Aufstellen von Zins- und Tilgungsplänen.

4. *Programmierung*

Ähnlich wie in einer Programmiersprache stellt Lotus 1–2–3 Befehle, sogenannte *Makros,* bereit, mit denen eigene Programme erstellt oder der Aufbau von Tabellen automatisiert werden kann.

5. *Übernahme von Dateien aus anderen Softwareprodukten*

Dateien, die mit den sehr weit verbreiteten Softwareprodukten wie Wordstar, dBASE II, Visicalc und Jazz erstellt wurden, können von Lotus 1–2–3 übernommen und dort weiterverarbeitet werden.

Sämtliche Lotus 1–2–3-Befehle sind in einem separaten Teil am Ende des Buches zusammengestellt. Damit wird es dem Leser möglich, die einzelnen Beispiele durchzuarbeiten, ohne im Buch blättern zu müssen.

Lotus 1–2–3 ist ein überaus leistungsfähiges, verschiedene Funktionen umfassendes, *integriertes* Softwarepaket. Ziel dieses Buches ist es, an praktischen Beispielen diese Leistungsfähigkeit zu demonstrieren. Deshalb wird, Kapitel für Kapitel, an konkreten praxisnahen Problemen gezeigt, wie diese Möglichkeiten ausgeschöpft werden können, wohl wissend, daß dies in diesem Buch nicht möglich ist.

Der Leser kann, auch ohne EDV-Kenntnisse, unseren Beispielen folgen. Dabei wird er nicht nur die Funktionsweise von Lotus 1–2–3 kennenlernen, sondern auch Ideen und Anregungen zur Lösung seiner eigenen Probleme erhalten, sei es in der Kalkulation, zur Kontrolle des Auftragsbestandes, zur Organisation seiner Daten in einer Datenbank, für eine Investitionsrechnung oder bei einer statistischen Analyse.

In unserem Buch werden folgende Anwendungsfälle behandelt:

Im *ersten Kapitel* zeigen wir, wie man Lotus 1–2–3 startet und wie man damit arbeitet.

Im *zweiten und dritten Kapitel* werden zwei sehr einfache Arbeitsblätter zur Einführung in Lotus 1–2–3 vorgestellt. Es sind dies die Arbeitsblätter für einen privaten Haushaltsplan und für die Kontrolle des Auftragsbestandes. Die Auswertung veranschaulichen wir mit einem Balkendiagramm und einer Kreisgrafik.

Im *vierten Kapitel* wird eine Datenbank zur Lagerverwaltung aufgebaut, die wir nach bestimmten Kriterien auswerten und im *fünften Kapitel* werden Fertigungsdaten in einer Datenbank aufbereitet und statistisch ausgewertet.

Im *sechsten Kapitel* zeigen wir die Lösung finanzmathematischer Probleme am Beispiel einer Investitionsrechnung.

Im *siebten und achten Kapitel* werden mit Makrobefehlen eigene Programme erarbeitet. Dabei greifen wir auf das Beispiel des Haushaltsplans (zweites Kapitel) und der Entwicklung des Auftragsbestandes (drittes Kapitel) zurück.

Im *neunten Kapitel* werden alle möglichen grafischen Auswertungen aufgezeigt, und im *zehnten Kapitel* zeigen wir, wie die Grafiken ausgedruckt werden.

Alle Kapitel sind nach demselben Muster gegliedert. Zunächst wird das praktische Beispiel geschildert. Daran anschließend stellen wir die Schritte vor, mit denen das Problem durch Lotus 1–2–3 bearbeitet werden soll. Dabei haben wir die neuen Schritte fett gedruckt und die bereits früher besprochenen normal geschrieben.

Im Anschluß daran wird die Vorgehensweise im einzelnen beschrieben: Auf der linken Seitenhälfte stehen die Tätigkeiten, die der Leser durchführen muß, z. B. Tastendrücken oder Eingabe von Befehlen, Zahlen, Texten, Formeln oder Funktionen. Alle Tasten, die betätigt werden, sind in < > gesetzt, z. B. <RETURN>, alle sonstigen Eingaben sind fettgedruckt. Auf der rechten Seitenhälfte wird beschrieben, welche Wirkungen die Eingaben haben.

Wer sich nicht der Mühe unterziehen möchte, alle Arbeitsblätter dieses Buches selbst zu erstellen, der wird zur Diskette greifen. Mit ihr kann er die Arbeitsblätter sofort aufrufen und die Daten entsprechend seinen eigenen Wünschen ändern. Er wird die Leistungsfähigkeit von Lotus 1–2–3 sofort erleben können, wenn er sieht, wie schnell die Arbeitsblätter mit geänderten Daten neu berechnet werden.

An dieser Stelle möchten wir vor allem Frau G. Treiber und Herrn W. Dumke vom Vieweg-Verlag danken, die nicht nur hervorragend lektoriert haben, sondern uns auch bei allen technischen Fragen im Umgang mit dem Textsystem und dem Laserdrucker schnell und unter großem persönlichen Einsatz geholfen haben. Bei Herrn U. Rave bedanken wir uns für die sorgfältige Überprüfung des Manuskriptes.

Zum Schluß wünschen wir allen Lesern viel Spaß und viel Erfolg bei der Einarbeitung in dieses erfolgreiche Software-Werkzeug Lotus 1–2–3. Wir würden uns freuen, möglichst viel, auch kritische Resonanz, zu erfahren.

Ekbert Hering und Hans-Peter Bürgler
Heubach, Ellwangen   Im Dezember 1986

1 Einführung in Lotus 1-2-3

In diesem einführenden Abschnitt wird das Softwarepaket Lotus 1-2-3 kurz vorgestellt und die wichtigsten Schritte gezeigt, damit mit diesem Werkzeug gearbeitet werden kann. Dieses Kapitel sollte unbedingt vor Inbetriebnahme von Lotus 1-2-3 zu Rate gezogen werden. Hier sind ausführlich alle Schritte bis zum Arbeitsbeginn mit Lotus 1-2-3 aufgezeigt. Bei der Beschreibung wird Ihre Systemkonfiguration berücksichtigt (Einzellaufwerk-, Doppellaufwerk- oder Festplatten-System).

1.1 Das Lotus 1-2-3-Programmpaket

Das Programmpaket Lotus 1-2-3 umfaßt sechs Disketten:

1. Systemdiskette

Auf ihr befindet sich das vollständige Programm von Lotus 1-2-3, d.h. das Arbeitsblatt, die Grafik, die Datenbank und die Hilfetexte.

2. Reserve-Systemdiskette

Auf ihr befindet sich eine Kopie der Systemdiskette.

3. Dienstprogramm-Diskette

Mit diesen Programmen werden die Drucker installiert und die Grafiken angezeigt. Außerdem können mit dem Translate-Dienstprogramm Daten zwischen anderen Programmen (z. B. dBaseII und Visicalc) und Lotus 1-2-3 ausgetauscht werden.

4. Install-Bibliothek-Diskette

Hier finden Sie die sogenannten Treiber. Sie ermöglichen Lotus 1-2-3, mit den entsprechenden Computern, den zugehörigen Bildschirmen, Druckern und Plottern zu arbeiten.

5. PrintGraph-Diskette

Mit diesen Programmen können die erstellten Grafiken ausgedruckt werden, wobei Farben, Layout und Schriftarten gewählt werden können.

6. Tutorial-Diskette

Auf dieser Diskette befinden sich sechs Lektionen, mit deren Hilfe sich der Benutzer in Lotus 1-2-3 einarbeiten kann.

1.2 Benutzen von Lotus 1-2-3

Es empfiehlt sich, alle mitgelieferten Lotus 1-2-3-Disketten mit dem Schreibschutzstreifen zu versehen, damit sie nicht versehentlich überschrieben werden können.

Von allen Disketten, mit Ausnahme der System- bzw. Reservesystem-Diskette, werden zuerst Kopien hergestellt. Wir gehen davon aus, daß der Anwender von Lotus 1-2-3 in der Lage ist, Kopien anzufertigen. Im anderen Falle müssen die entsprechenden Befehle im DOS-Handbuch nachgeschlagen werden. Die Originaldisketten werden an einem sicheren Ort aufbewahrt und man wird nur mit den Kopien arbeiten.

Für das Arbeiten mit Lotus 1-2-3 ist unbedingt eine Original-Systemdiskette (oder die Reserve-Systemdiskette) erforderlich, da sich auf ihr ein Sondercode befindet, nach dem beim Start gefragt wird. Die System-Disketten sind kopiergeschützt.

Bei der Vorbereitung für die Benutzung von Lotus 1-2-3 wird - je nach Computersystem - folgendermaßen vorgegangen (s. Tabelle 1-1):

Tabelle 1-1 Vorgehensweise beim Einsatz von Lotus 1-2-3

Diskettensysteme	Festplattensysteme
Erstellen von Reservekopien	Kopieren auf die Festplatte
Starten des Install-Programms Benutzen des Install-Programms Beenden des Install-Programms	

1.2.1 Kopieren auf die Festplatte

Zum Kopieren von Disketten verweisen wir auf das DOS-Handbuch. Beim Kopieren auf die Festplatte geht man in folgenden Schritten vor:

1. Starten des Computers

Die Verriegelung des Laufwerkes A wird gelöst und der Rechner wird eingeschaltet.

Gegebenenfalls wird das Datum eingegeben und mit der <RETURN>-Taste bestätigt.

Gegebenenfalls wird die Zeit eingegeben und mit der <RETURN>-Taste bestätigt.

Das System meldet sich mit dem Laufwerk C (Festplatte).

2. Unterverzeichnis erstellen

Es ist zu empfehlen, auf der Festplatte eine gesonderte Dateigruppe zu benennen, die nur Dateien von Lotus 1-2-3 enthält. Wir geben dem Unterverzeichnis den Namen 123. Zur Erstellung des Unterverzeichnisses sind folgende Schritte erforderlich:

- Eingabe von **md\123**.
  Dadurch wird ein Unterverzeichnis festgelegt.

- Eingabe von **cd\123**.
  Dadurch wird das Unterverzeichnis 123.

3. Kopieren von Lotus 1-2-3 auf die Festplatte

Die Systemdiskette von Lotus 1-2-3 wird in das Laufwerk eingelegt und die Verriegelung geschlossen.

Man muß sicher sein, daß man sich im Betriebssystem DOS befindet und das 123 das aktuelle Unterverzeichnis ist.

- Eingabe von **copy *.*** <RETURN>.
  Alle Dateien werden kopiert. Anschließend erscheint die Systemanzeige C> auf dem Bildschirm.

- Herausnehmen der Systemdiskette aus Laufwerk A. Mit den restlichen Disketten wird diese Prozedur wiederholt, bis alle Lotus 1-2-3-Disketten auf der Festplatte abgespeichert sind.

1.2.2 Benutzen des Install-Programms

Mit dem Install-Programm, das sich auf einer gesonderten Diskette
befindet, wird Lotus 1-2-3 mitgeteilt, welche Hardware und welche
Ausgabemöglichkeiten vorhanden sind. So muß beispielsweise bei der
Ausgabe über einen Drucker aus dem Install-Programm der entsprechende Drucker ausgewählt werden (z.B. EPSONLQ). Die benutze Hardware und die Peripheriegeräte werden bei Lotus 1-2-3 angemeldet. Bei
diesem Vorgang werden die wichtigsten Betriebsdaten dieser Geräte in
Form von Treibersätzen auf die Systemdiskette geschrieben. Deshalb
muß während der Installation der Schreibschutzstreifen der Systemdiskette entfernt werden.

Im folgenden wird gezeigt, wie das Install-Programm aus DOS gestartet
wird (es ist auch möglich, aus dem 1-2-3 Access System zu starten):

- Einlegen der Dienstprogramm-Diskette in das A-Laufwerk.

A>Install <RETURN>

Eingabe von **Install** und Drücken der <RETURN>-Taste. Nach etwa 30
Sekunden startet das Install-Programm und wir sehen folgendes Bild:

```
                       1-2-3 Install-Programm

                           Copyright 1985
                      Lotus Development Corporation
                        Alle Rechte vorbehalten
                            Version 2.0


   Durch das Install-Programm können Sie 1-2-3 mitteilen, über was für
   eine Ausrüstung Sie verfügen. In einer Liste mit den verschiedenen
   Optionen bringen Sie den Menüzeiger zur gewünschten Option und drücken
   [RETURN]. Sie können 1-2-3 auch ohne das Install-Programm starten,
   können dann aber nicht drucken oder Grafiken zeichnen.

   Wenn Sie für eine bestimmte Wahl weitere Informationen benötigen, drücken
   Sie [F1], um einen Hilfe-Bildschirm abzurufen. Prüfen Sie vor dem Beginn
   des Install-Programms, ob Sie die erforderliche Hardware besitzen.



                            Bitte warten
```

Bild 1-1 Vorstellung des 1-2-3 Install-Programms

Im folgenden wird gezeigt, wie das Install-Programm benutzt wird:

Drücken der <RETURN>-Taste. Wir sehen folgendes Bild:

```
Das Install-Programm benötigt Informationen von der Diskette mit der
Install-Bibliothek.

WENN SIE DAS INSTALL-PROGRAMM VON EINER DISKETTE AUS GESTARTET HABEN:

    o  Nehmen Sie die Dienstprogramm-Diskette aus Laufwerk A
       und ersetzen Sie sie durch die Diskette mit der Install-Bibliothek.

    o  Laufwerksklappe schließen und [RETURN] drücken, um fortzufahren.


WENN SIE DAS INSTALL-PROGRAMM VON EINER FESTPLATTE AUS GESTARTET HABEN:

    o  Einige der benötigten Dateien sind nicht in diesem Verzeichnis.

    o Drücken Sie [ESCAPE], um zum Betriebssystem zurückzukehren,
      kopieren Sie alle 1-2-3-Dateien in ein Verzeichnis und starten
      Sie das Install-Programm von diesem Verzeichnis aus.
```

Bild 1-2 Informationen von der Install-Bibliothek-Diskette

Wir nehmen die Dienstprogramm-Diskette aus dem Laufwerk A, legen
die Install-Bibliothek-Diskette ein und drücken die <RETURN>-Taste.
Wir sehen folgendes Bild:

```
WENN SIE DAS INSTALL-PROGRAMM VON EINER DISKETTE AUS GESTARTET HABEN:

    o Legen Sie die 1-2-3-Systemdiskette in Laufwerk A.

    o  Drücken Sie [RETURN], um fortzufahren.


WENN SIE DAS INSTALL-PROGRAMM VON EINER FESTPLATTE AUS GESTARTET HABEN:

    o  1-2-3.SET befindet sich nicht im aktuellen Verzeichnis.

    o  Wenn Sie einen anderen Treibersatz verwenden wollen, drücken
       Sie [ESCAPE] und geben Sie den Namen des Treibersatzes ein.
```

Bild 1-3 Einlegen der 1-2-3 Systemdiskette

Wir legen die 1-2-3 Systemdiskette in Laufwerk A und drücken die
<RETURN>-Taste. Es erscheint das Install-Hauptmenü (Bild 1-4):

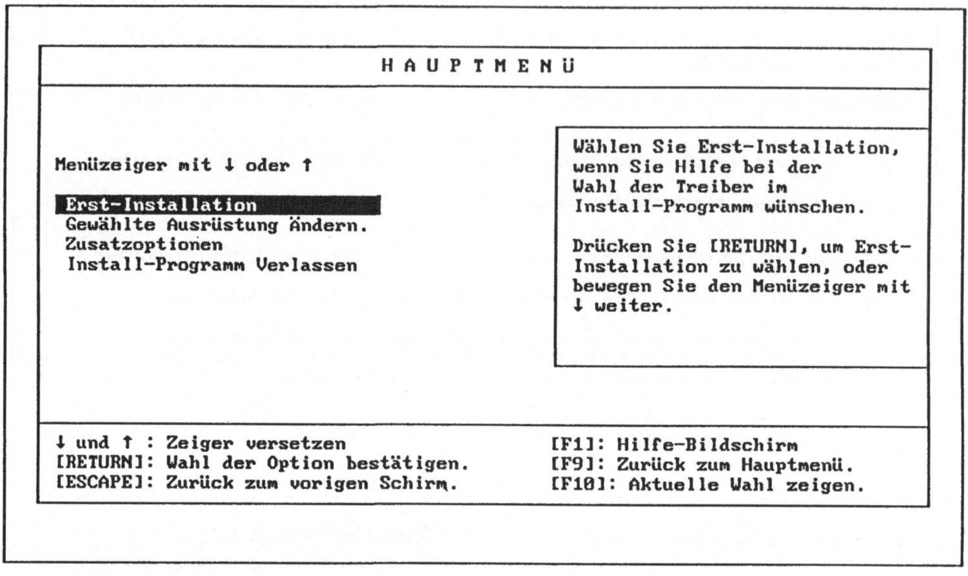

Bild 1-4 Install-Hauptmenü

Es gibt vier Möglichkeiten zur Menüänderung, nämlich:

1. Erstinstallation

2. Gewählte Ausrüstung ändern

3. Zusatzoptionen

4. Install-Programm verlassen.

Auf der rechten Seite werden in einem Fenster die verschiedenen
Möglichkeiten erklärt. Der Menüzeiger kann mit der Taste <PFEIL
OBEN>- bzw. <PFEIL UNTEN> bewegt werden. Durch Drücken der
<RETURN>-Taste wählen wir die **Erstinstallation** (Bild 1-5).

```
Lotus liefert Programme, sog. Treiber, die 1-2-3 mit verschiedenen
Ausrüstungstypen arbeiten lassen.  1-2-3 besitzt einen Treiber, mit dem
sich unmittelbar Arbeitsblätter erstellen lassen.  Das Install-Programm
läßt Sie außerdem Treiber für die Arbeit mit Grafiken und Druckern
hinzufügen.

Bei der Erstinstallation erleichtert das Programm durch Fragen die
Auswahl der noch benötigten Treiber. Diese Treiber werden dann als Datei
oder Treibersatz mit dem Namen 1-2-3.SET gespeichert. Bei jeder Erst-
Installation wird völlig neu begonnen und alle zuvor gewählten Treiber
verlieren ihre Gültigkeit.

Erscheint rechts am unteren Rand des Bildschirms NU, drücken Sie [NUM LOCK].
Während des Install-Programms darf die NU-Anzeige nicht erscheinen.




                 ———— [RETURN] drücken, um fortzufahren.————
```

Bild 1-5 Informationen zur Erstinstallation

Nach nochmaligem Drücken der <RETURN>-Taste erscheint folgende
Maske (Bild 1-6):


```
              E R S T - I N S T A L L A T I O N

                                         Ja wählen, wenn Ihr Computer
                                         Grafiken zeichnen kann.
 Kann Ihr Computer Grafiken zeichnen?
                                         Drücken Sie [RETURN] für Ja
 Ja                                      oder setzen  Sie Menüzeiger
 Nein                                    mit ↓ auf Nein.




 ↓ und ↑ : Zeiger versetzen             [F1]: Hilfe-Bildschirm
 [RETURN]: Wahl der Option bestätigen.  [F9]: Zurück zum Hauptmenü.
 [ESCAPE]: Zurück zum vorigen Schirm.   [F10]: Aktuelle Wahl zeigen.
```

Bild 1-6 Menü zur Erstinstallation

Mit <RETURN> wählen wird **Ja** aus. Ergebnis ist die folgende Bild-
schirmmaske (Bild 1-7):

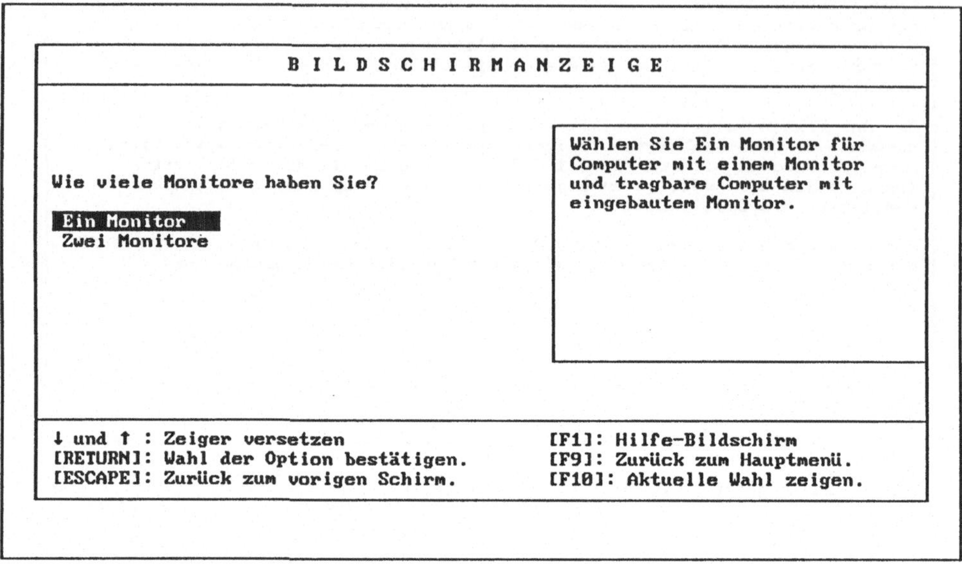

Bild 1-7 Menü zur Bildschirmanzeige

Wir wählen **Ein Monitor** aus, drücken die <RETURN>-Taste und sehen
die Maske für die verwendete Hardware (Bild 1-8):

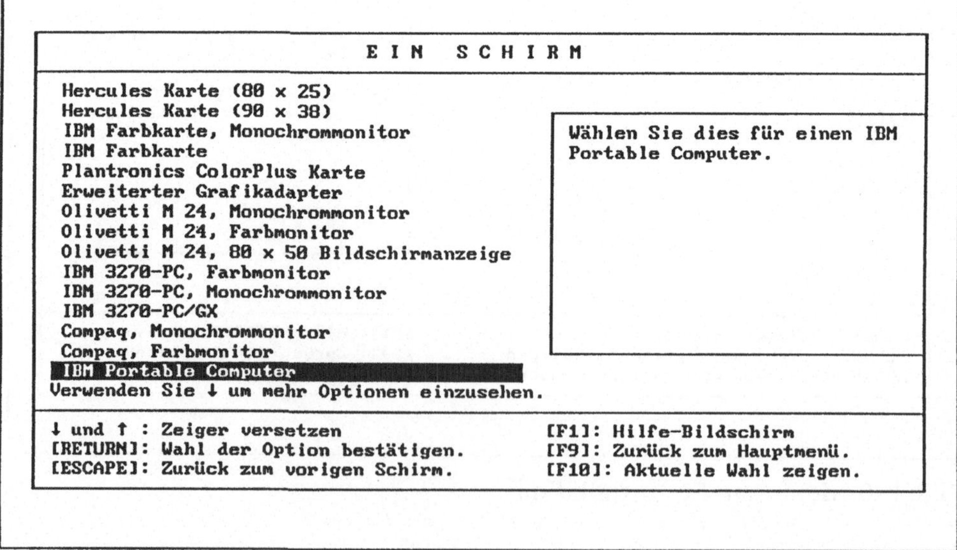

Bild 1-8 Menü zur Auswahl der Hardware

In unserem Fall wird der **IBM Portable Computer** ausgewählt und mit
der <RETURN>-Taste bestätigt. Dann folgt die Maske für den Druckertyp
(Bild 1-9):

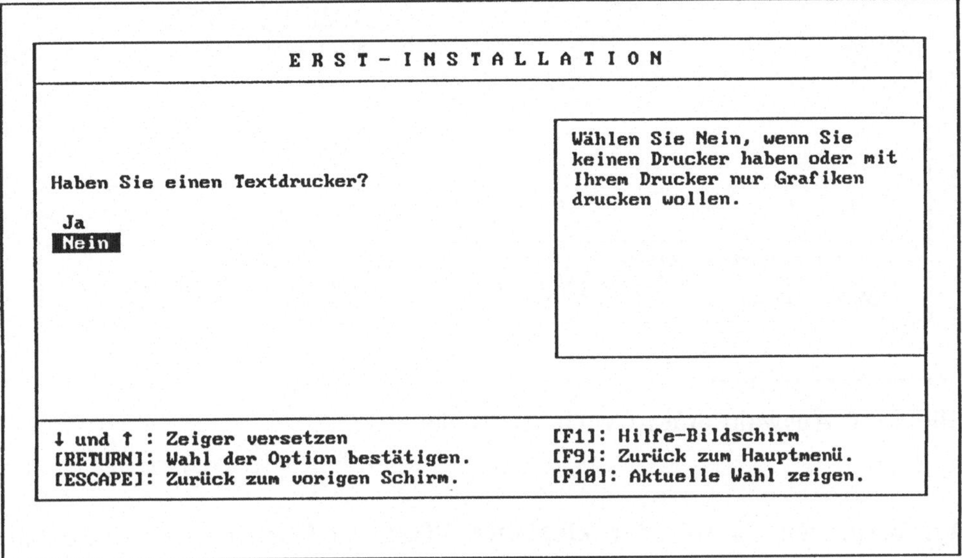

Bild 1-9 Menü zur Auswahl des Druckertyps

Da wir einen Grafikdrucker angeschlossen haben, wählen wir Nein und
Bestätigen mit der <RETURN>-Taste. Die nächste Maske fragt, ob auch
Grafiken gedruckt werden sollen (Bild 1-10):

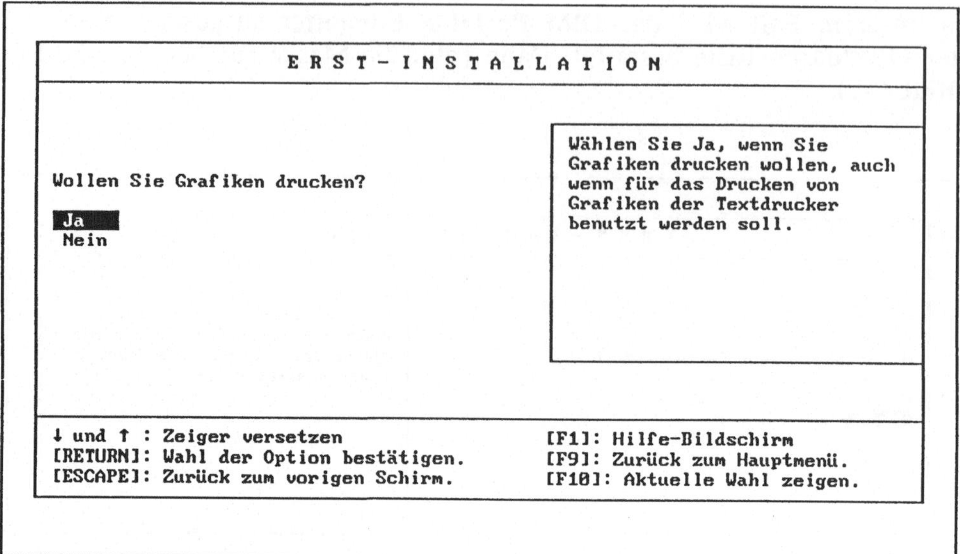

Bild 1-10 Auswahl eines Grafikausdrucks

Wir bestätigen **Ja** mit der <RETURN>-Taste und sehen die Maske zur Auswahl eines Grafikdruckers (Bild 1-11).

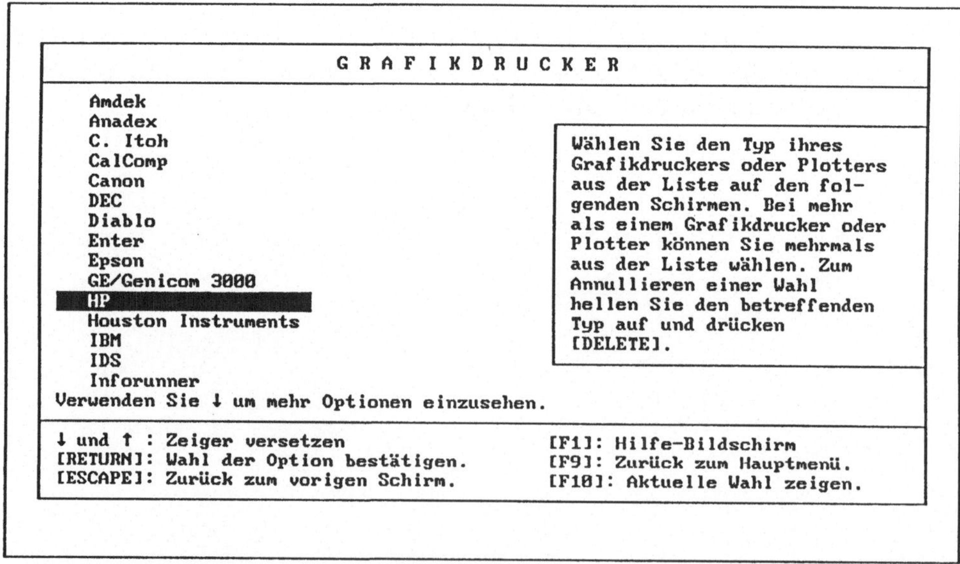

Bild 1-11 Menü zur Auswahl des Grafikdruckerherstellers

Wir wählen das Fabrikat **HP**. Nach bestätigen durch die <RETURN>-Taste sehen wir die nächste Maske (Bild 1-12).

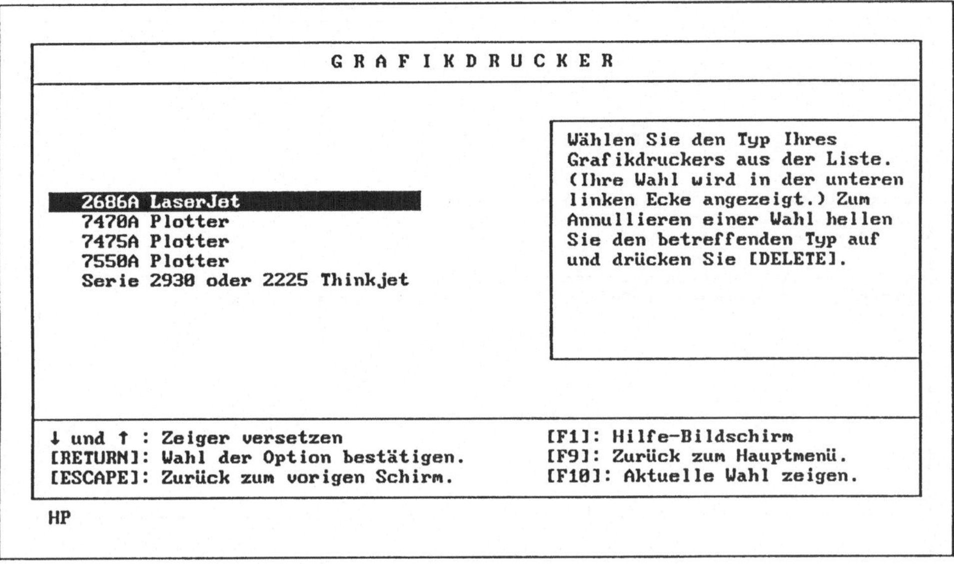

Bild 1-12 Menü zur Auswahl des Grafikdruckertyps

Wir wählen **2686A LASERJET** aus. Nach Drücken der <RETURN>-Taste können weitere Grafikdrucker installiert werden. Wir wählen Nein und Drücken die <RETURN>-Taste. Es erscheint folgendes Bild:

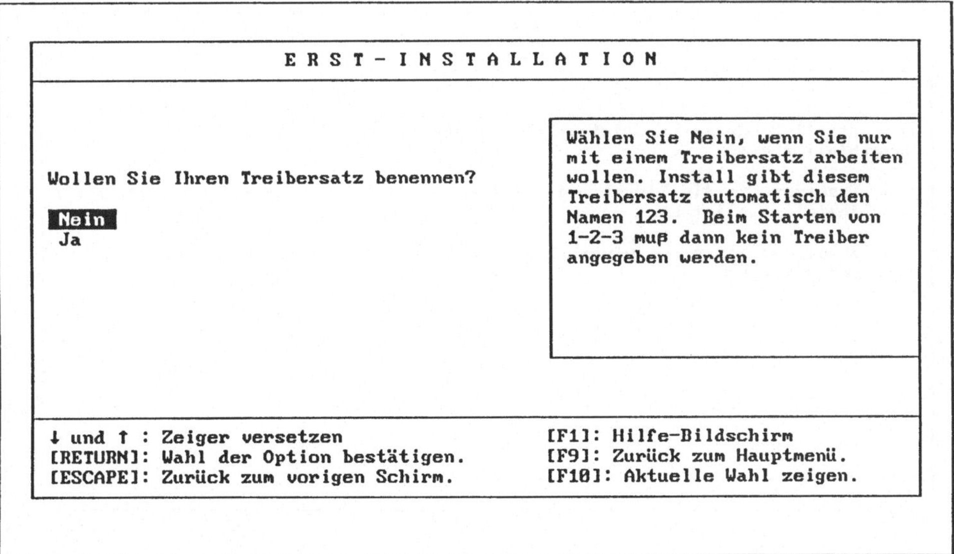

Bild 1-13 Menü zum Benennen des Treibersatzes

Wir wählen Nein und Drücken die <RETURN>-Taste. Im nächsten Bild wird erklärt, wie die Treiberprogramme gespeichert werden (Bild 1-14):

```
                    Ä N D E R U N G E N     S P E I C H E R N


Beim Drücken der [RETURN]-Taste speichert das Install-Programm die von
Ihnen gewählte Option in einem mit 123.SET
bezeichneten Treibersatz.

Wenn Sie mit Disketten arbeiten, fordert das Install-Programm Sie auf, die
Disketten zu wechseln. Befolgen Sie die Anleitungen am Bildschirm.




                    ——— [RETURN] drücken, um fortzufahren.———
```

Bild 1-14 Speichern des Treibersatzes

Wir drücken die <RETURN>-Taste und werden im nächsten Bild (Bild 1-15) aufgefordert, die Install-Bibliothek-Diskette in Laufwerk A einzulegen.

```
Das Install-Programm benötigt Informationen von der Diskette mit der
Hauptbibliothek.

   o  Ersetzen Sie die Diskette in Laufwerk A durch die Diskette mit der
      Install-bibliothek.

   o  Schließen Sie die Laufwerksklappe und drücken Sie [RETURN], um
      fortzufahren.
```

Bild 1-15 Aufforderung zum Einlegen der Install-Bibliothek-Diskette

Die gewünschte Diskette wird eingelegt und die <RETURN>-Taste gedrückt. Im nächsten Bild werden wir aufgefordert, die Systemdiskette ins Laufwerk A einzulegen (Bild 1-16):

```
   o  Legen Sie die 1-2-3 Systemdiskette in Laufwerk A (bzw.
      in das angegebene Laufwerk).

   o  Schließen Sie die Laufwerkklappe und drücken Sie [RETURN]
      um fortzufahren.
```

Bild 1-16 Aufforderung zum Einlegen der Systemdsikette

Vor dem Einlegen der Systemdiskette entfernen Sie bitte den Schreibschutz.Nun wird die Systemdiskette eingelegt und die <RETURN>-Taste gedrückt. In den folgenden Schritten wird man aufgefordert, die erstellten Treibersätze auch auf die PrintGraph- und die Tutorial-Diskette zu kopieren. Nachdem dies geschehen ist, drücken wir die <RETURN>-Taste. Das Install-Programm ist abgeschlossen und wir sehen folgendes Bild:

Durch nochmaliges Betätigen der <RETURN>-Taste befinden Sie sich im Betriebssystem.

```
            Das Install-Programm ist abgeschlossen.

Wenn Sie den Inhalt des soeben erstellten Treibersatzes kontrollieren
möchten, drücken Sie [F10].  Der Treibersatz stellt sich aus zwei Gründen
etwas anders dar als von Ihnen erwartet: Erstens fügt das Install-Programm
automatisch einige Treiber hinzu, zweitens existieren zwei Treiber für die
Bildschirmanzeige - einer für Text, der andere für Grafiken.  Drücken Sie
[F9], um zum Hauptmenü zurückzukehren.

Durch Drücken von [RETURN] können Sie das Install-Programm jetzt verlassen.
```

Bild 1-17 Abschluß des Install-Programms

1.3 Dateinamen in Lotus 1-2-3

Lotus 1-2-3 fügt für folgende Dateitypen automatisch eine Bezeichnung
hinzu:

- Arbeitblattdatei   .WK1

- Druckdatei (Textdatei)   .PRN

- Grafikdatei   .PIC

- Codeumsetzungsdatei   .CTF

- Treibersätze aus dem
   Install-Programm   .SET

Selbstgewählte Dateinamen dürfen maximal 8 Zeichen umfassen. Das
können Zahlen, Groß- und Kleinbuchstaben sowie das Unterstrei-
chungszeichen sein. Meist sind keine anderen Sonderzeichen zulässig.
Weitere Informationen stehen im Betriebssystem-Handbuch.

1.4 Übertragen von Daten aus anderen Programmen

Lotus 1-2-3 gibt mit dem Translate Programm die Möglichkeit, Daten
und Dateien aus anderen Programmen zu übernehmen, um sie mit Lotus
1-2-3 zu bearbeiten (z.B. zur grafischen Auswertung). Eine Dateiüber-
nahme ist aus folgenden Programmen möglich:

- dBase II

- DIF

- Jazz

- Visicalc

1.5 Tastaturbelegung für den IBM-PC

Bild 1-18 zeigt die Tastatur des IBM-PC.

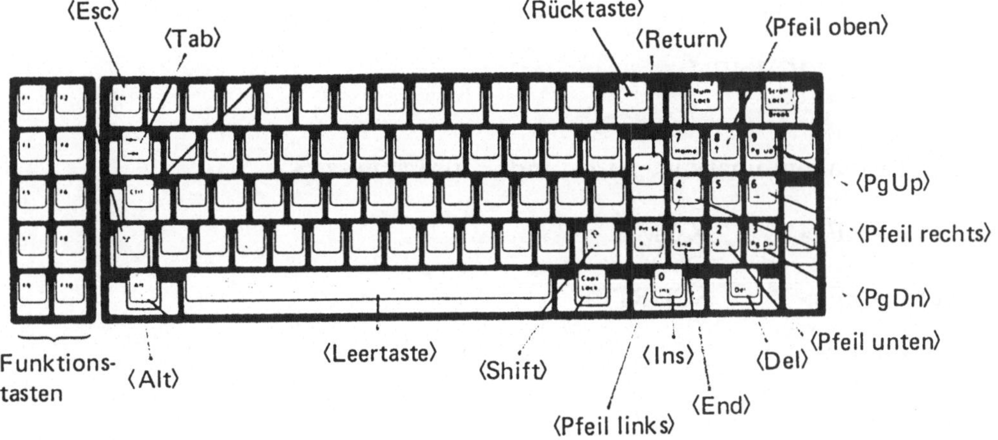

Bild 1-18 Tastatur des IBM-PC

In Lotus 1-2-3 sind einige Tasten bzw. Tastenkombinationen für spezielle Aufgaben vorgesehen:

1.5.1 Funktionstasten

Die Funktionstasten auf der linken Seite der Tastatur übernehmen folgende Aufgaben:

<F1>   HILFE

<F2>   EDIT

<F3>   NAME

<F4>   ABS

<F5>   GEHEZU

<F6>   FENSTER

<F7>   ABFRAGE

<F8>   TABELLE

<F9>   KALK

<F10>   ZEICHNEN

1.5.2 Tastenkombination <ALT> und <ZUSATZTASTE>

<ALT> + <F1>   KOMB

<ALT> + <F2>   SCHRITT

<ALT> + <1>   {

<ALT> + <2>   }

<ALT> + <3>   ~

<ALT> + <7>   \

<ALT> + <0>   @

1.6 Starten von Lotus 1-2-3

1. Einlegen der DOS-Systemdiskette in das Laufwerk.

2. Einschalten des Rechners.

3. Lotus 1-2-3 Systemdiskette einlegen.

4. Eingabe bei A>**lotus**

Am Bildschirm erscheint das **Access-System,** das in der oberen Bildschirmzeile die Auswahl der Funktionsbereiche 1-2-3, Print Graph,
Dienstprogramm,Translate, Install und Tutorial erlaubt.

Ausgewählt wird, indem der Menüzeiger (heller Balken) mit der <PFEIL
LINKS>- bzw. <PFEIL RECHTS>-Taste oder der <LEER>-Taste auf den gewünschten Block gesetzt und mit der <RETURN>-Taste bestätigt wird. Es
ist aber auch möglich, nur den Anfangsbuchstaben der einzelnen Funktionen zu drücken (z.B. I für Install).

```
┌──────────────────────────────────────────────────────────────────────┐
│ ┌──────────────────────────────────────────────────────────────────┐ │
│ │ 1-2-3  PrintGraph  Dienstprogramm-Translate  Install  Tutorial  Ende │ │
│ │ Lädt 1-2-3 -- Arbeitsblatt- Grafik- Datenbank-Programm            │ │
│ └──────────────────────────────────────────────────────────────────┘ │
│ ┌──────────────────────────────────────────────────────────────────┐ │
│ │                     1-2-3 Access System                          │ │
│ │        Copyright 1985 Lotus Development Corporation              │ │
│ │        Alle Rechte vorbehalten.            Version 2             │ │
│ │                                                                  │ │
│ │ Das Access System erlaubt die Auswahl von 1-2-3, PrintGraph, Translate, │ │
│ │ dem Install-Programm und dem Tutorial. Die Auswahl erfolgt über  │ │
│ │ das Menü am oberen Bildschirmrand. Bei einem Diskettensystem erfolgt │ │
│ │ in Access möglicherweise eine Aufforderung, Disketten zu wechseln. │ │
│ │ Starten Sie das Programm entsprechend folgender Anweisungen.     │ │
│ │                                                                  │ │
│ │ o  Setzen Sie mit Hilfe der Pfeiltasten den Menüzeiger (der erhellte │ │
│ │    Balken am oberen Bildschirmrand) auf den Namen des gewünschten │ │
│ │    Programms.                                                    │ │
│ │ o  Drücken Sie [RETURN], um das Programm zu starten.            │ │
│ │                                                                  │ │
│ │ Sie können ein Programm auch starten, indem der Anfangsbuchstabe der │ │
│ │ Menüoption eingegeben wird. Für weitere Informationen [HILFE] drücken. │ │
│ └──────────────────────────────────────────────────────────────────┘ │
└──────────────────────────────────────────────────────────────────────┘
```

Bild 1-19 Access-System von Lotus 1-2-3

Wir wählen 1-2-3 aus.

<RETURN>   Lotus 1-2-3 wird geladen und es
                                  erscheint das leere Arbeitsblatt.

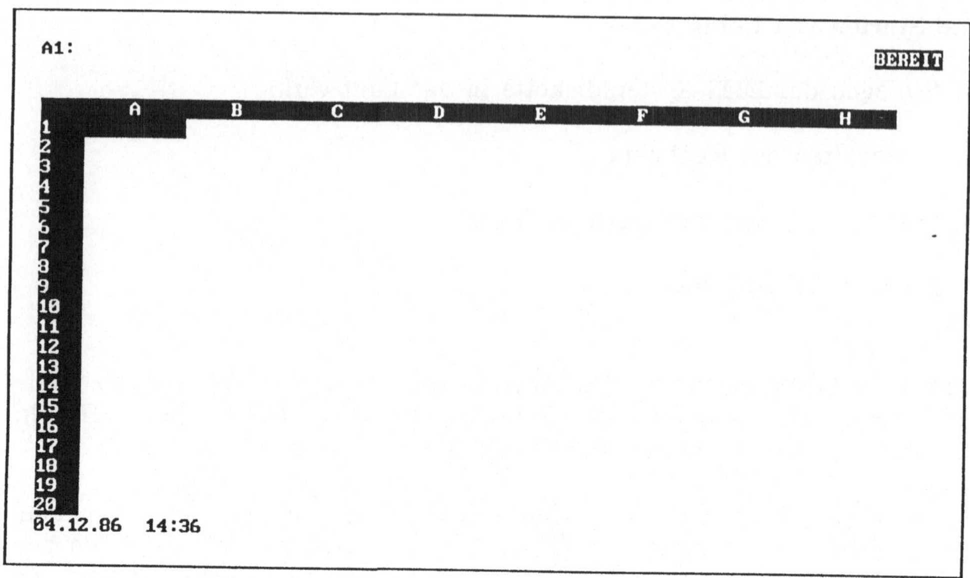

Bild 1-20 Das leere Arbeitsblatt

Geben wir anstatt A>lotus A>123 ein, erscheint *sofort* das Arbeitsblatt auf dem Bildschirm. Das Access-Menu wird übersprungen.

1.7 Der Bildschirmaufbau

Lotus 1-2-3 ist ein Programm, in dem alle Tätigkeiten in *Arbeitsblättern* organisiert sind. In diese Arbeitsblätter können von der Tastatur aus Eingaben vorgenommen werden oder früher erstellte Arbeitsblätter von einer Diskette geladen werden. Bild 1-21 zeigt den Aufbau eines Arbeitsblattes.

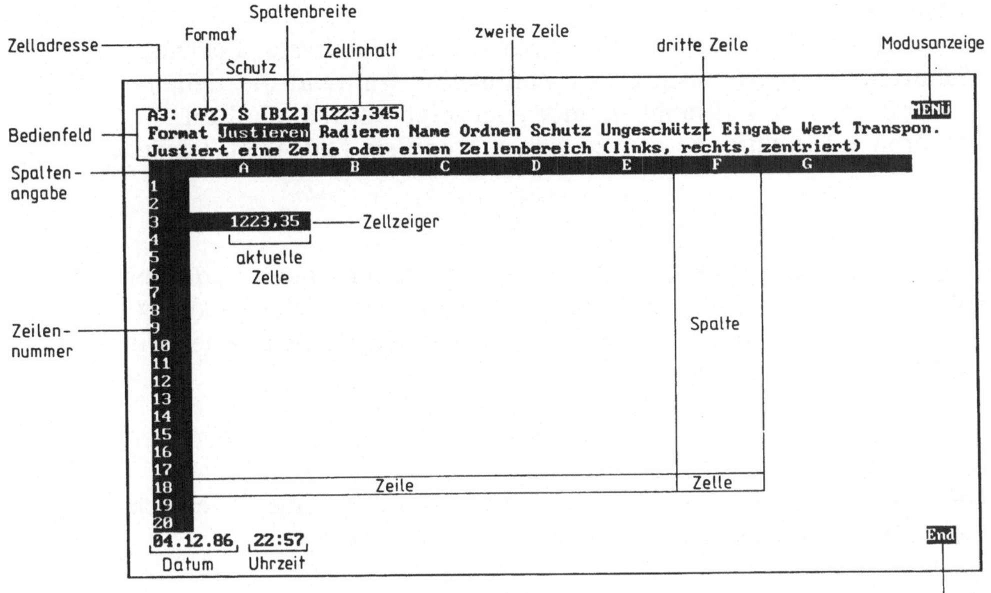

Bild 1-21 Aufbau eines Arbeitsblattes

Das Arbeitsblatt besteht aus *Zellen*, die in bestimmten Spalten und
bestimmten Zeilen positioniert stehen. Insgesamt besteht das Arbeitsblatt
aus 256 Spalten (A...Z, AA..AZ, BA...BZ bis IA..IK) und 8192 Zeilen
(1...8192). Jede Zelle wird durch die *Position der Spalte* und der *Zeile*
angegeben, z.B. B3: Spalte B, Zeile 3. In diesen Zelladressen können
Daten gespeichert werden. Der *Zellzeiger* ist ein heller Balken, der auf
die *aktuellen Zelle* verweist (in der der Cursor blinkt). Diese aktuelle
Zelle kann mit den Pfeil-Tasten (<PFEIL OBEN>, <PFEIL UNTEN>, <PFEIL
RECHTS> und   <PFEIL LINKS>) verschoben werden. Die aktuelle
Zelladresse wird im Bedienfeld (2. Zeile, 1.Wert) angezeigt.

Durch die Randbegrenzung des Bildschirms kann nur ein Ausschnitt des
ganzen Arbeitsblattes betrachtet werden. Im Ausgangszustand zeigt das
leere Arbeitsblatt 8 Spalten (A bis H) und 20 Zeilen (1 bis 20). Der
Bildschirm ist sozusagen das Fenster, durch das lediglich ein Teil des
Arbeitsblattes sichtbar wird. Wird der Zeiger über den Rand hinaus
bewegt, dann wird der Bildschirm eine Spalte bzw. eine Zeile weiter-
geschoben (*gerollt*). Das Fenster kann auf diese Weise an jede beliebige
Stelle des Arbeitsblattes bewegt werden, so daß andere Teile des
Arbeitsblattes sichtbar werden.

Oberhalb des Arbeitsblattes befindet sich das *Bedienfeld*. Es besteht aus
drei Zeilen, die folgenden Aufgaben besitzen:

- *erste Zeile*

  aktuelle Zelle und Information über diese: Zelladresse, Format, Schutzstatus, Spaltenbreite und Zellinhalt . Während die Zellenadresse und der Zellinhalt immer angezeigt werden, sind die anderen Informationen nur zu sehen, wenn sie festgelegt wurden.

- *zweite Zeile*

  Anzeige der aktuellen Eingabe bei der Erstellung oder Änderung. Werden Befehlè eingegeben (mit / im BEREIT-Modus), dann wird das Hauptmenü angezeigt. Ferner werden Bedienerhinweise oder Eingabeaufforderungen gegeben.

- *dritte Zeile*

  Bei der Befehlseingabe wird ein Untermenü oder eine Befehlsbeschreibung bzw. eine Eingabeaufforderung angezeigt.

Ganz rechts in der ersten Zeile zeigt die *MODUS Anzeige*, unter welchen Voraussetzungen (Status) Lotus 1-2-3 gerade arbeitet. In Tabelle 1-2 sind die MODUS-Anzeigen und ihre Bedeutungen zusammengefaßt.

Tabelle 1-2 Modusanzeige und ihre Bedeutung

Modusanzeige	Bedeutung
BEREIT	Bereit für nächste Eingabe oder Befehl
DATEI	Menü mit Dateien wird angezeigt
EDIT	Bearbeiten einer Eingabe
FEHLER	Fehlermeldung. Löschen durch <ESC> oder <Return>
FINDEN	Befehl Daten abfragen Finden wird ausgeführt
HILFE	Hilfe-Funktion wurde eingeschaltet
LABEL	Eingabe von Text
MENÜ	Anzeigen des Befehlsmenüs
WARTEN	Warten während einer Bearbeitung
WERT	Eingabe einer Zahl oder einer Formel
ZEIGEN	Zellenzeiger zeigt entweder auf eine Zelle oder einen Bereich

Die letzte Zeile unterhalb des Arbeitsblattes (21. Zeile) gibt links das
Datum (04.12.86) und die Uhrzeit an (22.57). Mit dem Befehl **Arbeitsblatt Global Vorgabe (/AGV)** können die Angaben geändert oder aus-
geschaltet werden.

Auf der rechten Seite zeigt die Statutsanzeige bestimmte Tastenbele-
gungen oder Programmbedingungen an. Tabelle 1-3 zeigt die entsprechenden Statusanzeigen und ihre Bedeutung.

Tabelle 1-3 Statusanzeige und Ihre Wirkung

Statusanzeige	Wirkung
Tastenbelegung	
Cap	<CAPS LOCK>-Taste eingeschaltet
End	<END>-Taste eingeschaltet
Kalk	<KALK>-Taste bestätigt; Neuberechnung des Arbeitsplattes erfolgt.
Nu	<NUM LOCK>-Taste eingeschaltet.
Rol	<SCROLL LOCK>-Taste eingeschaltet.
Arbeitsblatt	
whl	Formel im Arbeitsblatt, die sich auf sich selbst bezieht.
Bearbeitung von Makros	
wef	Pause während eines Makros
Pause	Ausführung der Makros Schritt für Schritt.
Schritt	Einzelschritt-Modus eingeschaltet. Ausführung der Makros Schritt für Schritt.

Die besonderen Funktionen von Lotus 1-2-3, beispielsweise mathematische, statistische und Finanzfunktionen sowie Makronamen und Makrobefehle sind im Anhang zusammengestellt.

Die einzelnen Lotus 1-2-3-Befehle befinden sich als Ausklapptafel im
Anhang. Dadurch kann der Leser die einzelnen Arbeitsschritte in den
Kapiteln verfolgen, ohne im Buch blättern zu müssen.

Nun haben wir Ihnen die Vorarbeiten mit Lotus 1-2-3 gezeigt und
wünschen Ihnen beim Durcharbeiten der folgenden Kapitel viel Erfolg.

2 Der private Haushaltsplan

Anhand eines einfachen Beispiels werden in diesem Kapitel die ersten Schritte beim Umgang mit Lotus 1-2-3 erläutert.

2.1 Problembeschreibung

Im privaten Haushaltsplan werden die monatlichen Ausgaben für Nahrung, Kleidung, Hygiene, Miete, Versicherung, Auto, Telefon und Bücher erfaßt. Dabei wollen wir uns vor allem auf das Eingeben von

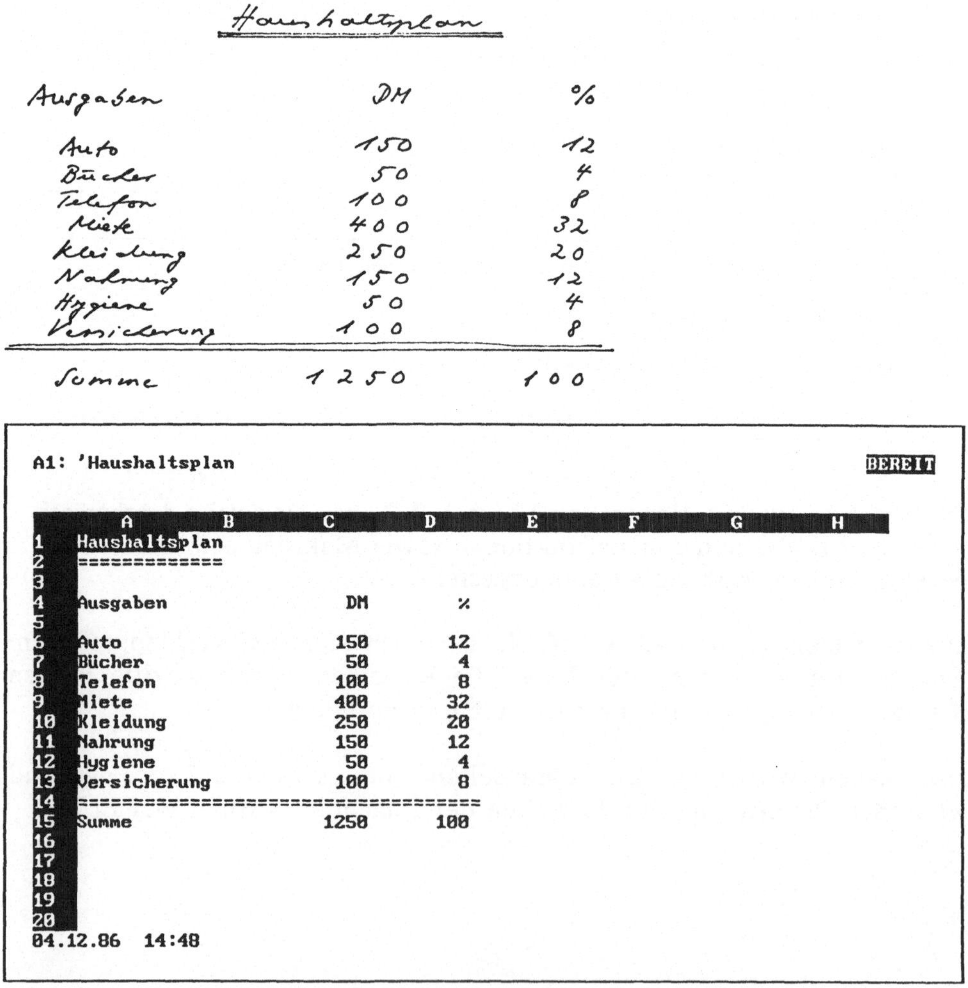

Haushaltsplan

Ausgaben	DM	%
Auto	150	12
Bücher	50	4
Telefon	100	8
Miete	400	32
Kleidung	250	20
Nahrung	150	12
Hygiene	50	4
Versicherung	100	8
Summe	1250	100

A1: 'Haushaltsplan BEREIT

	A	B	C	D	E	F	G	H
1	Haushaltsplan							
2	=============							
3								
4	Ausgaben		DM	%				
5								
6	Auto		150	12				
7	Bücher		50	4				
8	Telefon		100	8				
9	Miete		400	32				
10	Kleidung		250	20				
11	Nahrung		150	12				
12	Hygiene		50	4				
13	Versicherung		100	8				
14	===================================							
15	Summe		1250	100				
16								
17								
18								
19								
20								

04.12.86 14:48

Bild 2-1 Handschriftlich erstellter Haushaltsplan im Vergleich zum computererstellten Arbeitsblatt

Texten und Zahlen beschränken und nur eine bescheidene Berechnung der Gesamtausgaben sowie der prozentualen Anteile der Einzelausgaben vornehmen. Wichtig ist zu zeigen, wie ein erstelltes Arbeitsblatt auf Diskette gesichert wird, und wie eine einfache grafische Auswertung erstellt werden kann. Bild 2-1 zeigt einen handschriftlich erstellten Haushaltsplan, der als Tabelle angesehen werden kann. Darunter ist der computererstellte Haushaltsplan als elektronisches Arbeitblatt von Lotus 1-2-3 zu sehen.

2.2 Problemlösung

Der Haushaltsplan wird in folgenden Arbeitsschritten erstellt:

1. Eingabe der Texte

2. Korrigieren von Texten

3. Justieren von Texten

4. Eingabe der Zahlen

5. Wiederholende Darstellungsweise

6. Formeleingabe

7. Sichern des Arbeitsblattes auf Diskette

8. Grafische Auswertung durch ein Balkendiagramm

9. Abspeichern der Grafik

10. Grafische Auswertung durch ein Kreisdiagramm

11. Löschen des Arbeitsblattes

2.2.1 Eingabe der Texte

Grundsätzlich können in eine Zelle drei Datentypen eingegeben werden: ZAHLEN, FORMELN und LABELS. Ein LABEL umfaßt alle in Lotus 1-2-3 möglichen Zeichen, die keine Zahlen oder Formeln sind. Meist handelt es sich um Texte.

Bei der Eingabe des ersten Zeichens wird in der rechten oberen Ecke des Arbeitsblattes angezeigt, um welchen Datentyp es sich handelt. Bei Eingabe von Zahlen oder Formeln erscheint WERT in der rechten oberen Ecke. Bei der Eingabe eines Labels erscheint LABEL in der rechten oberen Ecke.

Als erstes soll ein Text in Zelle A1 eingeben werden:

Mit der <HOME>-Taste können Sie Ihren Zellzeiger in die linke obere Ecke (Zelle A1) des Arbeitsblattes bewegen.

<HOME>   Bewegen des Zellzeigers zu Zelle A1.

Haushaltsplan   Tippen Sie den Text Haushalts-
                                  plan in Zelle A1 ein.
                                  Während der Eingabe erscheint
                                  jedes eingegebene Zeichen in
                                  der zweiten Zeile des Bedien-
                                  feldes (**Eingabezeile**).
                                  Mit der Eingabe des ersten
                                  Buchstabens wechselt die Modus-
                                  anzeige von BEREIT zu LABEL
                                  (1. Zeile rechts des Bedien-
                                  feldes). Dadurch wird angezeigt,
                                  welcher Datentyp (LABEL oder
                                  WERT) eingegeben wird.

<RETURN>   Der Text verschwindet in der
                                  Eingabezeile des Bedienfeldes
                                  und erscheint sowohl in der
                                  Zelle A1 des Arbeitsblattes als
                                  auch in der ersten Zeile des
                                  Bedienfeldes, hinter der Zell-
                                  adresse.
                                  Sie befinden sich wieder im
                                  BEREIT-Modus.

Bevor weitere Texteingaben durchgeführt werden, wird gezeigt, wie Eingaben korrigiert werden können.

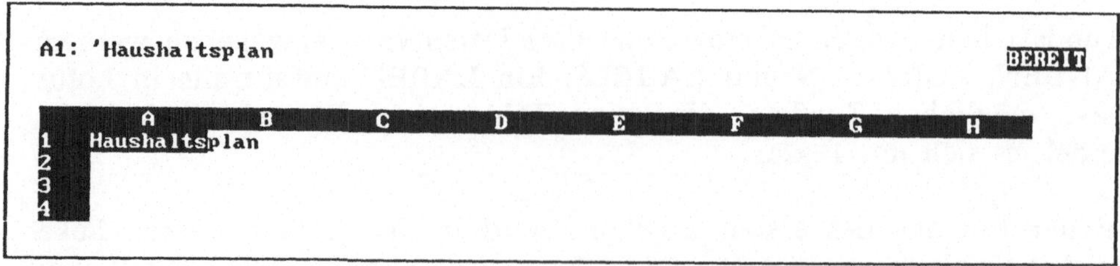

Bild 2-2

2.2.2 Korrigieren von Texten

Es kommt oft vor, daß Inhalte von Zellen geändert werden müssen. Lotus 1-2-3 bietet eine Möglichkeit Zelleninhalte zu korrigieren, ohne daß die gesamte Eingabe neu eingetippt werden muß. Eine Korrektur ist prinzipiell nur im EDIT-Modus möglich. Dazu geht man wie folgt vor:

Als erstes bewegen Sie den Zellzeiger in die zu korrigierende Zelle und drücken die Funktionstaste <F2>. Dadurch wird in den EDIT-Modus umgeschaltet und der betreffende Zellinhalt erscheint in der 2. Zeile des Eingabebereiches.

Im EDIT-Modus werden einigen Tasten andere Funktionen zugeordnet, wie nachfolgende Tabelle 2-1 zeigt.

Tabelle 2-1 Tasten und ihre Funktionen im EDIT-Modus

Taste	Bedeutung im EDIT-Modus
<F2>	Schaltet zwischen dem EDIT-Modus und dem WERT- oder LABEL-Modus um
<RETURN>	Die Eingabe wird beendet
<RÜCKTASTE>	Löscht das Zeichen links vom Cursor
<ESC>	Löscht die gesamte zu editierende Zeile und beendet den EDIT-Modus
<INS>	Gestattet Einfügen (bestehender Text wird nach rechts verschoben) und Überschreiben bestehender Texte
<HOME>	Bewegt den Cursor zum ersten Zeichen der Eingabe
<END>	Bewegt den Cursor zum letzten Zeichen der Eingabe
<PFEIL RECHTS>	Bewegt den Cursor um ein Zeichen nach rechts
<PFEIL LINKS>	Bewegt den Cursor um ein Zeichen nach links
<PFEIL OBEN>	Beendet die Eingabe, geht eine Zelle nach oben
<PFEIL UNTEN>	Beendet die Eingabe, geht eine Zelle nach unten
<TAB RECHTS>	Geht fünf Zeichen nach rechts
<TAB LINKS>	Geht fünf Zeichen nach links
<PGUP>	Beendet die Eingabe, geht eine Bildschirmseite nach oben
<PGDN>	Beendet die Eingabe, geht eine Bildschirmseite nach unten

Ein Beispiel soll verdeutlichen, wie diese Tasten benutzt werden. Dazu nehmen wir an, daß in Zelle A1 anstelle von Haushaltsplan der Text Hauhaltsplaan eingegeben wurde. Tabelle 2-2 zeigt, wie mit Hilfe von Funktionstasten im EDIT-Modus Eingaben korrigiert werden können. Dabei werden in der ersten Spalte die benutzten Tasten, in der zweiten Spalte die Editierzeile und in der dritten Spalte Bemerkungen zur Funktion der Tasten angegeben. Man sieht an dem unterstrichenen Zeichen die Stellung des Cursors.

Um das folgende Beispiel nachvollziehen zu können, überschreiben Sie
Ihre richtige Texteingabe "Haushaltsplan" mit der falschen Texteingabe
"Hauhaltsplaan".

Hauhaltsplaan   Eingabe des Textes
                                     Hauhaltsplaan in Zelle A1.

<RETURN>   Abspeichern des Textes.

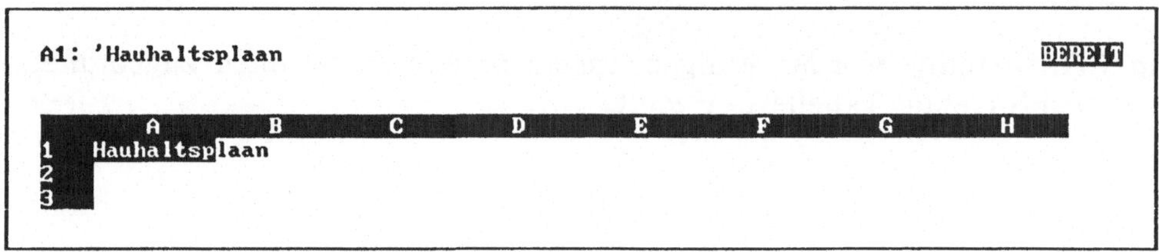

Bild 2-3

Tabelle 2-2 Verbessern eines Textes mit den Funktionstasten im
EDIT-Modus

Tasten	Editierzeile	Bemerkungen
<F2>	'Hauhaltsplaan_	Die Cursorposition erscheint immer am Ende der Editierzeile
<HOME>	'Hauhaltsplaan	Der Cursor erscheint unter dem Apostroph
4 MAL <PFEIL RECHTS>	'Hauhaltsplaan	Der Cursor erscheint unter dem h.
<INS>	'Hauhaltsplaan	Ein- oder Ausschalten des Einfügemodus. Der Einfügemodus ist eingeschaltet, wenn in der Statusanzeige (ganz rechts unten) nichts erscheint.

```
A1: 'Hauhaltsplaan                                        EDIT
'Hauhaltsplaan

       A        B        C        D        E        F        G        H
1    Hauhaltsplaan
2
3
```

Bild 2-4

Fortsetzung Tabelle 2 - 2

s	'Haushaltsplaan	Der Buchstabe s wird eingefügt.
<END>	'Haushaltsplaan_	Der Cursor blinkt ein Zeichen nach dem Text.
2 MAL <PFEIL LINKS>	'Haushaltsplaan	Der Cursor erscheint unter dem überflüssigen a.
<DEL>	'Haushaltsplan	Die <DEL>-Taste löscht das Zeichen über dem Cursor.
<RETURN>		Mit dem Drücken der <RETURN>-Taste wird der verbesserte Text auf dem Arbeitsblatt abgespeichert und man kehrt zum BEREIT-Modus zurück.

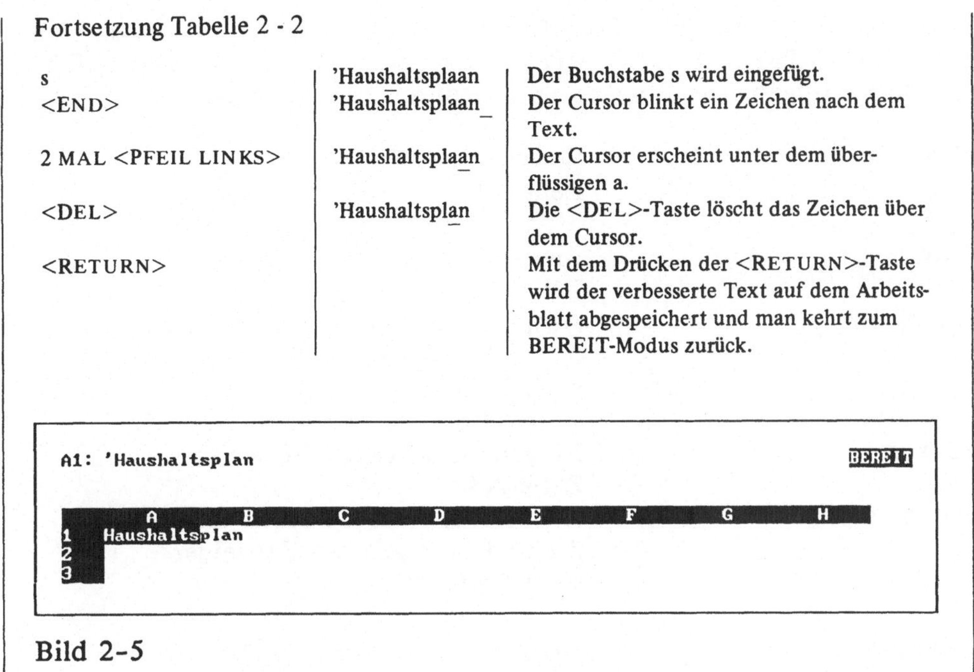

Bild 2-5

Nachdem Sie den Text Haushaltsplan in Zelle A1 eingegeben haben, wird folgendermaßen weitergearbeitet:

<PFEIL UNTEN>	Bewegen des Zellzeigers zu Zelle A2.
==============	Tippen Sie 13 mal das Unterstreichungszeichen.
<RETURN>	Es erfolgt ein Abspeichern der Zeichen (=) in Zelle A2.
2 MAL <PFEIL UNTEN>	Bewegen des Zellzeigers nach Zelle A4.
Ausgaben	Eintippen des Textes Ausgaben.
<PFEIL UNTEN>	Es erfolgt ein Abspeichern des Textes Ausgaben in Zelle A4 und Sie stehen mit dem Zellzeiger schon in Zelle A5.

Eine Eingabe kann statt der <RETURN>-Taste auch durch eine Richtungstaste (<PFEIL LINKS>, <PFEIL RECHTS>, <PFEIL OBEN>, <PFEIL UNTEN>) erfolgen. Die Eingabe wird dadurch beschleunigt.

<PFEIL UNTEN>	Bewegen des Zellzeigers nach Zelle A6.
Auto	Eingabe des Textes Auto in Zelle A6.
<PFEIL UNTEN>	Abspeichern des Textes in Zelle A6 und bewegen des Zellzeigers nach Zelle A7.
Bücher	Eingabe des Textes Bücher in Zelle A7.
<PFEIL UNTEN>	Abspeichern des Textes in Zelle A7 und bewegen des Zellzeigers nach Zelle A8.
Telefon	Eingabe des Textes Telefon in Zelle A8.
<PFEIL UNTEN>	Abspeichern des Textes in Zelle A8 und bewegen des Zellzeigers zu Zelle A9.
Miete	Eingabe des Textes Miete in Zelle A9.
<PFEIL UNTEN>	Abspeichern des Textes in Zelle A9 und bewegen des Zellzeigers nach Zelle A10.
Kleidung	Eingabe des Textes Kleidung in Zelle A10.
<PFEIL UNTEN>	Abspeichern des Textes in Zelle A10 und bewegen des Zellzeigers zu Zelle A11.
Nahrung	Eingabe des Textes Nahrung in Zelle A11.
<PFEIL UNTEN>	Abspeichern des Textes in Zelle A11 und bewegen des Zellzeigers nach Zelle A12.

Hygiene	Eingabe des Textes Hygiene in Zelle A12.
<PFEIL UNTEN>	Abspeichern des Textes in Zelle A12 und bewegen des Zellzeigers nach Zelle A13.
Versicherung	Eingabe des Textes Versicherung in Zelle A13.
2 MAL <PFEIL UNTEN>	Abspeichern des Textes in Zelle A13 und bewegen des Zellzeigers nach Zelle A15.
Summe	Eingabe des Textes Summe in Zelle A15.
<RETURN>	Abspeichern des Textes in Zelle A15.

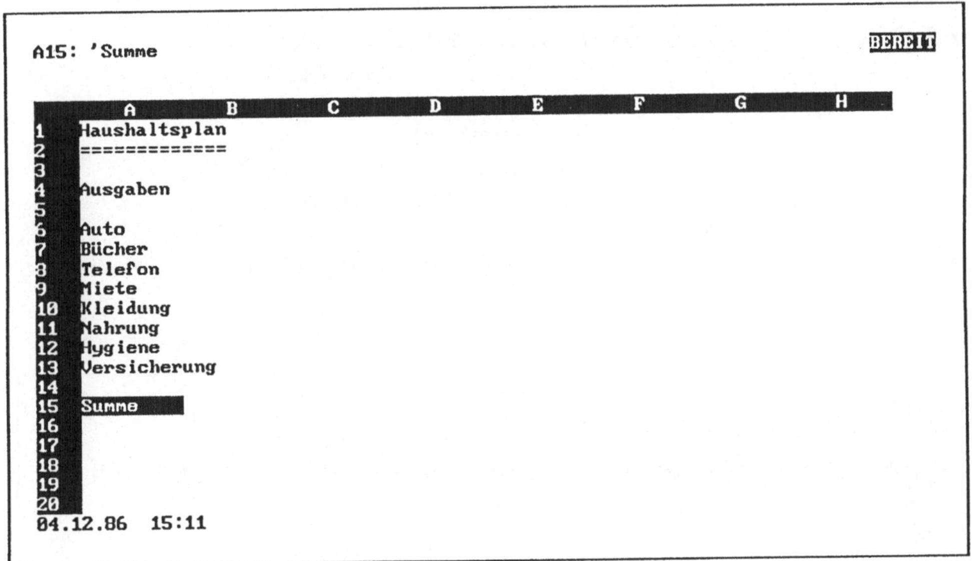

Bild 2-6

2.2.3 Justieren von Texten

Die Texte können *linksbündig*, *zentriert* oder *rechtsbündig* in den Spalten angezeigt werden, indem folgende Zeichen vor der Texteingabe gesetzt werden (Tabelle 2-3):

Tabelle 2-3 Justierungszeichen und ihre Wirkung

Zeichen	Wirkung
' (Apostroph)	linksbündig
ˆ (Zirkumflex)	zentriert
" (Anführungszeichen)	rechtsbündig

Das Justierungszeichen wird im Arbeitsblatt selber nicht angezeigt. Es erscheint nur in der ersten Zeile des Bedienfeldes, wenn der Zellzeiger auf der betreffenden Zelle steht.

Am Beispiel der Überschriften **DM** für die Kosten und % für die prozentuale Verteilung soll dies gezeigt werden:

Bewegen Sie den Zellzeiger nach C4. Das kann man auch mit Hilfe der Funktionstaste <F5> erreichen; die <F5>-Taste ist die GEHEZU-Taste.

<F5>   Drücken der <F5>-Taste.
                              Es wird nach der Adresse
                              gefragt, zu der der Zellzeiger
                              "springen" soll.
                              Die aktuelle Position des Zell-
                              zeigers (A15) ist angegeben.

c4   Geben Sie als Zielzelle C4 ein.

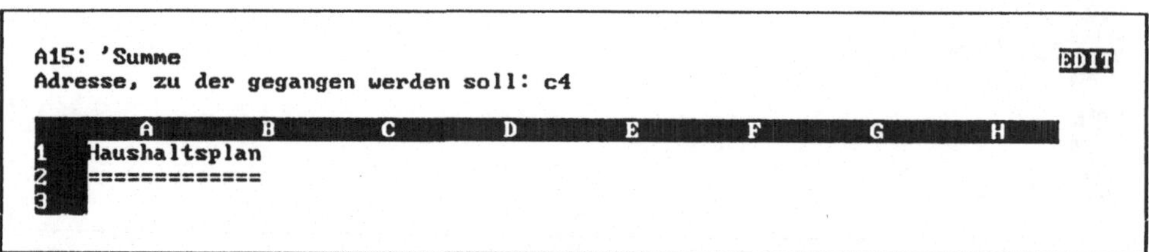

Bild 2-7

<RETURN>   Der Zellzeiger springt zu
                              Zelle **C4**.

'DM   Eingabe von Apostroph DM.
<RETURN>   DM erscheint *linksbündig*.

Das Apostroph erscheint *grundsätzlich erst*, nachdem das erste Zeichen
eingegeben wurde. Sie hören dann einen Pfeifton.

^DM	Eingabe von Zirkumflex DM.
<RETURN>	DM erscheint *zentriert*.
"DM	Eingabe von Anführungszeichen DM.
<RETURN>	DM erscheint *rechtsbündig*. Dies ist für unser Beispiel eine sinnvolle Justierung.
<PFEIL RECHTS>	Bewegen des Zellzeigers zu Zelle **D4**.
"%	Eingaben von "%.
<RETURN>	Das Prozentzeichen erscheint in der Zelle D4 rechtsbündig.

2.2.4 Eingabe der Zahlen

Bei der Eingabe der ersten Ziffer einer Zahl wechselt die Modusanzeige
rechts oben auf dem Bildschirm von BEREIT zu WERT. Sobald die
Zahleneingabe beendet wird, wechselt die Modusanzeige von WERT
wieder zu BEREIT. Die *Zahlen* erscheinen in der Zelle *immer rechtsbündig*.

Die Eingabe der Zahlen erfolgt in Spalte C.

In Zelle C6 soll die Zahl 150 stehen.

2 MAL <PFEIL UNTEN> <PFEIL LINKS>	Bewegen des Zellzeigers zu Zelle **C6**.
150	Tippen Sie die Zahl 150 in Zelle C6 ein. Lotus 1-2-3 wechselt vom BEREIT-Modus in den WERT-Modus.

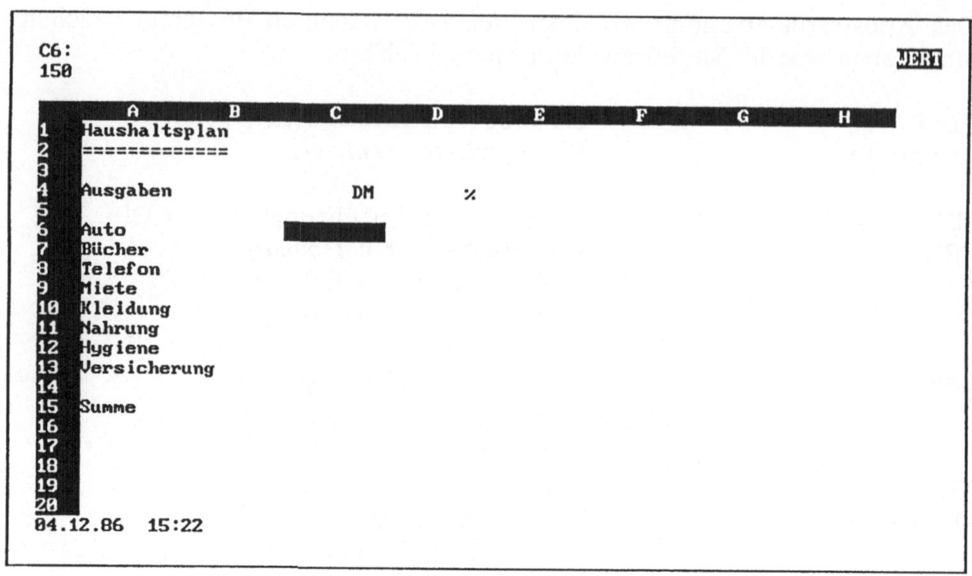

Bild 2-8

<PFEIL UNTEN>	Die Zahl verschwindet in der Eingabezeile des Bedienfeldes und erscheint rechtsbündig in der Zelle C6. Der Zellzeiger steht in Zelle C7.
50 <PFEIL UNTEN>	Zahleneingabe in Zelle C7. Abspeichern der Zahl in Zelle C7 und bewegen des Zellzeigers nach **C8**.
100 <PFEIL UNTEN>	Zahleneingabe in Zelle C8. Abspeichern und bewegen des Zellzeigers nach **C9**.
400 <PFEIL UNTEN>	Zahleneingabe in Zelle C9. Abspeichern und bewegen des Zellzeigers nach **C10**.
250 <PFEIL UNTEN>	Zahleneingabe in Zelle C10. Abspeichern und bewegen des Zellzeigers nach **C11**.

150 <PFEIL UNTEN>	Zahleneingabe in Zelle C11. Abspeichern und bewegen des Zellzeigers nach **C12**.
50 <PFEIL UNTEN>	Zahleneingabe in Zelle C12. Abspeichern und bewegen des Zellzeigers nach **C13**.
100 <RETURN >	Zahleneingabe in Zelle C13. Abspeichern der Zahl in Zelle C13.

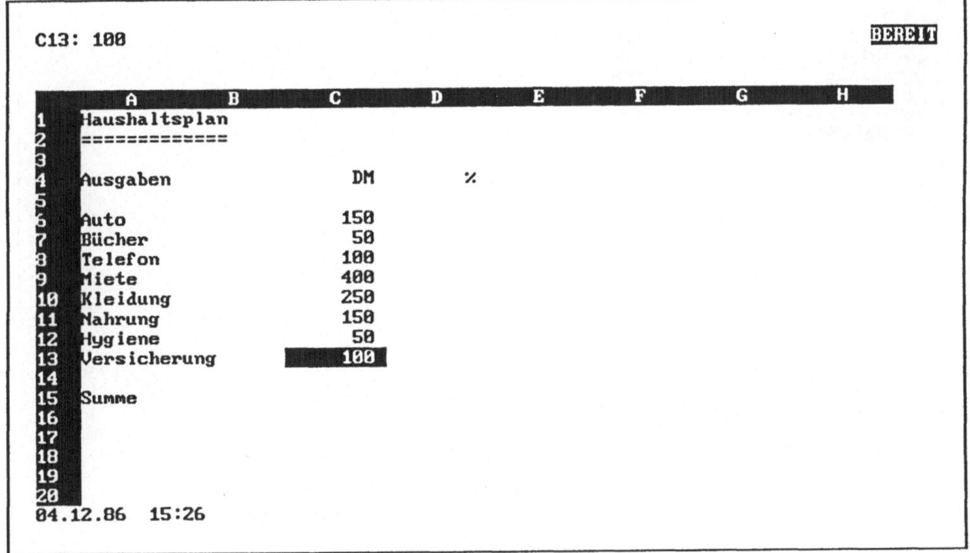

Bild 2-9

2.2.5 Wiederholende Darstellungsweise

Eine Trennlinie soll in das Arbeitsblatt eingefügt werden. Statt wie in Zelle A2 dreizehn mal das Gleichheitszeichen einzugeben, kann man den *rückwärtsgerichteten Schrägstrich* eintippen. Das nach dem rückwärtsgerichteten Schrägstrich eingegebene Zeichen wird bis zum Ende des Eingabefeldes wiederholt. Es wird wie folgt vorgegangen:

<PFEIL UNTEN> 2 MAL <PFEIL LINKS>	Bewegen des Zellzeigers nach Zelle **A14**.

\=   Eingabe des rückwärtsgerich-
                               teten Schrägstriches (Drücken
                               der Tasten <ALT> und <7>) und
                               eines Gleichheitszeichens.

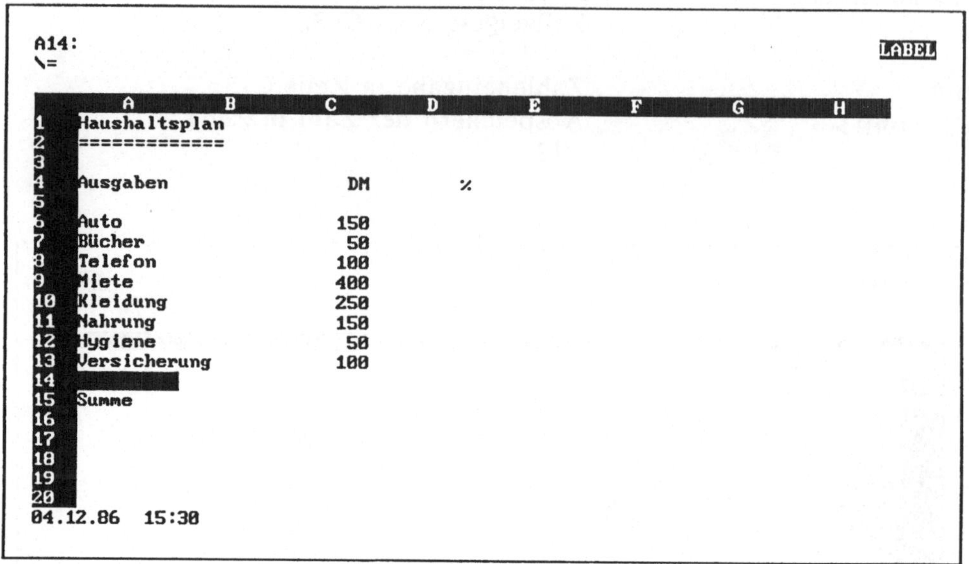

Bild 2-10

<PFEIL RECHTS>   Die Zelle A14 wird mit dem
                               Trennungszeichen ausgefüllt.
                               Der Zellzeiger bewegt sich zur
                               Zelle **B14**.

\=   Eingabe des rückwärtsgerich-
                               teten Schrägstriches und eines
                               Gleichheitszeichens.

<PFEIL RECHTS>   Die Zelle B14 wird mit dem
                               Trennungszeichen ausgefüllt.
                               Der Zellzeiger wird zu
                               Zelle **C14** bewegt.

\=   Eingabe sowohl des rückwärts-
                               gerichteten Schrägstriches als
                               auch eines Gleichheitszeichens.

<PFEIL RECHTS>	Die Zelle C14 wird mit dem Trennungszeichen ausgefüllt. Wir sind in Zelle **D14**.
\\=	Eingabe des rückwärtsgerichteten Schrägstriches und eines Gleichheitszeichens.
<RETURN>	Die Zelle D14 wird mit dem Trennungszeichen ausgefüllt.

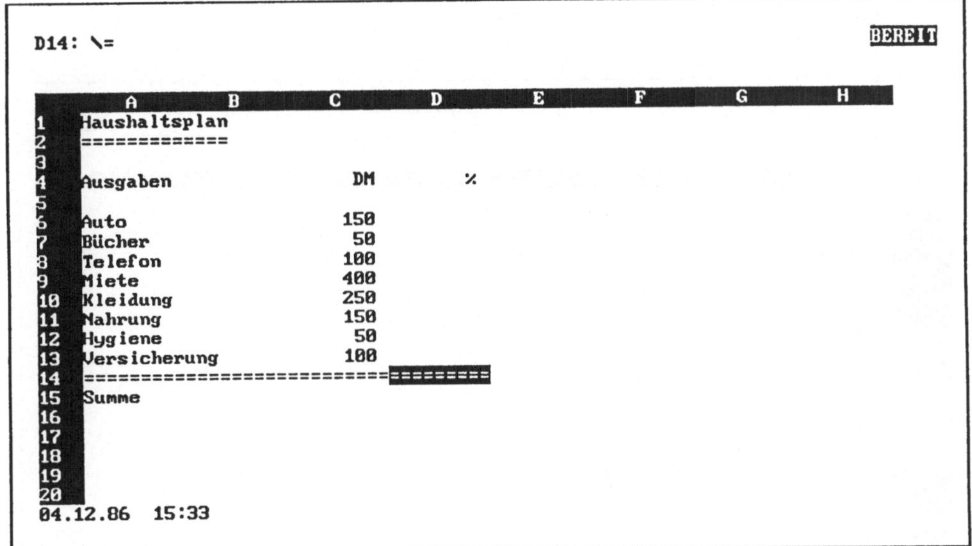

Bild 2-11

2.2.6 Formeleingabe

Nach der Eingabe von Texten und Zahlen in unser Arbeitsblatt soll nun auch eine *einfache Berechnung* durchgeführt werden. Die Zahlen in den Zellen C6, C7, C8, C9, C10, C11, C12 und C13 sollen *addiert* und die Summe in die Zelle C15 geschrieben werden.

Da die Summe in Zelle C15 stehen soll, gehen wir mit dem Zellzeiger zuerst zu Zelle C15.

<PFEIL LINKS> <PFEIL UNTEN>	Bewegen des Zellzeigers nach Zelle **C15**.

Der nächste Schritt ist, die Zahlen der Felder C6, C7, C8, C9, C10, C11, C12 und C13 zu *addieren*.

Es erfolgt die Eingabe:

+c6+c7+c8+c9+c10+c11+c12+c13

    Eingabe der Formel in Zelle C15.
    Mit dem Pluszeichen erkennt Lotus 1-2-3, daß eine Formel eingegeben wird und schaltet dabei in den WERT-Modus um.

```
C15:                                                              WERT
  +c6+c7+c8+c9+c10+c11+c12+c13

           A         B         C         D         E         F         G         H
 1   Haushaltsplan
 2   =============
 3
 4   Ausgaben                 DM            %
 5
 6   Auto                    150
 7   Bücher                   50
 8   Telefon                 100
 9   Miete                   400
10   Kleidung                250
11   Nahrung                 150
12   Hygiene                  50
13   Versicherung            100
14   ====================================
15   Summe
16
17
18
19
20
04.12.86    15:37
```

Bild 2-12

<RETURN>   Mit der <RETURN>-Taste wird die Formeleingabe beendet.
    Das Ergebnis wird in der Zelle C15 des Arbeitsblattes angezeigt.
    Die Formel selbst steht in der ersten Zeile des Bedienfeldes.
    Nach der Berechnung kehrt Lotus 1-2-3 wieder in den BEREIT-Modus zurück.

```
C15: +C6+C7+C8+C9+C10+C11+C12+C13                              BEREIT

        A           B           C           D       E       F       G       H
 1  Haushaltsplan
 2  =============
 3
 4  Ausgaben                    DM          %
 5
 6  Auto                        150
 7  Bücher                       50
 8  Telefon                     100
 9  Miete                       400
10  Kleidung                    250
11  Nahrung                     150
12  Hygiene                      50
13  Versicherung                100
14  ===================================
15  Summe                      1250
16
17
18
19
20
04.12.86   15:38
```

Bild 2-13

Eine weitere Möglichkeit zur Eingabe der Formeln besteht darin, den
Zellzeiger mit den <PFEIL>-Tasten in die betreffenden Zellen zu bewegen.

+   Mit der Eingabe des
                                Pluszeichens in Zelle C15
                                erwartet Lotus 1-2-3 Zahlen
                                oder Formeln.

9 MAL <PFEIL OBEN>   Wir bewegen den Zellzeiger in
                                die Zelle **C6** und geben dann ein
                                Pluszeichen ein.

+   Bei dem Pluszeichen teilen wir
                                Lotus 1-2-3 mit, daß wir zu
                                diesem Feld etwas addieren
                                wollen. Nach der Eingabe des
                                Pluszeichens springt der
                                Zellzeiger auf das *Ausgangsfeld*
                                C15 zurück.

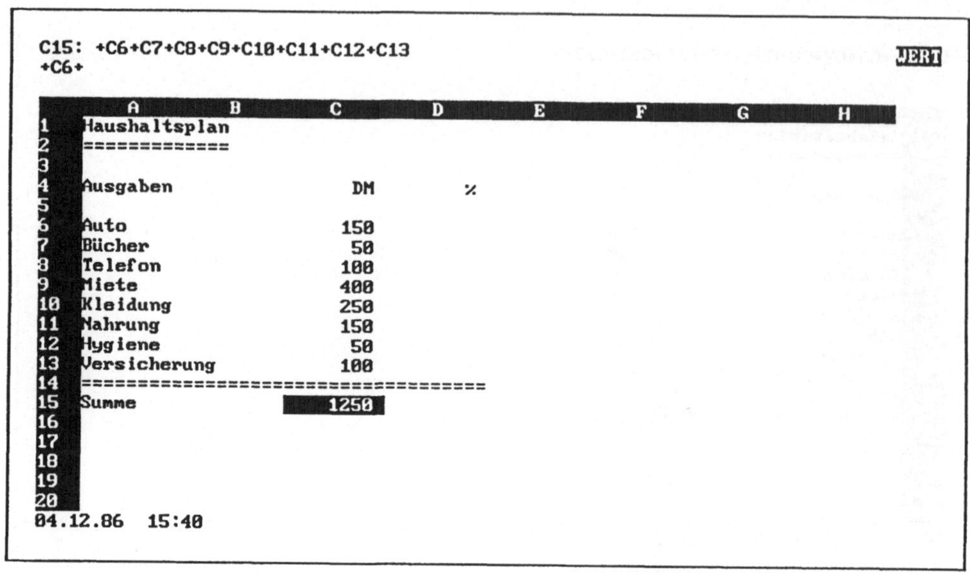

Bild 2-14

8 MAL <PFEIL OBEN>   Bewegen Sie den Zellzeiger nun
                              nach Zelle **C7**, zum zweiten
                              Feld, das addiert werden soll
                              und geben Sie anschließend ein
                              Pluszeichen ein.

+   Zum Feldinhalt von C6 wird der
                              Feldinhalt von Zelle C7
                              hinzuaddiert.

7 MAL <PFEIL OBEN>   Bewegen des Zellzeigers nach
                              C8.

+   Lotus 1-2-3 addiert die Zahlen
                              in den Zellen C6, C7 und C8.

6 MAL <PFEIL OBEN>   Bewegen des Zellzeigers nach
                              Zelle **C9**.

+   Die Zahlen der Zellen C6, C7,
                              C8 und C9 werden addiert.

5 MAL <PFEIL OBEN>   Bewegen des Zellzeigers nach
                              Zelle **C10**.

+	Die Zahlen der Zellen C6, C7, C8, C9 und C10 werden addiert.
4 MAL <PFEIL OBEN>	Bewegen des Zellzeigers nach Zelle **C11**.
+	Die Zahlen der Zellen C6, C7, C8, C9, C10 und C11 werden addiert.
3 MAL <PFEIL OBEN>	Bewegen des Zellzeigers nach Zelle **C12**.
+	Die Zahlen der Zellen C6, C7, C8, C9, C10, C11 und C12 werden addiert.
2 MAL <PFEIL OBEN>	Bewegen des Zellzeigers nach Zelle **C13**.
<RETURN>	Lotus 1-2-3 hat automatisch die gewünschte Formel erstellt und die richtigen Zelladressen eingesetzt: In der Zelle C15 steht: **+C6+C7+C8+C9+C10+C11+C12+C13**

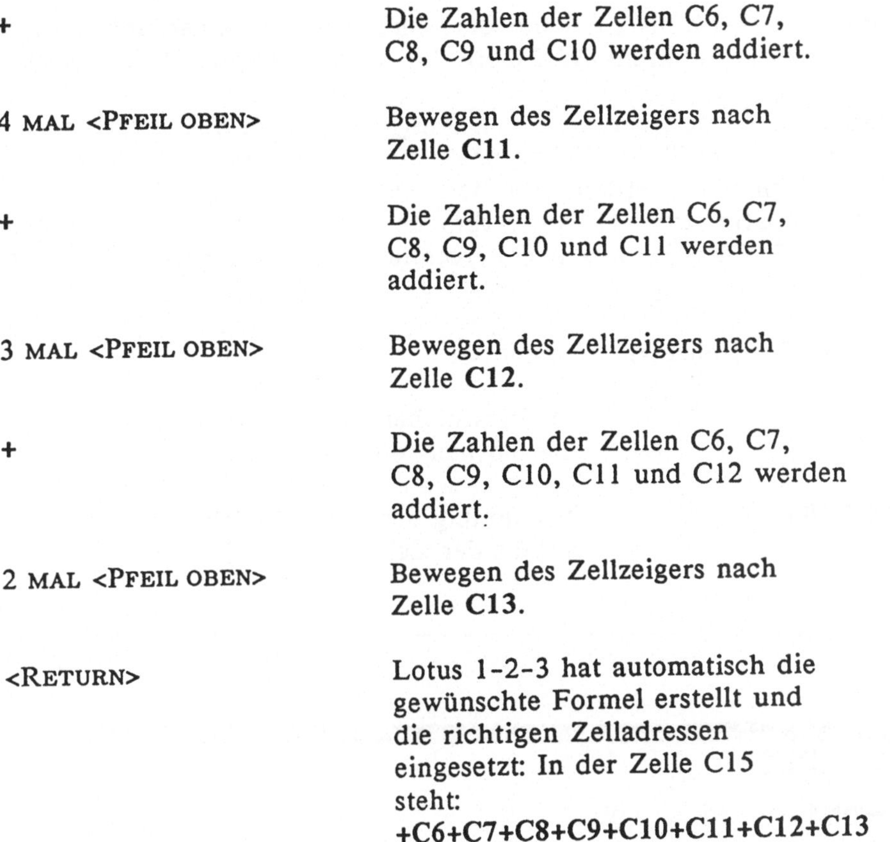

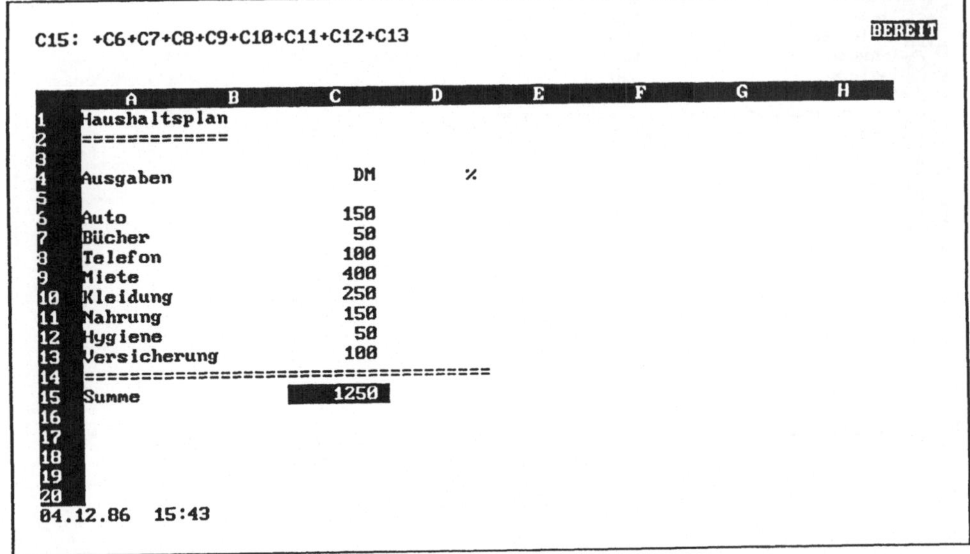

Bild 2-15

Ein dritte Eingabetechnik, die die Berechnung von Summen am elegan-
testen löst, ist die Funktion @SUMME. Sie wird in Kapitel 3 behandelt.

Der prozentuale Anteil der einzelnen Ausgaben soll in Spalte D berechnet werden. Dazu muß der Zelleninhalt durch die Summe dividiert und
mit 100 multipliziert werden. Für den Anteil der Ausgaben für Nah-
rungsmittel relativ zum Gesamtverbrauch lautet deshalb die Formel
+C6/C15 * 100. Für die einzelnen Berechnungen sind folgende Eingaben
erforderlich:

Bewegen Sie den Zellzeiger zu Zelle **D6**.

+   Das Pluszeichen zeigt an, daß
                                        eine Formel folgt.

+c6/c15 * 100   Berechnung des prozentualen
                                        Anteils der Zelle C6 (Auto).

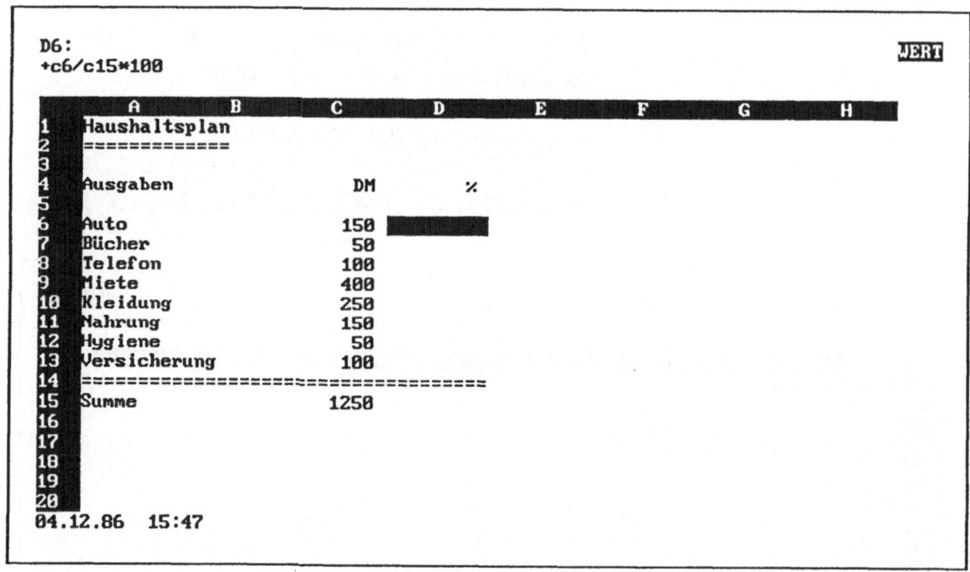

Bild 2-16

<PFEIL UNTEN>   Abspeichern der Formel in Zelle
                                        D6, berechnen der Formel und
                                        Sprung zu Zelle **D7**.

+c7/c15 * 100   Berechnung des prozentualen
                                        Anteils der Zelle C7 (Bücher).

<PFEIL UNTEN>	Abspeichern der Formel in Zelle D7, berechnen der Formel und Sprung zu Zelle **D8**.
+c8/c15 * 100	Berechnung des prozentualen Anteils der Zelle C8 (Telefon).
<PFEIL UNTEN>	Abspeichern der Formel in Zelle D8, Berechnen der Formel und Sprung zu Zelle **D9**.
+c9/c15 * 100	Berechnung des prozentualen Anteils der Zelle C9 (Miete).
<PFEIL UNTEN>	Abspeichern der Formel in Zelle D9, berechnen der Formel und Sprung zu Zelle **D10**.
+c10/c15 * 100	Berechnung des prozentualen Anteils der Zelle C10 (Kleidung).
<PFEIL UNTEN>	Abspeichern der Formel in Zelle D10, berechnen der Formel und Sprung zu Zelle **D11**.
+c11/c15 * 100	Berechnung des prozentualen Anteils der Zelle C11 (Nahrung).
<PFEIL UNTEN>	Abspeichern der Formel in Zelle D11, berechnen der Formel und Sprung zu Zelle **D12**.
+c12/c15 * 100	Berechnung des prozentualen Anteils der Zelle C12 (Hygiene).
<PFEIL UNTEN>	Abspeichern der Formel in Zelle D12, berechnen der Formel und Sprung zu Zelle **D13**.
+c13/c15 * 100	Berechnung des prozentualen Anteils der Zelle C13 (Versicherung).
<RETURN >	Abspeichern der Formel in Zelle D13 und berechnen der Formel.

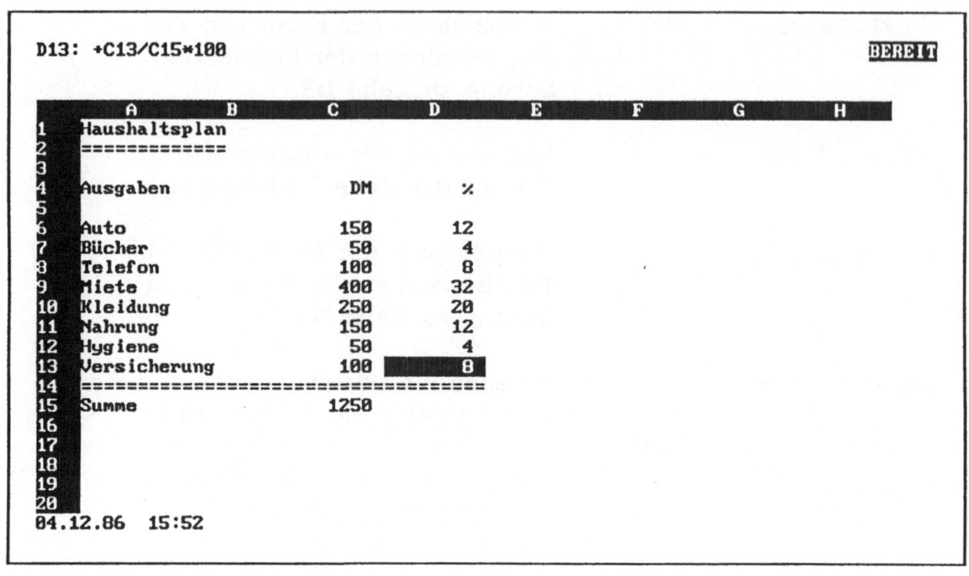

Bild 2-17

Die Formel zur Summierung der Prozentwerte muß noch eingegeben
werden.

2 MAL <PFEIL UNTEN>   Sprung zu Zelle **D15**.

+d6+d7+d8+d9+d10+d11+d12+d13

                                          Eingabe der Formel.

<RETURN>   Berechnung der Formel.

D15: +D6+D7+D8+D9+D10+D11+D12+D13 BEREIT

	A	B	C	D	E	F	G	H
1	Haushaltsplan							
2	============							
3								
4	Ausgaben		DM	%				
5								
6	Auto		150	12				
7	Bücher		50	4				
8	Telefon		100	8				
9	Miete		400	32				
10	Kleidung		250	20				
11	Nahrung		150	12				
12	Hygiene		50	4				
13	Versicherung		100	8				
14	====================================							
15	Summe		1250	100				
16								
17								
18								
19								
20								

04.12.86 15:55

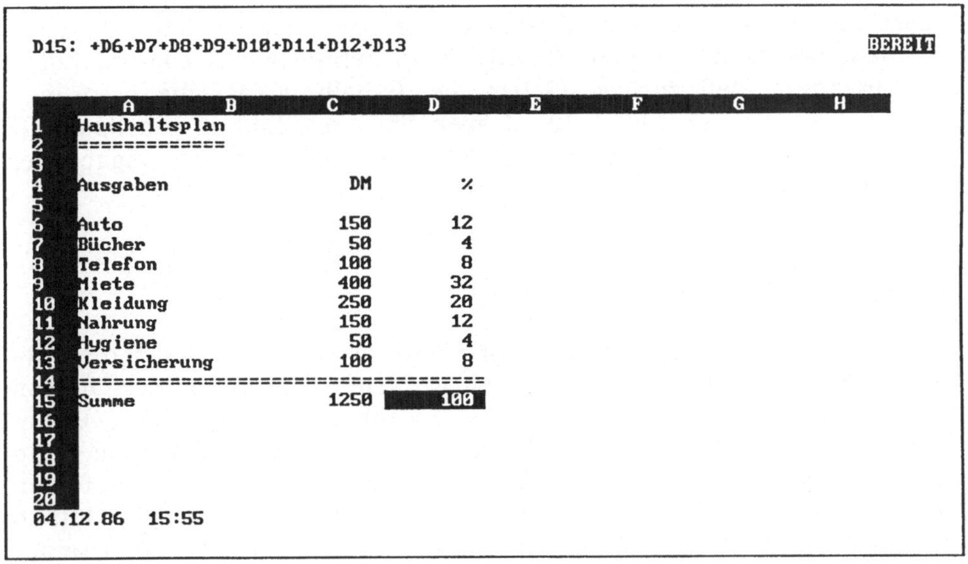

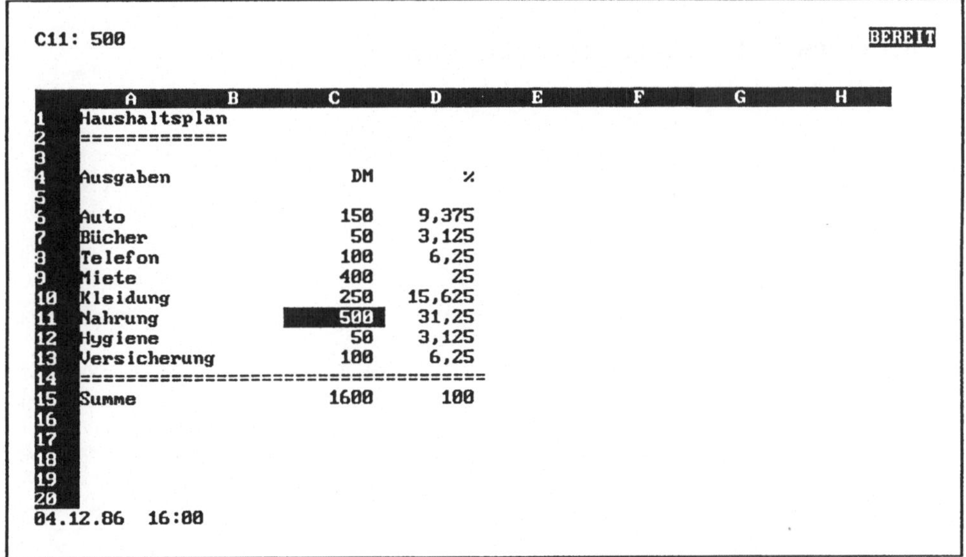

Bild 2-18

Nun haben Sie Ihr erstes Arbeitsblatt erstellt und können die Leistungsfähigkeit von Lotus 1-2-3 testen. Ändern Sie beispielsweise die Ausgaben für Nahrung auf 500,- DM (Eingabe in Zelle C11: 500 <RETURN>). Die Summe und die prozentuale Verteilung wird automatisch errechnet. Stören Sie sich nicht an den vielen Dezimalstellen. Im nächsten Abschnitt wird gezeigt, wie die Anzahl der Dezimalstellen festgelegt werden kann.

C11: 500 BEREIT

	A	B	C	D	E	F	G	H
1	Haushaltsplan							
2	============							
3								
4	Ausgaben		DM	%				
5								
6	Auto		150	9,375				
7	Bücher		50	3,125				
8	Telefon		100	6,25				
9	Miete		400	25				
10	Kleidung		250	15,625				
11	Nahrung		500	31,25				
12	Hygiene		50	3,125				
13	Versicherung		100	6,25				
14	====================================							
15	Summe		1600	100				
16								
17								
18								
19								
20								

04.12.86 16:00

Bild 2-19

Ändern Sie ruhig weitere Zahlen und sehen Sie, wie schnell die neuen Ergebnisse berechnet werden. Anschließend kehren wir wieder zu unserem Ausgangsmodell zurück. Geben Sie deshalb wieder die ursprünglichen Zahlen ein (s. Bild 2-20). Geben Sie eine Zahl in die Spalte D ein, so wird die Formel durch die Zahl gelöscht. Eine Neueingabe der Formel ist notwendig.

2.2.7 Sichern des Arbeitsblattes auf Diskette

Um das Arbeitsblatt auf Diskette speichern zu können, müssen die entsprechenden 1-2-3-Befehle aufgerufen werden. Diese Befehle erscheinen in der 2. und 3. Zeile des Bedienfeldes, wenn ein Schrägstrich (/), d.h. <SHIFT> 7, eingegeben oder die Tasten < oder > betätigt werden. Man bezeichnet diese Befehlsliste als *Menü*, weil man sich aus diesen Befehlen einen bestimmten Befehl aussuchen kann. Wird ein Befehl ausgewählt, so erscheinen in der dritten Zeile des Bedienfeldes Bemerkungen zu seiner Funktion (weitere Bemerkungen zu den Befehlen finden Sie in Kapitel 1). Alle Befehle befinden sich im Anhang, den Sie am besten jetzt herausklappen).

Achtung ! Lotus 1-2-3 muß sich im BEREIT-Modus befinden. Falls dies nicht der Fall ist, müssen Sie solange die <ESCAPE>-Taste drücken, bis Sie im BEREIT-Modus sind .

/   Durch Eingabe des Schrägstriches befinden Sie sich im Befehlsmenü (MENÜ-Modus).

Das Befehlsmenü sieht folgendermaßen aus:

```
C11: 150                                                            MENÜ
Arbeitsblatt Bereich Kopie Versetzen Transfer Output Grafik Daten System Ende
Global, Einfügen, Löschen, Spalte, Radieren, Titel, Fenster, Parameter, N.Seite
        A          B        C         D        E       F       G       H
 1  Haushaltsplan
 2  ==============
 3
 4  Ausgaben                  DM        %
 5
 6  Auto                     150       12
 7  Bücher                    50        4
 8  Telefon                  100        8
 9  Miete                    400       32
10  Kleidung                 250       20
11  Nahrung                  150       12
12  Hygiene                   50        4
13  Versicherung             100        8
14  ===================================
15  Summe                   1250      100
16
17
18
19
20
04.12.86   16:06
```

Bild 2-20 Befehlsmenü

Befehle können grundsätzlich auf zwei verschiedene Arten eingegeben werden:

1. Indem der *Cursor* (heller Balken) mit der <LEERTASTE> oder der Tasten <PFEIL LINKS> und <PFEIL RECHTS> zum Auswahlbereich *bewegt wird* oder

2. indem über die Tastatur der *Schrägstrich* (BEFEHL-Modus) und die *Anfangsbuchstaben* der jeweiligen Befehlswahl eingegeben werden, z.B. /ATS (Arbeitsblatt Transfer Speichern).

Zum Eingewöhnen in die Kommandos von 1-2-3 wird zunächst der erste Weg beschritten (Auswahl der Befehle mit dem Cursor). In Kapitel 3 wird der zweite Weg eingeschlagen. Dabei wird deutlich, daß diese Methode sehr schnell ist. Sie setzt jedoch voraus, daß die Befehlsbezeichnungen von Lotus 1-2-3 bekannt sind.

4 MAL <PFEIL RECHTS>   Bewegen des Zeigers zum Befehl
                                Transfer.

<RETURN>   Wir befinden uns im Transfermenü.

7 MAL <PFEIL RECHTS>	Bewegen des Zeigers zum Befehl **Index**. Mit ihm wir das Laufwerk ausgewählt, in dem sich die Diskette befindet, auf der abgespeichert bzw. von der geladen wird. Diese Angabe gilt solange, bis Lotus 1-2-3 verlassen wird.
<RETURN>	Es erscheint:

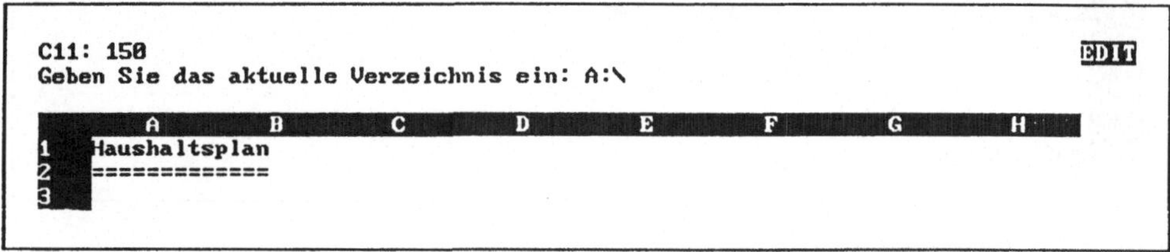

Bild 2-21

b:	Eingabe des Laufwerkes B.
<RETURN>	Lotus 1-2-3 befindet sich wieder im BEREIT-Modus.
/	Es erscheint das Befehlsmenü.
4 MAL <PFEIL RECHTS> <RETURN>	Auswahl des Befehls **Transfer**. Wir befinden uns im Transfermenü.
<PFEIL RECHTS>	Auswahl des Befehls **Speichern**. Mit diesem Befehl wird das ganze Arbeitsblatt als Datei abgespeichert.
<RETURN>	Es erscheint: Zu speichernde Datei: B:*.wk1
Kapitel2	Unsere Datei nennen wir Kapitel2.

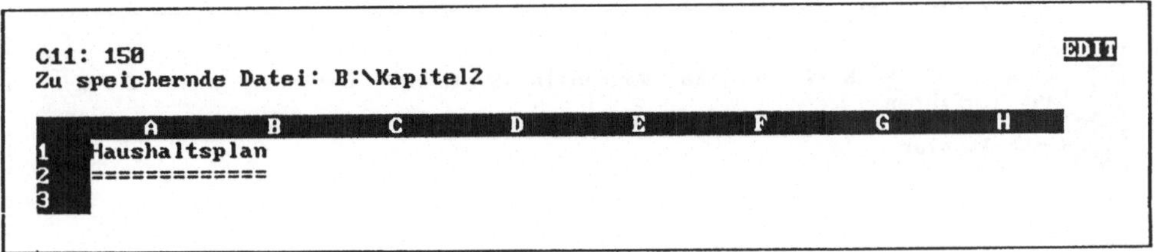

Bild 2-22

<RETURN>   Das Arbeitsblatt wird als Datei
                                unter dem Namen Kapitel2 abge-
                                speichert. Wir befinden uns
                                wieder im BEREIT-Modus.

2.2.8 Grafische Auswertung durch ein Balkendiagramm

In Tabelle 2-4 sind die *fünf grafischen Auswertungsmöglichkeiten* von
Lotus 1-2-3, ihre Befehlsabkürzungen und Hauptanwendungsgebiete
zusammengestellt.

Tabelle 2-4 Grafische Auswertungsmöglichkeiten

Diagrammart	Befehl	Bemerkungen
Liniendiagramm	l	Änderungen von Daten im Laufe der Zeit
Balkendiagramm	b	Unterschiedliche Größe von Daten.
XY-Diagramm	x	Beziehung zwischen zwei unterschiedlichen Datengruppen
Balkendiagramm (gestaffelt)	g	Unterschiedliche Größen einzelner Datenelemente innerhalb einer Datengruppe.
Kreisdiagramm	k	Prozentuale Aufteilung der Datenanteile

Zur grafischen Auswertung muß der MENÜ-Modus aufgerufen werden.

/   Zurück ins Hauptmenü.

6 MAL <PFEIL RECHTS>   Auswahl des Befehls **Grafik**.

<RETURN>   Wir befinden uns im Grafik-
                                Hauptmenü.

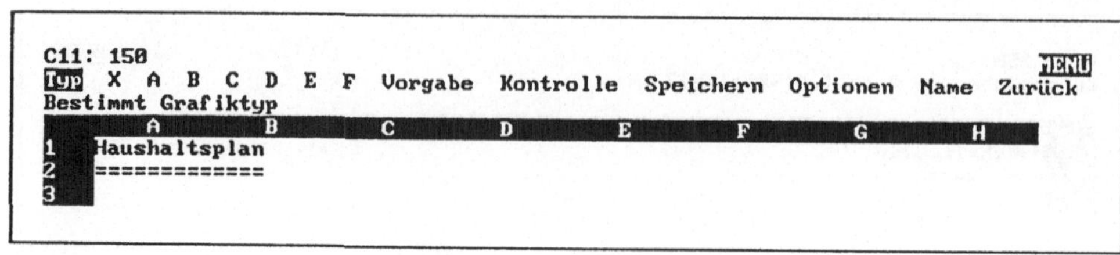

Bild 2-23

<RETURN>   Auswahl des Befehls **Typ**.

<PFEIL RECHTS>   Auswahl des Befehls **Balken**.

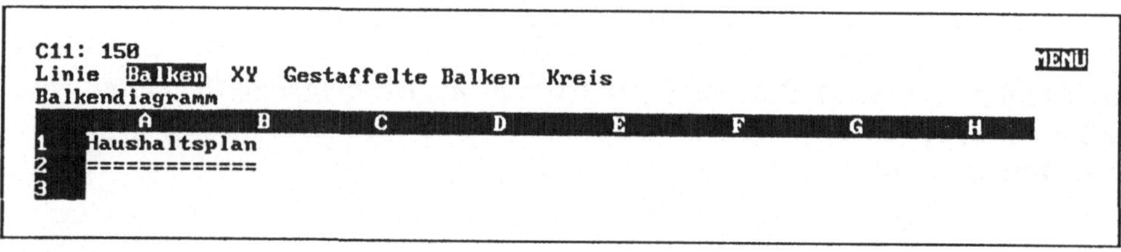

Bild 2-24

<RETURN>   Es erfolgt ein Rücksprung ins
                                 Grafik-Hauptmenü.

Nun müssen die Datenbereiche gewählt werden.

<PFEIL RECHTS>   Auswahl des Befehls x.

<RETURN>   Es erscheint:

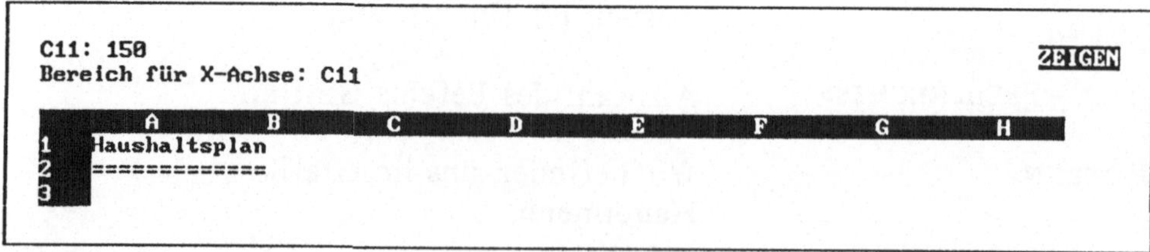

Bild 2-25

a6..a9   Eingabe von A6..A9.

<RETURN>   Der Text in den Zellen A6 bis
                                    A9 wird zur Beschriftung der X-
                                    Achse verwendet.

<RETURN>   Dieser Bereich erscheint
                                    als helles Rechteck
                                    auf dem Bildschirm.

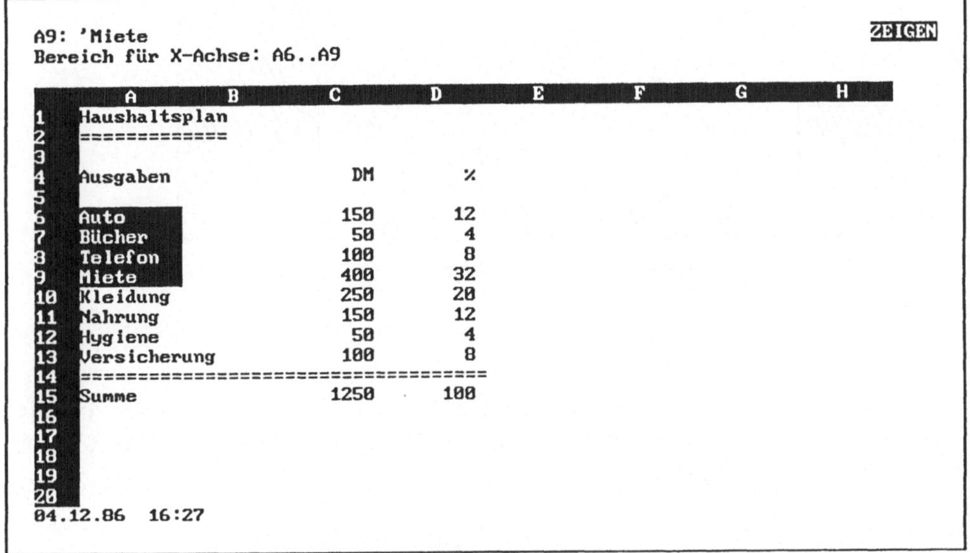

Bild 2-26

<RETURN>   Rücksprung in das Grafik-Hauptmenü.

<PFEIL RECHTS>   Auswahl des Befehls A.
                                    Damit wird der erste
                                    Datenbereich bestimmt.

<RETURN>   Es erscheint:
                                    Erster Datenbereich: C11

c6..c9   Eingabe von C6..C9.
                                    Dieser Bereich wird grafisch
                                    ausgewertet.

<RETURN>   Rücksprung ins Grafik-Menü.

7 MAL <PFEIL RECHTS>   Auswahl des Befehls **Kontrolle**.
                             Mit diesem Befehl wird die
                             aktuelle Grafik am Bildschirm
                             sichtbar.

<RETURN>   Die Grafik erscheint am Bildschirm.

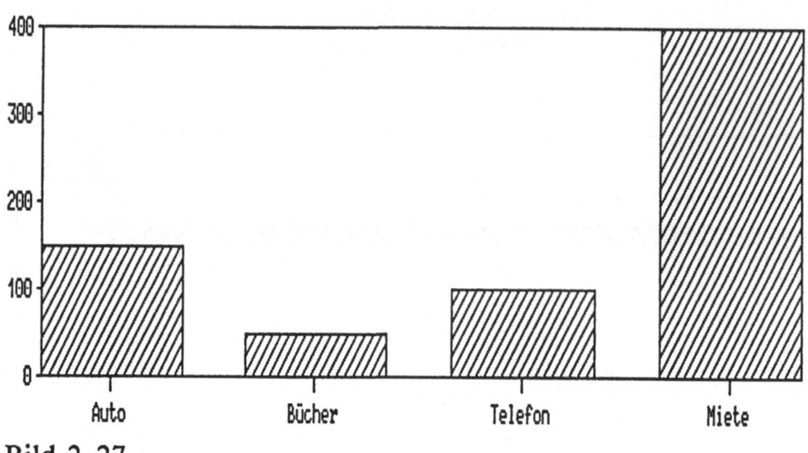

Bild 2-27

Durch Drücken einer *beliebigen Taste* gelangen Sie wieder zurück in das
Grafik-Hauptmenü. Eine weitere Beschriftung der Grafik ist mit dem
Befehl **Optionen** möglich.

2 MAL <PFEIL RECHTS>   Auswahl des Befehls Optionen.

<RETURN>   Wir befinden uns im Menü
                             Optionen.

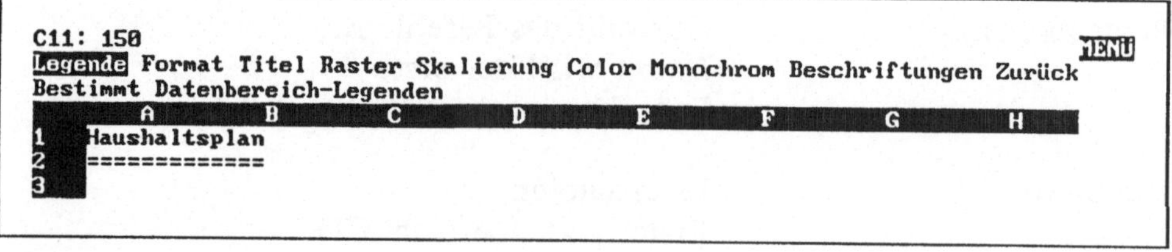

Bild 2-28

2 MAL <PFEIL RECHTS>   Auswahl des Befehls Titel.

<RETURN>   Wir befinden uns im Menü **Titel**.

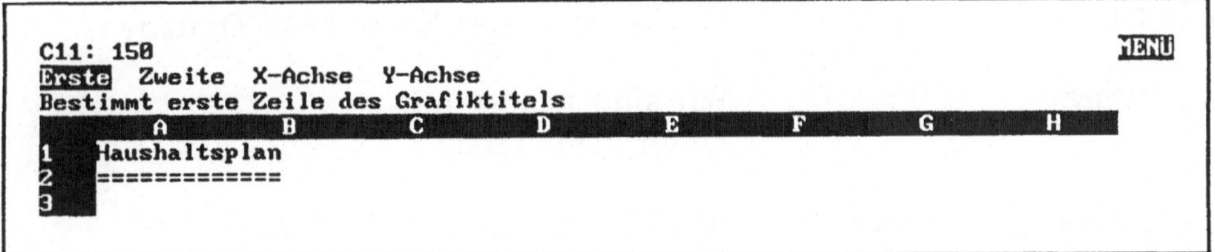

Bild 2-29

<RETURN>	Auswahl des Befehls Erste.
<RETURN>	Es wird die erste Überschrift betimmt. Es erscheint: Erste Zeile für Grafiktitel:
Haushaltsplan	Eingabe des Textes Haushaltsplan als erste Überschrift.

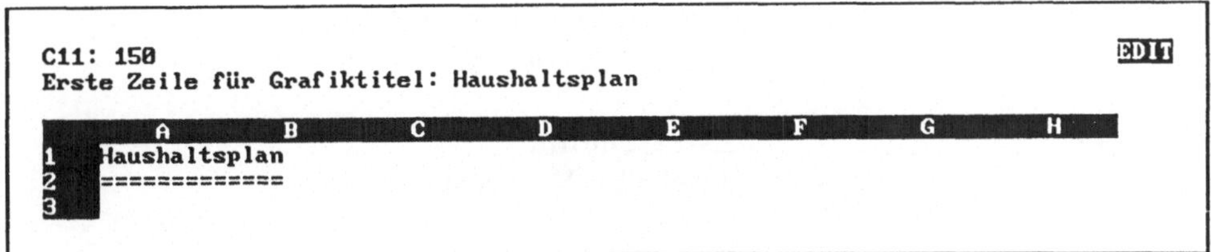

Bild 2-30

<RETURN>	Wir befinden uns im Untermenü **Optionen**.
<RETURN>	Wir befinden uns im Untermenü **Titel**.
<PFEIL RECHTS>	Auswahl des Befehls **Zweite**. Es wird die zweite Überschrift bestimmt.
<RETURN>	Es erscheint: Zweite Zeile für Grafiktitel:
Monat Januar	Die zweite Überschrift lautet: Monat Januar.

<RETURN>	Rückkehr in das Untermenü **Optionen**.
<RETURN>	Wir sind wieder im Untermenü **Titel**.
2 MAL <PFEIL RECHTS>	Auswahl des Befehls **X-Achse**. Jetzt kann die X-Achse beschriftet werden.
<RETURN>	Es erscheint: Titel für X-Achse:
Ausgaben	Die X-Achse wird mit dem Text Ausgaben beschriftet.
<RETURN>	Rücksprung in das Untermenü **Optionen**.
<RETURN>	Auswahl des Befehls **Titel**.
3 MAL <PFEIL RECHTS>	Auswahl des Befehls **Y-Achse**. Jetzt kann die Y-Achse beschriftet werden.
<RETURN>	Es erscheint: Titel für Y-Achse:
DM	Die Y-Achse wird mit dem Text DM beschriftet.
<RETURN>	Rücksprung ins Untermenü **Optionen**.
6 MAL <PFEIL RECHTS>	Auswahl des Befehls **Zurück**. Dadurch kehren wir ins Grafik-Hauptmenü zurück.
<RETURN>	Wir befinden uns im Grafik-Hauptmenü.
2 MAL <PFEIL LINKS>	Auswahl des Befehls **Kontrolle**. Damit kann die aktuelle Grafik auf dem Bildschirm sichtbar gemacht werden.
<RETURN>	Die Grafik erscheint auf dem Bildschirm.

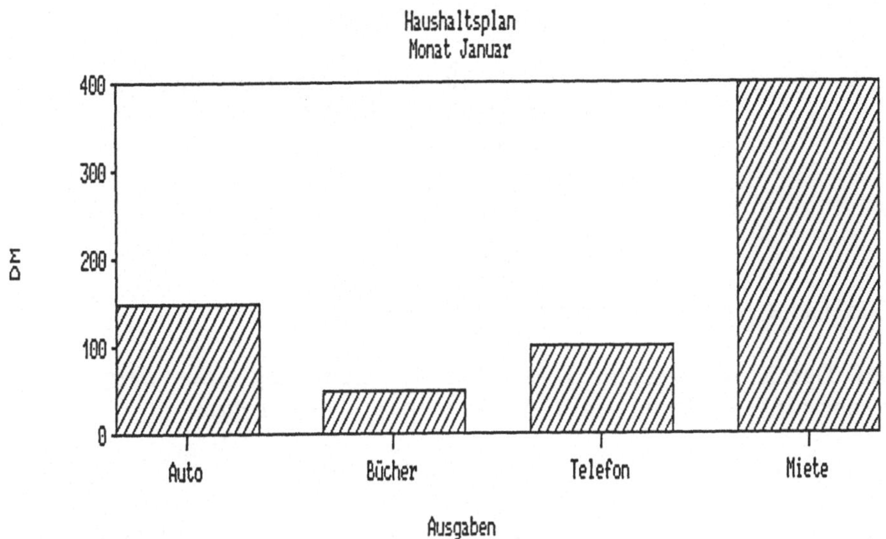

Bild 2-31 Balkengrafik mit Beschriftung

Durch Drücken einer beliebigen Taste kommt man wieder zurück ins
Grafik-Menü.

2.2.9 Abspeichern der Grafik

Mit dem Befehl **Speichern** ist es möglich, die aktuelle Grafik auf Diskette (oder Festplatte) zu speichern. Diese Grafikdateien können später
ausgedruckt werden (s. Kapitel 10). In unserem Beispiel befinden wir
uns noch im Grafik-Menü.

<PFEIL RECHTS>   Auswahl des Befehls **Speichern**.

<RETURN>   Es erscheint:

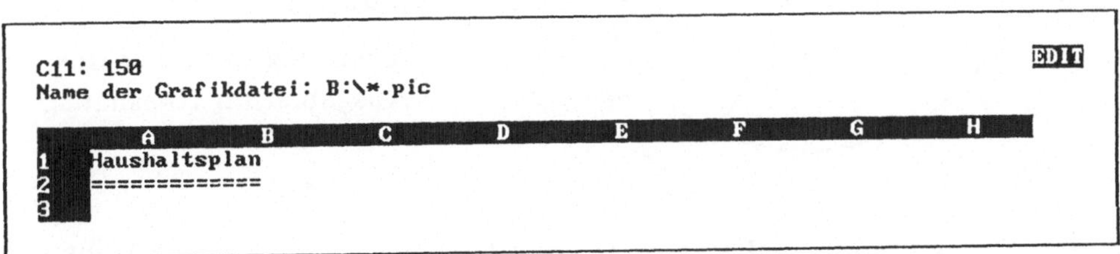

Bild 2-32

Grafik1   Eingabe des Namens Grafik1.

<RETURN>   Die Grafik wird unter dem Namen
                                    Grafik1 als Grafikdatei auf
                                    Diskette (Laufwerk B)
                                    abgespeichert. Wir befinden uns
                                    wieder im Grafik-Menü.

2.2.10 Grafische Auswertung durch ein Kreisdiagramm

Dieselben Daten werden im folgenden als Kreisdiagramm dargestellt.
Dies ist sehr einfach. Man benötigt nur wenige Tastenfolgen.

4 MAL <PFEIL RECHTS>   Auswahl des Befehls **Typ**.

<RETURN>   Wir befinden uns im Untermenü **Typ**.

4 MAL <PFEIL RECHTS>   Auswahl des Befehls **Kreis**.

<RETURN>   Wir befinden uns im Grafik-Menü.

9 MAL <PFEIL RECHTS>   Auswahl des Befehls **Kontrolle**.
                                    Damit kann die aktuelle Grafik
                                    auf dem Bildschirm sichtbar
                                    gemacht werden.

<RETURN>   Das Kreisdiagramm wird sichtbar.

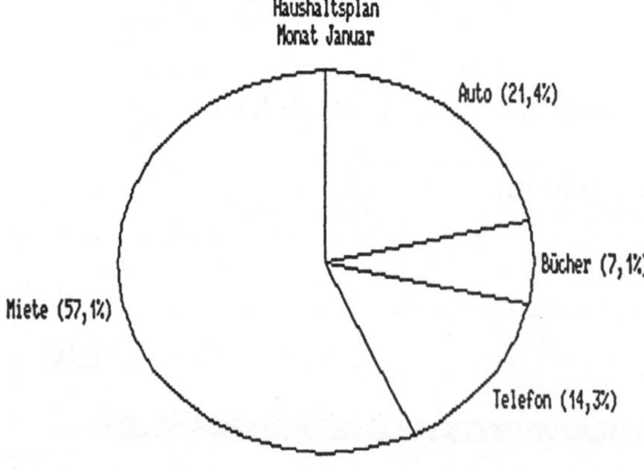

Bild 2-33

Kreisdiagramm für die
Ausgaben im Haushaltsplan

Durch Drücken einer beliebigen Taste gelangen Sie wieder zurück ins
Grafik-Hauptmenü.

2.2.11 Löschen des Arbeitsblattes

Mit dem Befehl **Arbeitsblatt Radieren** wird das im Augenblick bearbeitete Arbeitsblatt gelöscht und der Bildschirm zeigt ein leeres Arbeitblatt an. Es steht zur Neueingabe zur Verfügung.

Achtung ! Bevor der Befehl Arbeitsblatt Radieren ausgeführt wird, sollte das aktuelle Arbeitsblatt in einer Datei gespeichert worden sein.

Will man nicht das gesamte Abeitsblatt löschen, sondern nur Teile daraus, so gibt es folgende Möglichkeiten:

1. Löschen von einzelnen *Zeilen* und *Spalten*.
   Dies geschieht mit dem Befehl **Arbeitsblatt Löschen** (/AL).

2. Löschen von *Zellen* oder *Zellbereichen*.
   Dazu verwendet man den Befehl Bereich *Radieren* (/BR).

<Esc>	Wir gelangen ins Grafik-Menü.
4 MAL <PFEIL RECHTS>	Auswahl des Befehls Arbeitsblatt.
<RETURN>	Wir befinden uns im Menü Arbeitsblatt.
4 MAL <PFEIL RECHTS>	Auswahl des Befehls **Radieren**.

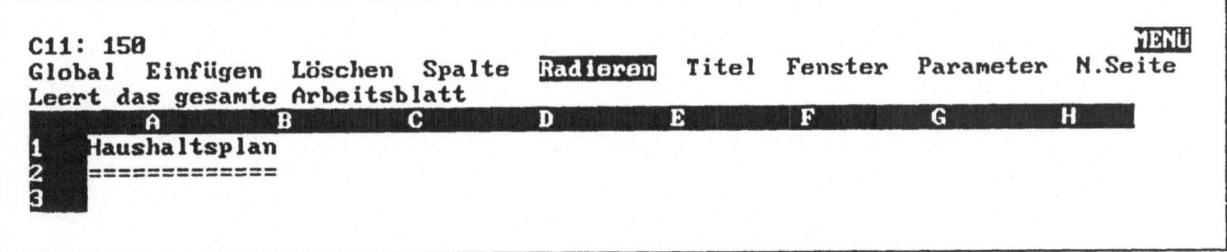

Bild 2-34

<RETURN>	Wir befinden uns im Menü **Arbeitsblatt Radieren**.
<PFEIL RECHTS>	Auswahl des Befehls **Ja**.

<RETURN>   Das bestehende Arbeitsblatt
                                wurde gelöscht und der
                                Bildschirm zeigt ein leeres
                                Arbeitblatt.

Das waren die ersten Schritte beim Umgang mit Lotus 1-2-3. Wir hof-
fen, daß Sie Lust bekommen haben, schnell weitere Möglichkeiten ken-
nenzulernen.

3 Entwicklung des Auftragsbestandes

3.1 Problembeschreibung

Eine Maschinenfabrik möchte ihren Auftragsbestand für die Produktsparten Drehbänke, Fräsmaschinen, Bohrautomaten und Schleifmaschinen quartalsweise kontrollieren. Zu diesem Zweck wird der Auftragsbestand für die Monate Januar, Februar und März in einem Arbeitsblatt zusammengestellt und ausgewertet.

```
A1: [B18]                                                            BEREIT

           A            B            C            D            E
1                    Januar      Februar       März         Gesamt
2
3   Drehbänke        48743,00    143543,00    265987,90    458.273,90 DM
4   Fräsmaschinen    82654,40    122345,98    150912,07    355.912,45 DM
5   Bohrautomaten    64343,65    328987,98    234872,30    628.203,93 DM
6   Hobelmaschinen   35228,50     75840,60    112433,00    223.502,10 DM
7   Schleifmaschinen 54748,00    100765,54    150908,80    306.422,34 DM
8   ==============================================================================
9   Gesamt          285717,55    771483,10    915114,07   1.972.314,72 DM
10  Prozent            14,49%       39,12%       46,40%         100,00%
11
12  Sehr geehter Herr Müller,
13
14  wie Sie aus der Tabelle über die Entwicklung des Auftragsbestandes
15  ersehen, konnte der Auftragsbestand für die Monate Februar und März
16  deutlich gesteigert werden. Wir sind froh, Ihnen diese günstige
17  Entwicklung mitteilen zu können.
18
19  Mit freundlichen Grüßen
20  C. Brandner
04.12.86  19:08
```

Bild 3-1 Arbeitsblatt zur Entwicklung des Auftragsbestandes

3.2 Problemlösung

Die Erstellung des Arbeitsblattes für den Auftragsbestand erfolgt in folgenden Schritten:

1. Eingabe der Produktsparten (Texte)

2. Ändern der Spaltenbreite

3. Eingabe der Monate (Texte)

4. Justieren des Textes

5. Wiederholende Darstellungsweise

6. Der Kopier-Befehl

7. Eingabe der Zahlen

8. Formatieren der Bereiche

9. Relative und absolute Zelladressierung

10. Rechnen mit der @SUMME-Funktion

11. Formatieren als Prozentwert

12. Angaben einer Währungsbezeichnung

13. Vergrößern der Spaltenbreite

14. Einfügen zusätzlicher Zeilen

15. Erstellen eines Begleittextes

16. Ausdrucken des gesamten Arbeitsblattes und Teilen daraus

17. Abspeichern des Arbeitsblattes auf Diskette

3.2.1 Eingabe der Produktsparten (Texte)

<HOME>
2 MAL <PFEIL UNTEN>   Bewegen des Zellzeigers zur Zelle A3.

Zur Eingabe des Textes gehen wir wie folgt vor:

Drehbänke	Eingabe des Textes Drehbänke in Zelle A3.
<PFEIL UNTEN>	Abspeichern des Textes in Zelle A3 und bewegen des Zellzeigers nach Zelle A4.
Fräsmaschinen	Eingabe des Textes Fräsmaschinen in Zelle A4.
<PFEIL UNTEN>	Speichern des Textes in Zelle A4 und bewegen des Zellzeigers zu Zelle A5.

Bohrautomaten

<PFEIL UNTEN>

Eingabe des Textes
Bohrautomaten in Zelle A5.
Der Text wird in Zelle A5
abgespeichert und der Zellzeiger nach Zelle A6 bewegt.

Schleifmaschinen

2 MAL <PFEIL UNTEN>

Eingabe des Textes
Schleifmaschinen in Zelle A6.
Abspeichern des Textes in Zelle
A6 und bewegen des Zellzeigers
nach Zelle A8.

Gesamt

<PFEIL UNTEN>

Eingabe des Textes
Gesamt in Zelle A8.
Speichern des Textes in Zelle
A8 und bewegen des Zellzeigers
nach Zelle A9.

Prozent

<RETURN>

Eingabe des Textes
Prozent in Zelle A9.
Abspeichern des Textes in Zelle
A9.

Damit haben Sie die Zeilenbezeichnungen für das Arbeitsblatt erstellt.

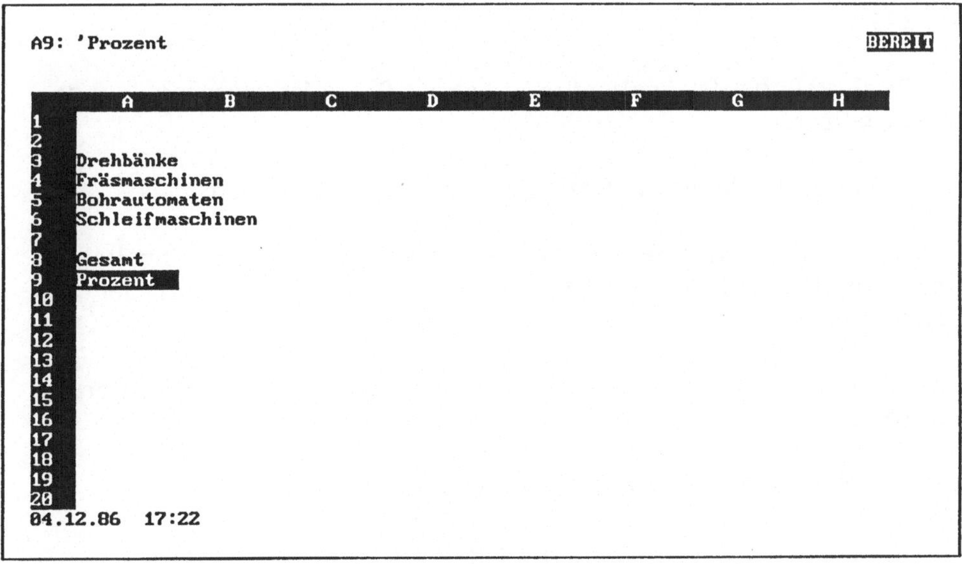

Bild 3-2 Arbeitsblatt nach der Eingabe der Zeilentexte

3.2.2 Ändern der Spaltenbreite

Während wir im letzten Kapitel die Lotus 1-2-3 Befehle mit dem Zellzeiger ausgewählt haben, rufen wir ab diesem Kapitel die Befehle mit dem Befehlszeichen (/) und der Folge der entsprechenden Anfangsbuchstaben auf.

Mit dem Befehl **Arbeitsblatt Spalte Bestimmen (/ASB)** bzw. dem Befehl **Arbeitsblatt Global Breite (/AGB)** kann die Anzahl der Zeichen je Spalte für die entsprechende Textlänge oder Zahlengröße in einer *bestimmten Spalte* (Befehlsfolge: ASB) des Arbeitsblattes oder auf dem *gesamten Arbeitsblatt* (Befehlsfolge: AGB) eingestellt werden.

Der Zellzeiger wird in die zu ändernde Spalte bewegt. In unserem Falle ist dies die Spalte A.

/ASB   Auswahl des Befehls
                             Arbeitsblatt Spalte Bestimmen.
                             Es erscheint:

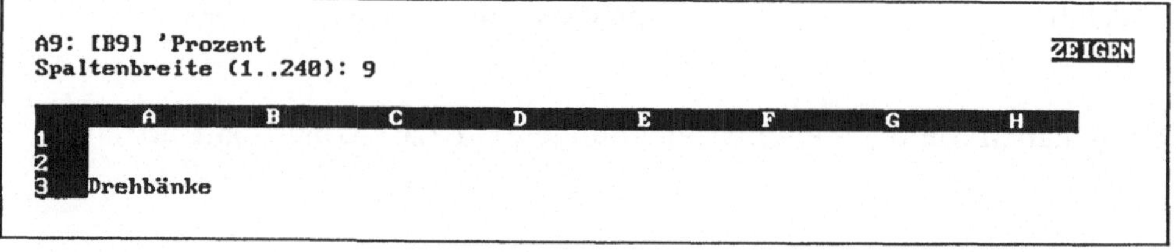

Bild 3-3

Die Voreinstellung der Spaltenbreite beträgt 9. Sie ist zwischen 1 und 240 einstellbar.

Auf zweierlei Art kann die Spaltenbreite bestimmt werden:

1. Durch Betätigen der <PFEIL LINKS>-Taste (Verkleinern der Spalte) oder durch Betätigen der <PFEIL RECHTS>-Taste (Verbreitern der Spalte) oder

2. durch Eingabe der gewünschten Zeichenanzahl bei der Aufforderung: Spaltenbreite (1..240):

In unserem Beispiel soll die Spaltenbreite 18 sein.

18   Eingabe von 18.

<RETURN>   Die Breite der Spalte A wird
                             auf 18 Zeichen eingestellt.

Alle Spalten rechts der Spalte A sollen zwölf Zeichen breit sein. Der Befehl **Arbeitsblatt Global** beinhaltet Befehle, die sich auf das *gesamte* Arbeitsblatt beziehen. Bereiche, die bereits eingestellt wurden, wie dies in Spalte A der Fall war, werden nicht berücksichtigt.

<PFEIL RECHTS>   Bewegen des Zellzeigers in
                          die Spalte **B**.

/AGB   Auswahl des Befehls
                          Arbeitsblatt **Global Breite**.
                          Es erscheint:
                          Vorgegebene Spaltenbreite (1..240): 9

Die Voreinstellung der Spaltenbreite im gesamten Arbeitsblatt beträgt 9. In unserem Beispiel soll für das restliche Arbeitsblatt eine Spaltenbreite von zwölf Zeichen festgelegt werden.

12   Eingabe von 12.

<RETURN>   Ab Spalte B werden die Spalten
                          auf 12 Zeichen verbreitert.

3.2.3 Eingabe der Spaltenüberschriften

Nun sollen die Monatsnamen für das 1. Quartal eingegeben werden.

Bewegen Sie den Zellzeiger in die Zelle B1.

Januar   Eingabe des Textes Januar
                          in Zelle B1.
<PFEIL RECHTS>   Speichern des Textes in Zelle
                          B1 und bewegen des Zellzeigers
                          zur Zelle **C1**.

Februar   Texteingabe in Zelle C1.
<PFEIL RECHTS>   Eintragen des Textes in Zelle
                          C1 und bewegen des Zellzeigers
                          zur Zelle **D1**.

März   Eingabe des Textes
                          März in Zelle D1.
<PFEIL RECHTS>   Abspeichern des Textes in Zelle
                          D1 und bewegen des Zellzeigers
                          zur Zelle **E1**.

Gesamt   Eingabe des Textes Gesamt
                                    in Zelle E1.

<RETURN>   Speichern des Textes in Zelle E1.

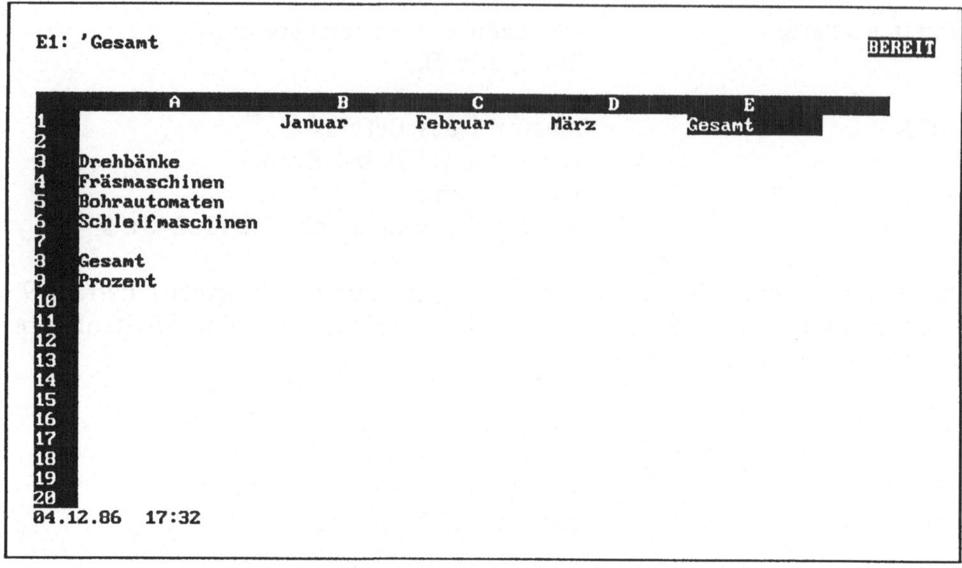

Bild 3-4 Arbeitsblatt nach Eingabe der Spaltenüberschriften

3.2.4 Justieren des Textes

Mit dem Befehl **Bereich Justieren (/BJ)** bzw. dem Befehl **Arbeitsblatt Global Justieren (/AGJ)** können Sie Texte *linksbündig*, *rechtsbündig* oder *zentriert* in einem bestimmten Bereich (Befehlsfolge: **BJ**) oder auf dem gesamten Arbeitsblatt (Befehlsfolge: **AGJ**) justieren. In unserem Beispiel soll die Spaltenbreite im Bereich B2 bis E2 rechtsbündig justiert werden.

/BJR   Auswahl des Befehls Bereich
                                    Justieren Rechts.
                                    Es erscheint:

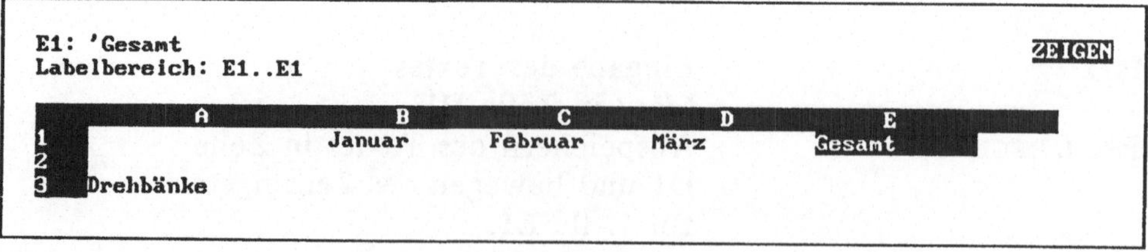

Bild 3-5

b1..e1   Eingabe von B1..E1.

<RETURN>   Im Bereich von **B1** bis **E1** wird
                               der Text rechtsbündig justiert.
                               Das *Format* eines Bereiches kann
                               nicht vor der Eingabe eines
                               Textes (Labels) festgelegt
                               werden. Der Befehl Bereich
                               Justieren wirkt sich nur auf
                               bestehende Labels aus.

3.2.5 Wiederholende Darstellungsweise

Eine Trennlinie soll in das Arbeitsblatt eingefügt werden. Statt 50 mal
das Gleichheitszeichen einzugeben, kann man den **rückwärtsgerichteten**
Schrägstrich eintippen. Der nach dem rückwärtsgerichteten Schrägstrich
eingegebene Text wiederholt sich bis zum Ende des Eingabefeldes.

Bewegen Sie den Zellzeiger zur Zelle A7.

\=   Eingabe eines rückwärtsgerich-
                               teten Schrägstriches und eines
                               Gleichheitszeichens.

<RETURN>   Die Zelle A7 wird mit dem
                               Gleichheitszeichen ausgefüllt.

3.2.6 Der Kopier-Befehl

Sie könnten nun in den anderen Feldern (B7..E7) die Gleichheitszeichen
in derselben Weise eingeben. Das wäre jedoch ein zeitaufwendiger Vorgang. Lotus 1-2-3 verfügt über eine schnellere Methode. Mit dem Befehl
Kopie (/K) können Sie Zelleninhalte aus einer Zelle in eine andere Zelle
kopieren.

Mit einem ähnlichen Befehl, dem Befehl Versetzen (/V) können Sie
Zellen bzw. ganze Zellenbereiche versetzen. Dabei wird die Quellzelle
jedoch gelöscht.

In unserem Beispiel soll der Inhalt der Zelle A7 in den Bereich B7 bis
E7 kopiert werden. Hierzu ist folgende Befehlsfolge notwendig:

/K   Auswahl des Befehls Kopie.
                               Es erscheint:

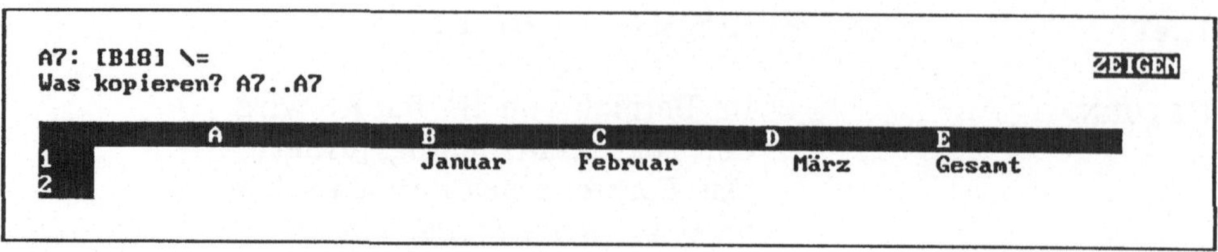

Bild 3-6

Sie befinden sich im ZEIGEN-Modus, d.h. jetzt können Sie Lotus 1-2-3 zeigen, welche Zelle bzw. welcher Bereich kopiert werden soll.

Achtung ! Mit der <Esc>-Taste können Sie die Verankerung lösen (es erscheint: Was kopieren: A7). Jetzt können Sie in eine beliebige Zelle des Arbeitsblattes springen, ohne daß ein Bereich gekennzeichnet wird.Mit Eingabe des Punktes wird die Verankerung wieder hergestellt (es erscheint: Was kopieren: A7..A7).

1-2-3 fragt nach der Zelle bzw. dem Bereich, aus dem kopiert werden soll (*Quellzelle, Quellbereich*). In unserem Fall ist dies der Bereich A7..A7, also nur eine Zelle, die Zelle A7. Es ist aber genauso möglich, ganze Bereiche zu kopieren, beispielsweise A7..B10.

<RETURN>   Mit der <RETURN>-Taste wird die
                                  Quellzelle A7 bestätigt.
                                  Es erscheint:

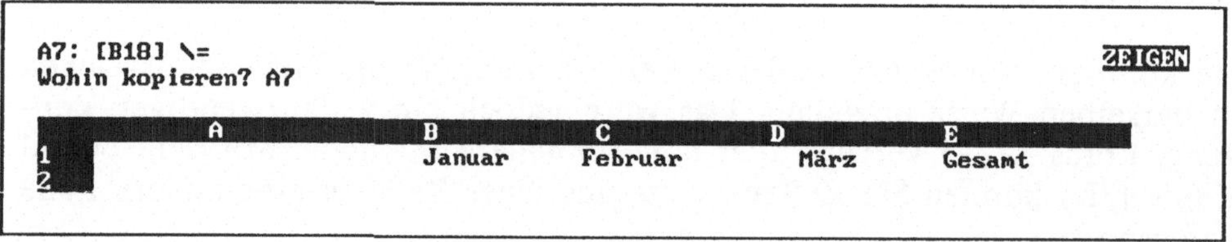

Bild 3-7

Lotus 1-2-3 fragt nun nach dem Bereich, in den kopiert werden soll (*Zielzelle, Zielbereich*). In unserem Beispiel geht der Zielbereich von **B7** bis **E7**.

<PFEIL RECHTS>   Um den Zielbereich einzugeben,
                                   brauchen Sie nur den Zellzeiger
                                   auf die Zelle B7 zu bewegen,
                                   also auf die linke Ecke des
                                   Zielbereiches. B7 wird nun als
                                   erste Zelle des Zielbereiches
                                   festgelegt.

                                   Nun tippen Sie einen Punkt ein.
                                   Der Punkt steht für von..bis
                                   und verankert den hellen Balken.

3 MAL <PFEIL RECHTS>   Bewegen Sie mit der <PFEIL
                                   RECHTS>-Taste den Zellzeiger
                                   nach E7. Diese Zelle ist die
                                   letzte Zelle des hervorgehobe-
                                   nen Bereiches (Zielbereich).

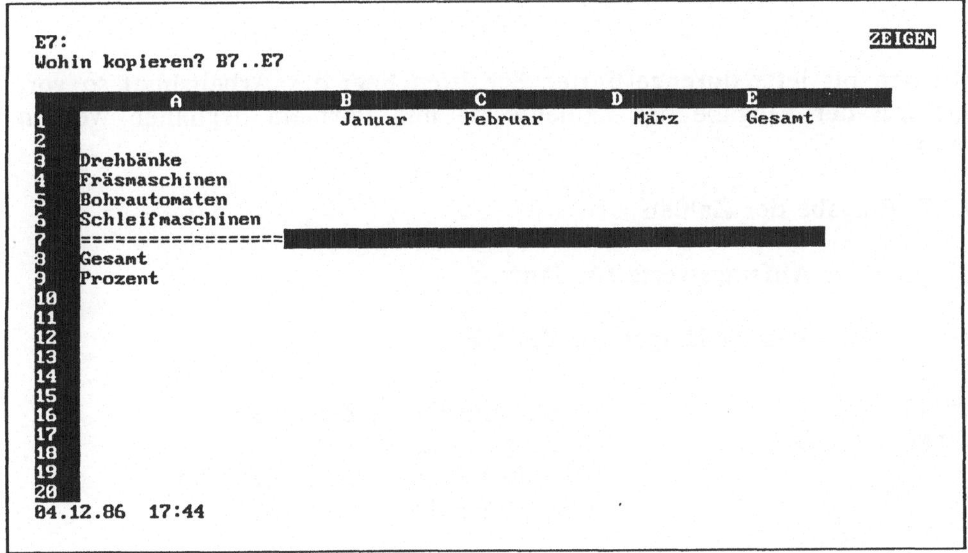

Bild 3-8

<RETURN>   Mit der <RETURN>-Taste wird der
                                   Kopiervorgang durchgeführt. Das
                                   Gleichheitszeichen wird in den
                                   angegebenen Bereich B7 bis E7
                                   kopiert. Sie befinden sich
                                   wieder im BEREIT-Modus.

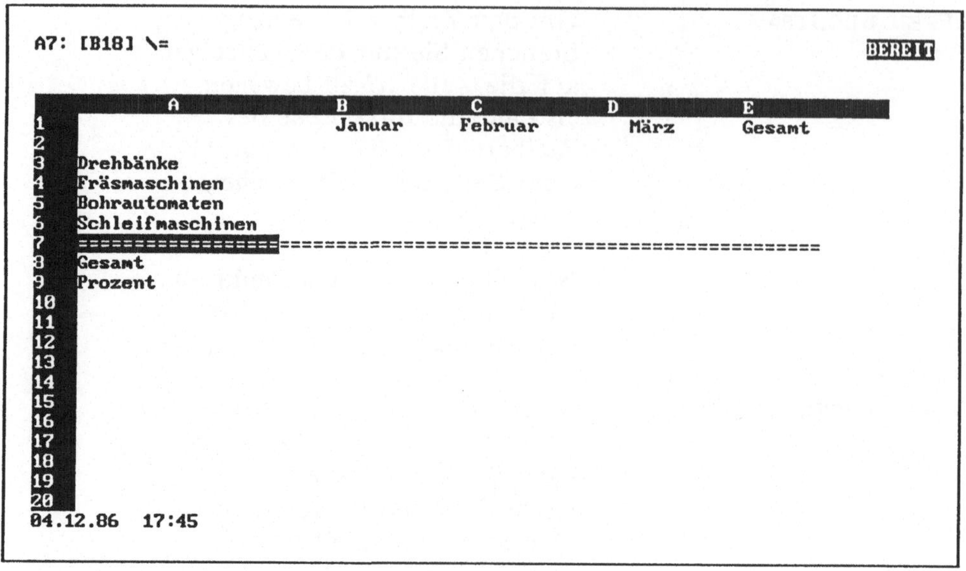

Bild 3-9 Arbeitsblatt vor der Eingabe der Zahlen

Mit den bis jetzt durchgeführten Schritten liegt das Arbeitsblatt so vor,
daß mit der Eingabe der Zahlenwerte und Formeln begonnen werden
kann.

3.2.7. Eingabe der Zahlen

Eingabe der Auftragswerte für Januar:

Bewegen Sie den Zellzeiger zur Zelle **B3**.

48743 <PFEIL UNTEN>	Zahleneingabe in Zelle B3. Eintragen der Zahl in Zelle B3 und bewegen des Zellzeigers nach Zelle **B4**.
82654,40 <PFEIL UNTEN>	Zahleneingabe in Zelle B4. Eingabe der Zahl in Zelle B4 und bewegen des Zellzeigers nach Zelle **B5**.
64343,65 <PFEIL UNTEN>	Zahleneingabe in Zelle B5. Abspeichern der Zahl in Zelle B5 und bewegen des Zellzeigers nach Zelle **B6**.

54748 Zahleneingabe in Zelle B6.
<RETURN> Abspeichern der Zahl in Zelle B6.

Nun folgt die Eingabe der Auftragswerte für Februar:

Bewegen Sie den Zellzeiger zur Zelle **C3**.

143543 Zahleneingabe in Zelle C3.
<PFEIL UNTEN> Speichern der Zahl in Zelle
C3 und bewegen des Zellzeigers
nach Zelle **C4**.

122345,98 Zahleneingabe in Zelle C4.
<PFEIL UNTEN> Eintragen der Zahl in Zelle
C4 und bewegen des Zellzeigers
nach Zelle **C5**.

328987,98 Zahleneingabe in Zelle C5.
<PFEIL UNTEN> Eingabe der Zahl in Zelle
C5 und bewegen des Zellzeigers
nach Zelle **C6**.

100765,54 Zahleneingabe in Zelle C6.
<RETURN> Abspeichern der Zahl in Zelle C6.

Nun folgt die Eingabe der Auftragswerte für März:

Bewegen Sie den Zellzeiger zur Zelle **D3**.

265987,9 Zahleneingabe in Zelle D3.

<PFEIL UNTEN> Speichern der Zahl in Zelle
D3 und bewegen des Zellzeigers
nach Zelle **D4**.

150912,07 Zahleneingabe in Zelle D4.
<PFEIL UNTEN> Abspeichern der Zahl in Zelle
D4 und bewegen des Zellzeigers
nach Zelle **D5**.

234872,3 Zahleneingabe in Zelle D5.
<PFEIL UNTEN> Übertragen der Zahl in Zelle
D5 und bewegen des Zellzeigers
nach Zelle **D6**.

150908,8 Zahleneingabe in Zelle D6.
<RETURN> Speichern der Zahl in Zelle D6.

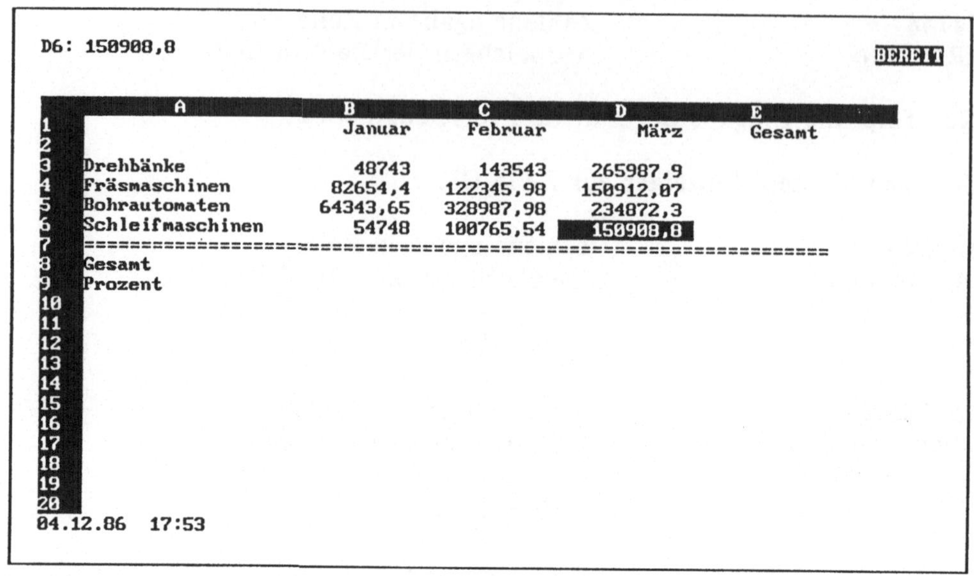

Bild 3-10 Arbeitsblatt nach der Eingabe der Zahlen für die
         Auftragswerte

3.2.8 Formatieren von Bereichen

Mit dem Befehl **Bereich Format Fest (/BFF)** können Sie eine bestimmte
Anzahl von Nachkommastellen für die Zahl eines Feldes festlegen. Die
Zahlen in unserem Arbeitsblatt sollen alle zwei Stellen nach dem Komma
besitzen.

/BFF   Auswahl des Befehls Bereich
                              Format Fest.
                              Es erscheint:

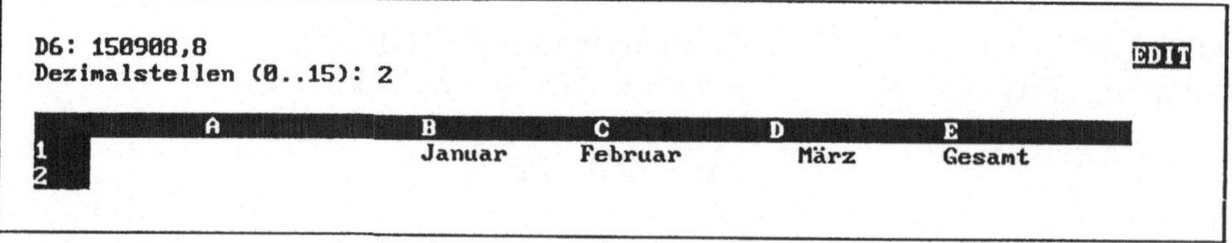

Bild 3-11

Die Standardeinstellung beträgt 2 Dezimalstellen. Da wir **2** Stellen nach
dem Komma wollen, brauchen wir nur noch mit der <RETURN>-Taste zu
bestätigen.

<RETURN>   Es erscheint:

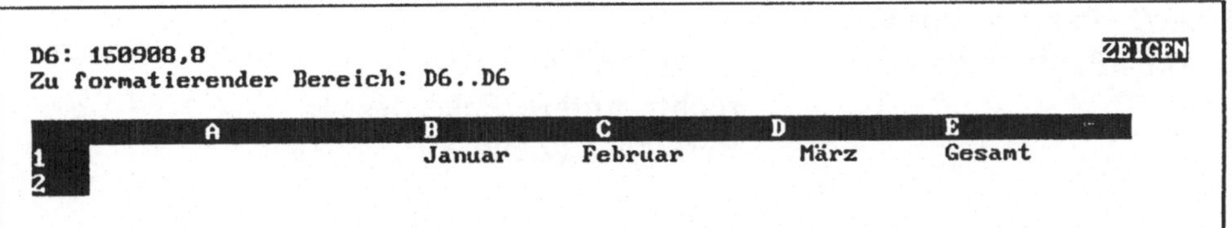

Bild 3-12

Lotus 1-2-3 fragt nach dem Bereich, in dem formatiert werden soll. In unserem Beispiel ist es der Bereich von **B3** bis **E9**. Es wird folgendermaßen vorgegangen:

<ESC>   Lösen der Verankerung.
                                  Es erscheint:
                                  Zu formatierender Bereich: D6

3 MAL <PFEIL OBEN>
2 MAL <PFEIL LINKS>   Bewegen des Zellzeigers in die
                                  linke obere Ecke des Bereiches
                                  (Zelle **B3**).
                                  Sie sehen folgendes Bild:

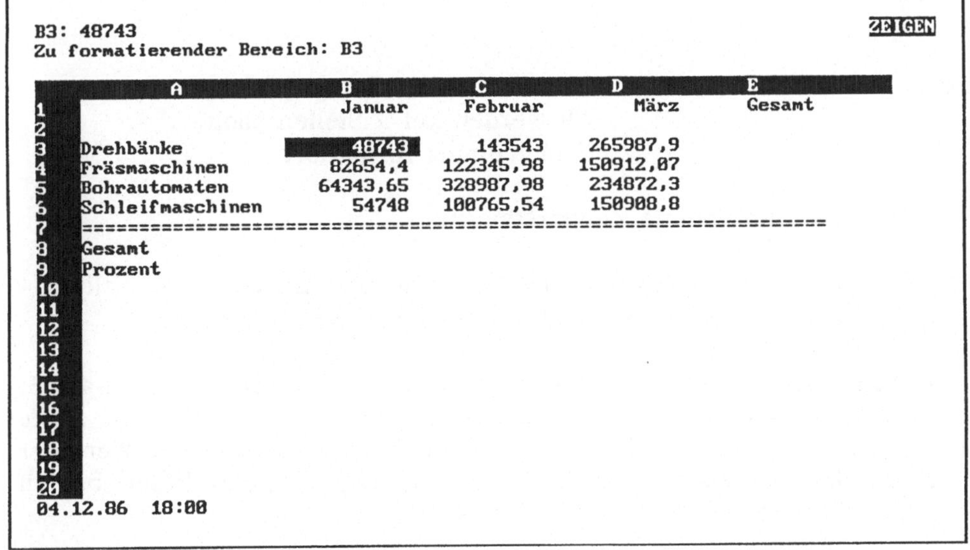

Bild 3-13

.   Mit dem Punkt wird die Zelle B3
                                        verankert.

3 MAL <PFEIL RECHTS>
6 MAL <PFEIL UNTEN>   Bewegen des Zellzeigers in die
                                        rechte untere Ecke des
                                        Bereiches (Zelle E9).

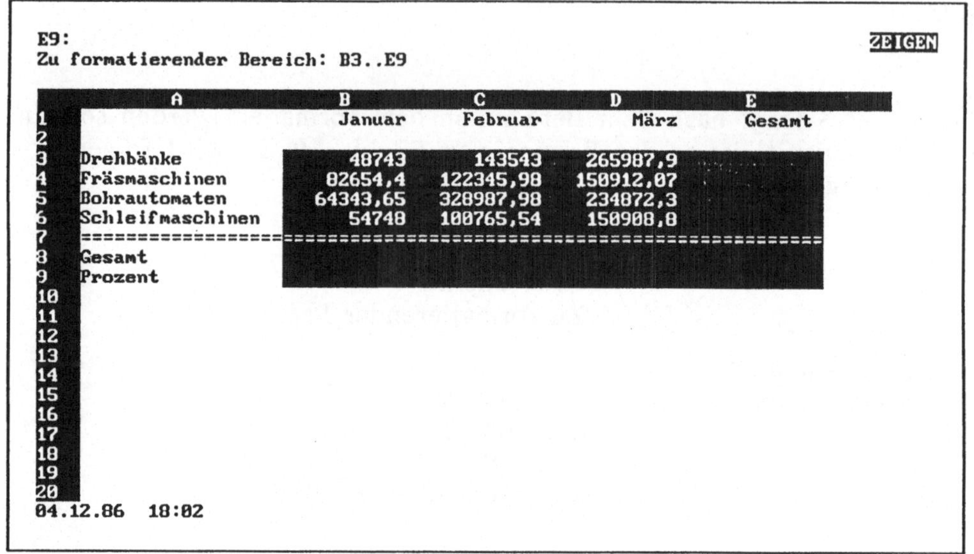

Bild 3-14

<RETURN>   Alle Zahlen im Bereich **B3** bis
                                        E9 werden auf **2** Stellen nach
                                        dem Komma formatiert.

3.2.9 Relative und abolute Zelladressierung

Bei einer *relativen Zelladressierung* bleiben nur die relativen Zellposi-
tionen gleich, während sich die absoluten Zelladressen ändern.

Wird beispielsweise in Zelle C3 folgende Formel geschrieben: **+B4+B5**,
so heißt dies: Gehe *eine Spalte nach links* (zur Spalte B) und *eine Zeile
nach unten* (zur Zeile 4). Der Wert dieser Zelle B4 wird zum Wert der
Zelle *in der nächsten Zeile* (B5) addiert. Die Summe dieser beiden
Zellwerte (B4+B5) wird in Zelle C3 eingetragen.

Wird diese Formel in eine andere Zelle kopiert, so ergibt sich beispielsweise:

>   für Zelle C4: **+B5+B6,**
>   für Zelle D3: **+C4+C5** und
>   für Zelle E4: **+D5+D6.**

Bild 3-15 verdeutlicht die relative Zuordung von Zelladressen:

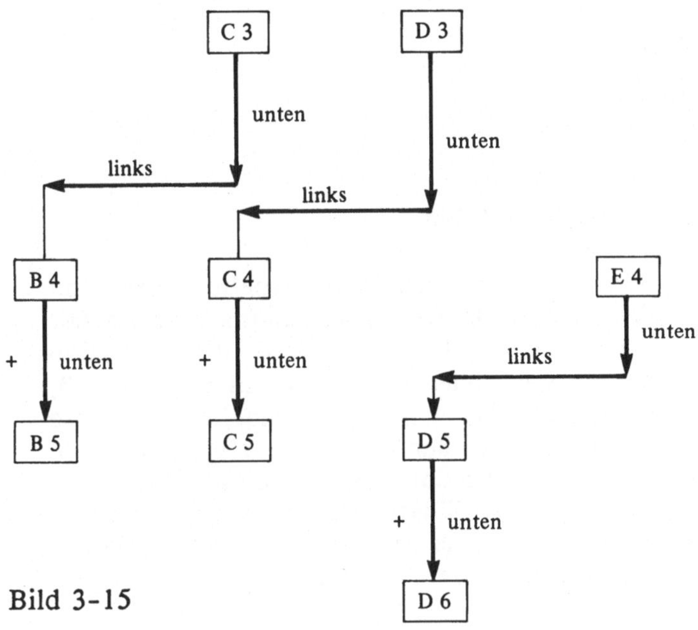

Bild 3-15

Das bedeutet, daß die Positionen der Zellen *relativ zueinander* immer
gleich bleiben. In unserem Beispiel wird immer auf folgende zwei Zellen
Bezug genommen:

auf die Zelle in der *Spalte weiter links* und *eine Zeile weiter unten* und
auf die Zelle in der *gleichen Spalte eine Zeile weiter unten.*

Sollen dagegen nicht die relativen Beziehungen, sondern die Position der
Zelle absolut gleich bleiben, so müssen sie als *absolute Zelladressen*
kenntlich gemacht werden. Dies geschieht mit der Eingabe des *$-Zei-*
chens entweder über die Tastatur oder durch Drücken der *Taste <F4>.*
Es können Spalten, Zeilen oder beide als absolute Zelladressen markiert
werden. Absolute Zelladressen werden häufig bei Prozentrechnungen gebraucht. Tabelle 3-1 zeigt eine Gegenüberstellung von relativer und
absoluter Zelladressierung.

Tabelle 3-1 Gegenüberstellung von relativer und
           absoluter Zelladressierung

relative Adressierung	absolute Adressierung
B3	$B$3
Ausgangszelle: Formel	
C1: +D1/B3*100	C1: +D1/$B$3*100
Rechenvorgang	
C2: + D2/B4*100 C3: + D3/B5*100 C4: + D4/B6*100	C2: + D2/B3*100 C3: + D3/B3*100 C4: + D4/B3*100

3.2.10 Rechnen mit der @SUMME-Funktion

Die Auftragswerte werden einerseits für jeden Monat (spaltenweise) und
andererseits für jede Produktsparte (zeilenweise) aufsummiert sowie der
Gesamtauftragswert pro Quartal ermittelt. Dazu wird die Funktion
@SUMME verwendet. Sie ist eine von vielen Funktionen in Lotus 1-2-3,
die Berechnungen über mathematische Formeln ermöglichen. Diese
Funktionen beginnen alle mit dem @-Zeichen (Klammeraffe), durch den
der WERT-Modus aufgerufen wird. Mit der Tastenkombination <ALT>
<0> erscheint dieses Zeichen auf dem Bildschirm. Im Anschluß daran
folgt die Funktionsbezeichnung, in unserem Falle SUMME. Darauf
folgen Argumente, die in Klammern stehen. In unserem Beispiel lautet
die vollständige Funktion:

@SUMME (B3..B6)

Diese Formel summiert die Zahlen der Zellen B3 bis B6 und ist damit
gleichbedeutend mit der Formel B3+B4+B5+B6. An diesem einfachen
Beispiel wird ersichtlich, daß sich hinter den Funktionsbezeichnungen
umfangreiche mathematische Berechnungen verbergen.

Im folgenden wird die Vorgehensweise bei der Ermittlung der erforderlichen Summenbildungen gezeigt:

Bewegen Sie den Zellzeiger in die Zelle **B8**.

@summe(Eingabe der Funktion:
                               "Bilde die Summe von".

Beim Bewegen des Zellzeigers erscheinen die entsprechenden Zelladressen als Argument der Funktion.

5 MAL <PFEIL OBEN>   Bewegen Sie den Zeiger zur Zelle **B3**.

.   Verankern von **B3** als erste
                                     Zelle des Bereiches.

3 MAL <PFEIL UNTEN>   Bewegen Sie den Zeiger nach
                                     Zelle **B6**; die entsprechende
                                     Zelladresse erscheint in der
                                     Eingabezeile.

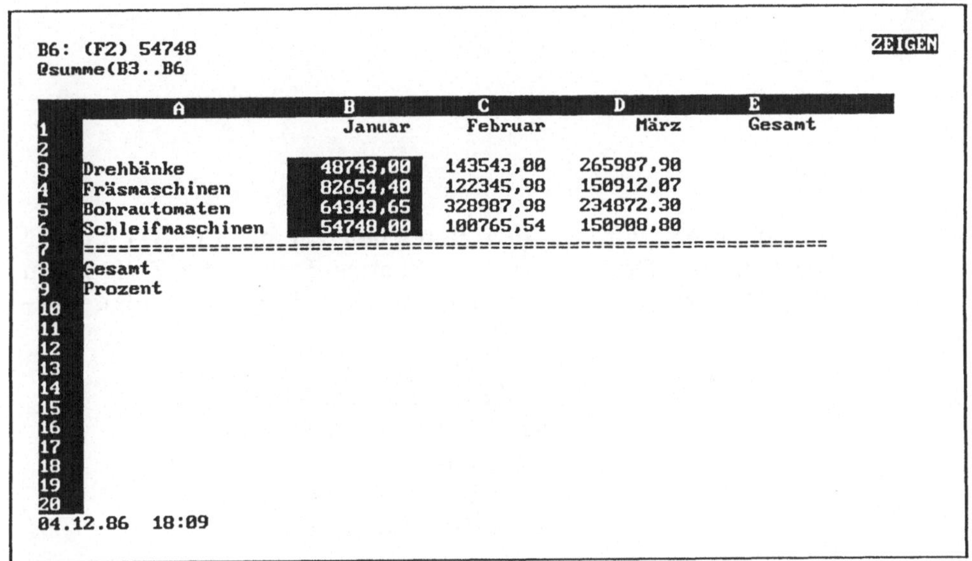

Bild 3-16

)   Die Funktion wird beendet.
                                     Der Zellzeiger springt in die
                                     Ausgangszelle der Funktion (**B8**).

<RETURN>   Ausführen der Funktion:
                                     "Summiere den Inhalt der
                                     Zellen **B3** bis **B6**".
                                     Das Ergebnis steht in Zelle **B8**.

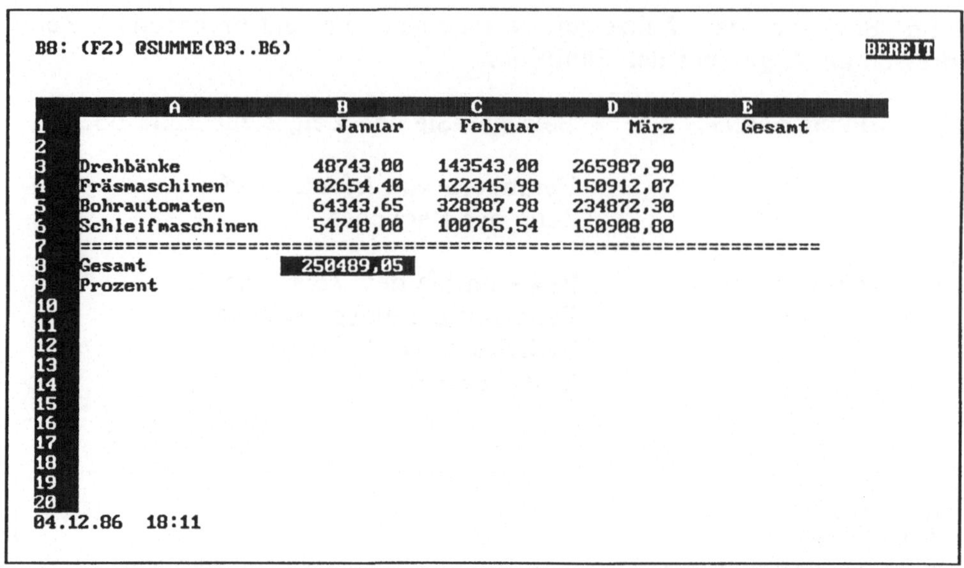

Bild 3-17

Dieselbe Summenformel wird in den Bereichen C3 bis C6, D3 bis D6
und E3 bis E6 benötigt. Deshalb wird die Summenformel der Zelle B8 in
die Zellen C8, D8 und E8 kopiert. Hierzu wird folgendermaßen vorgegangen:

/K	Auswahl des Befehls Kopie. Lotus 1-2-3 fragt nach dem Bereich, aus dem kopiert werden soll (Quellbereich). In unserem Falle ist dies die Zelle B8.
<RETURN>	Es wird die Anzeige in der Eingabezeile bestätigt. Es wird nun nach dem Bereich gefragt, in den kopiert werden soll (Zielbereich). In unserem Falle ist dies der Bereich C8 bis E8.
<PFEIL RECHTS>	Bewegen Sie den Zeiger in die Zelle C8.
.	Verankern der Zelle C8.
2 MAL <PFEIL RECHTS>	Bewegen Sie den Zeiger in die Zelle E8.

| <RETURN> | Die @SUMME-Funktion wird in die entsprechenden Zellen (C8, D8 und E8) kopiert und die Summierung ausgeführt. |

Die Zeilensummen müssen ebenfalls ermittelt werden.

Bewegen des Zellzeigers zu Zelle **E3**.

@summe(	Eingabe der Funktion: "Bilde die Summe von".
3 MAL <PFEIL LINKS>	Bewegen Sie den Zeiger zu Zelle **B3**.
.	Verankerung der Zelle B3.
2 MAL <PFEIL RECHTS>	Bewegen Sie den Zeiger zu Zelle **D3**.
)	Die Funktion wird beendet.
<RETURN>	Ausführen der Funktion: "Bilde die Summe von den Inhalten der Zellen **B3** bis **D3**".

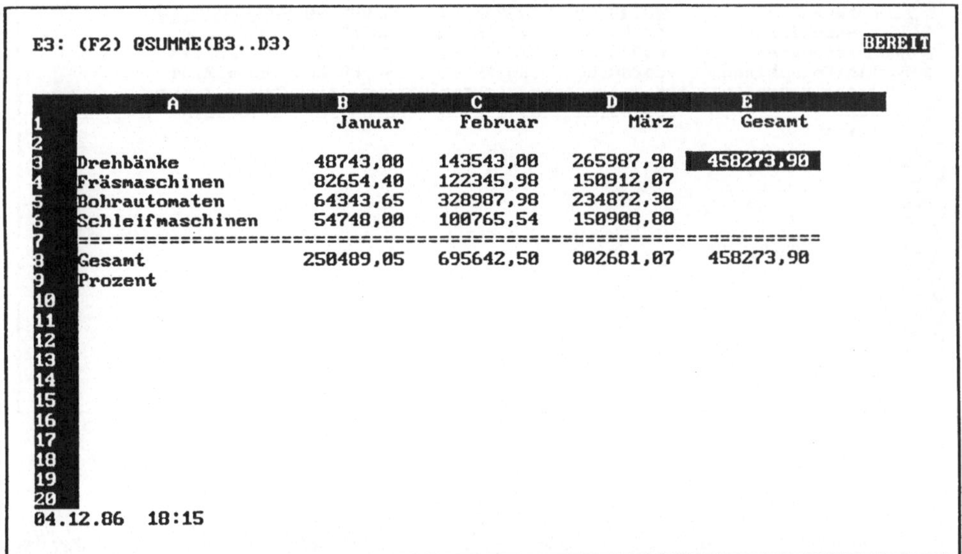

Bild 3-18 Arbeitsblatt nach Summieren der Spalten und einer Zeile

In den folgenden Zeilen (4, 5, 6), in denen die Auftragswerte für Fräsmaschinen, Bohrautomaten und Schleifmaschinen stehen, müssen die
entsprechenden Werte in derselben Weise aufsummiert werden. Dies
geschieht, wie für die Spalten bereits oben beschrieben, mit dem Befehl
Kopie in folgender Weise:

/K	Auswahl des Befehls Kopie. Lotus 1-2-3 fragt nach dem Quellbereich. Es erscheint: Was kopieren? E3..E3
<RETURN>	Aus der Zelle **E3** wird kopiert. Lotus 1-2-3 fragt nach dem Zielbereich (Wohin kopieren?)
e4..e6	Eingabe von E4..E6 als Zielbereich.
<RETURN>	Es wird die Summenformel in die Zellen **E4** bis **E6** kopiert und die Summen ermittelt.

```
E3: (F2) @SUMME(B3..D3)                                      BEREIT

            A              B           C           D           E
 1                     Januar      Februar       März       Gesamt
 2
 3  Drehbänke          48743,00    143543,00   265987,90    458273,90
 4  Fräsmaschinen      82654,40    122345,98   150912,07    355912,45
 5  Bohrautomaten      64343,65    328987,98   234872,30    628203,93
 6  Schleifmaschinen   54748,00    100765,54   150908,80    306422,34
 7  ==========================================================================
 8  Gesamt            250489,05    695642,50   802681,07   1748812,62
 9  Prozent
10
11
12
13
14
15
16
17
18
19
20
04.12.86   18:18
```

Bild 3-19

*Zur Erinnerung ! Mit der <ESC>-Taste kann die Verankerung gelöst
werden, so daß mit den Pfeiltasten die gewünschte Zelle angefahren
werden kann.*

Es fehlt noch die Berechnung des *prozentualen Anteils* der jeweiligen Monatsumsätze am Quartalsumsatz. Dabei wird so vorgegangen, daß der jeweilige Zellinhalt für die Monatsumsätze immer mit *derselben Zelle* (absolute Zelle) für den *Gesamtumsatz* dividiert wird.

Bewegen Sie den Zellzeiger zur Zelle **B9**.

+	Das Pluszeichen zeigt an, daß eine Formel eingegeben wird. Lotus 1-2-3 befindet sich im WERT-Modus.
<PFEIL OBEN>	Bewegen Sie den Zellzeiger zur Zelle **B8**.
/	Eingabe des Schrägstriches (dividiert durch). Der Zellzeiger springt zurück in die Ausgangszelle B9. In der Eingabezelle steht bis jetzt: +B8/.
<PFEIL OBEN> 3 MAL <PFEIL RECHTS>	<PFEIL OBEN> Bewegen Sie den Zellzeiger zu Zelle **E8**.
<RETURN>	Der Prozentsatz wird berechnet, und erscheint in Zelle B9.

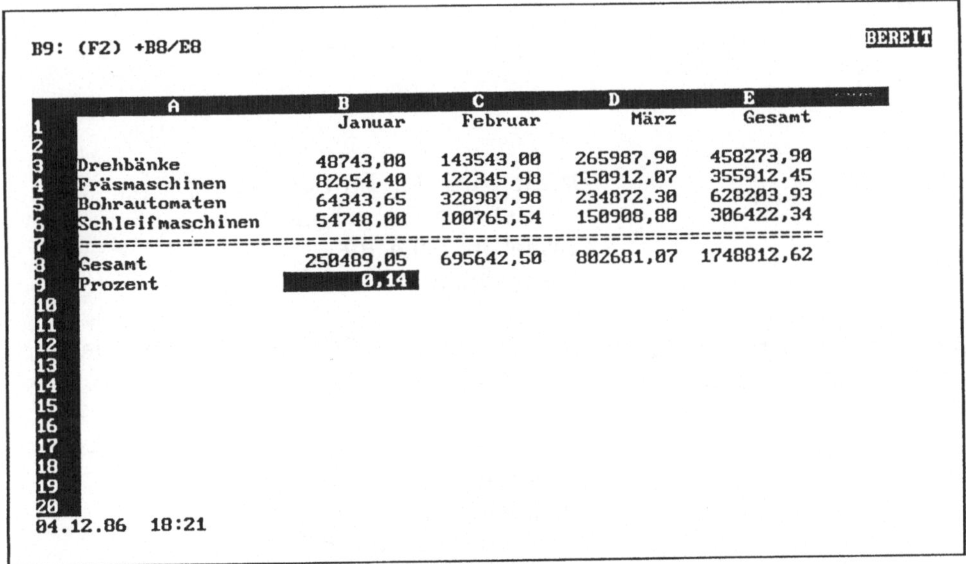

Bild 3-20

Dieselbe Rechnung muß für die Spalten Februar, März und Gesamt
durchgeführt werden. Hierbei ist zu beachten, daß zwar die Spalte
immer um *eins nach rechts verschoben* wird, aber die Bezugszelle E8
(Gesamt) gleichbleibt. Deshalb ist E8 eine *absolute* Zelladresse. Dies wird
durch Voranstellen des *$-Zeichens* markiert. Die Formel muß
folgendermaßen geändert werden:

+B8/$E$8

Im folgenden wird dies ausgeführt:

<F2>   Drücken der <F2>-Taste (Editiertaste).
                            Durch Drücken dieser Taste
                            befinden Sie sich im
                            EDIT-Modus. Es erscheint die
                            Formel: +B9/E8.

<F4>   Drücken der <F4>-Taste.
                            Mit dieser Taste wird die Zelle
                            E8 absolut adressiert und Sie
                            sehen:

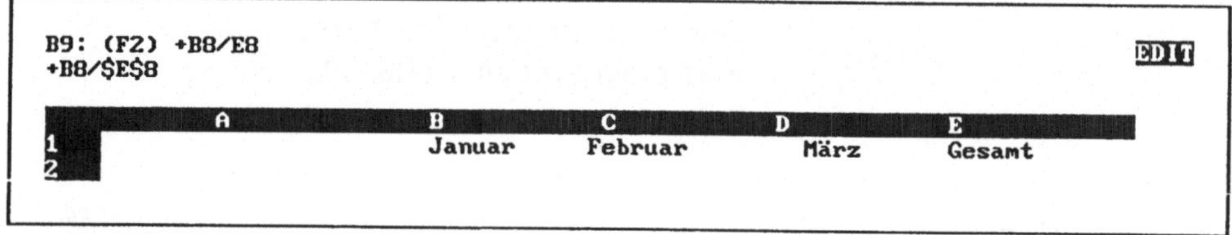

Bild 3-21

<RETURN>   Damit wird der Editiervorgang
                            beendet und die geändert
                            Formel in Zelle B9
                            abgespeichert.

Da dieselbe Berechnung in den Zellen C9, D9 und E9 durchgeführt
werden muß, wird die Formel aus Zelle B9 in diese Zellen kopiert:

/K   Auswahl des Befehls Kopie.
                            Es erscheint:
                            Was kopieren? B9..B9

<RETURN>	Aus Zelle B9 wird kopiert. Es erscheint: Wohin kopieren? B9
c9..e9	Eingabe von C9..E9.
<RETURN>	Die Formel aus Zelle B9 wird in die Zellen C9 bis E9 kopiert und die Werte errechnet.

```
B9: (F2) +B8/$E$8                                          BEREIT

            A            B           C           D           E
1                    Januar      Februar       März       Gesamt
2
3   Drehbänke        48743,00    143543,00   265987,90    458273,90
4   Fräsmaschinen    82654,40    122345,98   150912,07    355912,45
5   Bohrautomaten    64343,65    328987,98   234872,30    628203,93
6   Schleifmaschinen 54748,00    100765,54   150908,80    306422,34
7   =================================================================
8   Gesamt          250489,05    695642,50   802681,07   1748812,62
9   Prozent              0,14         0,40        0,46         1,00
10
11
12
13
14
15
16
17
18
19
20
04.12.86   18:35
```

Bild 3-22

3.2.11 Formatieren als Prozentwert

Mit dem Befehl **Bereich Format Prozent (/BFP)** werden die Dezimalstellen als Prozentwerte angegeben. So wird beispielsweise aus 0,18 durch
diese Formatierungsart 18 %.

/BFP	Auswahl des Befehls Bereich Format Prozent. Es erscheint: Dezimalstellen (0..15): 2 Es werden 2 Dezimalstellen vorgegeben. Soll dieser Standardwert von 2 übernommen

<table>
<tr><td></td><td>werden, wird die <RETURN>-Taste
gedrückt. In anderen Fällen
wird eine beliebige Zahl
zwischen 0 und 15 gewählt.</td></tr>
<tr><td><RETURN></td><td>Der Standardwert von 2
Dezimalstellen wird übernommen.
Es erscheint:
Zu formatierender Bereich: B9..B9</td></tr>
<tr><td>3 MAL <PFEIL RECHTS></td><td>Geben Sie den Bereich B9 bis E9 ein.</td></tr>
<tr><td><RETURN></td><td>Der zu formatierende Bereich
geht von B9 bis E9.</td></tr>
</table>

```
B9: (P2) +B8/$E$8                                              BEREIT

            A              B            C            D            E
 1                     Januar       Februar       März       Gesamt
 2
 3 Drehbänke         48743,00     143543,00    265987,90    458273,90
 4 Fräsmaschinen     82654,40     122345,98    150912,07    355912,45
 5 Bohrautomaten     64343,65     328987,98    234872,30    628203,93
 6 Schleifmaschinen  54748,00     100765,54    150908,80    306422,34
 7 ================================================================
 8 Gesamt           250489,05     695642,50    802681,07   1748812,62
 9 Prozent             14,32%        39,78%       45,90%      100,00%
10
11
12
13
14
15
16
17
18
19
20
04.12.86   18:38
```

Bild 3-23

3.2.12 Angabe einer Währungsbezeichnung

Mit dem Befehl **Bereich Format Währung** (/BFW) wird die *Währungsbezeichnung DM* zu den Zahlen geschrieben. Im vorliegenden Fall soll dies in der Spalte **Gesamt** erfolgen.

<table>
<tr><td>/BFW</td><td>Auswahl des Befehls Bereich
Format Währung.
Es erscheint:
Dezimalstellen (0..15): 2</td></tr>
</table>

<RETURN>   Der Standardwert von **2**
                             Dezimalstellen soll übernommen werden.
                             Es erscheint:
                             Zu formatierendener Bereich: B9..B9

e3..e8   Geben Sie den Bereich E3 bis E8 ein.

<RETURN>   Im Bereich **E3** bis **E8** soll die
                             Währungsbezeichnung DM zu den
                             Zahlen geschrieben werden.

```
B9: (P2) +B8/$E$8                                              BEREIT

              A              B            C            D            E
1                        Januar       Februar       März        Gesamt
2
3   Drehbänke           48743,00     143543,00    265987,90   **************
4   Fräsmaschinen       82654,40     122345,98    150912,07   **************
5   Bohrautomaten       64343,65     328987,98    234872,30   **************
6   Schleifmaschinen    54748,00     100765,54    150908,80   **************
7   =======================================================================
8   Gesamt             250489,05     695642,50    802681,07   **************
9   Prozent               14,32%       39,78%       45,90%      100,00%
10
11
12
13
14
15
16
17
18
19
20
04.12.86   18:40
```

Bild 3-24

Zur Erinnerung ! Mit der <ESC>-Taste lösen Sie die Verankerung eines Bereiches. Dabei wird die Ankerzelle angezeigt. (Ist der Bereich nicht verankert, gelangen Sie ins Hauptmenü).

Mit den <PFEIL>-Tasten können Sie eine neue Ankerzelle bestimmen. Im obigen Beispiel die Zelle E3.

Mit dem PUNKT können Sie die Verankerung wieder herstellen. Die aktuelle Zelle wird zur Ankerzelle gemacht. Mit den <PFEIL>-Tasten können Sie jetzt den Bereich bestimmen.

Achtung ! In Spalte E sehen Sie lauter Sterne. Das bedeutet, daß für die Darstellung der Zahlenwerte und der Währungsbezeichnung DM diese Spalte zu klein ist. Deshalb muß der Spaltenbereich vergrößert werden.

3.2.13 Vergrößern der Spaltenbreite

Mit dem Befehl Arbeitsblatt Spalte Bestimmen (/ASB) wird die aktuelle Spaltenbreite angezeigt und kann neu bestimmt werden.

Bewegen Sie den Zellzeiger zur Zelle **E3**.

/ASB	Auswahl des Befehls Arbeitsblatt Spalte Bestimmen. Es erscheint: Spaltenbreite (1..240): 12
<PFEIL RECHTS>	Mit jeder Betätigung der Taste <PFEIL RECHTS> bzw.<PFEIL LINKS> wird jeweils die Spaltenbreite um ein Zeichen erhöht bzw. verringert und gleichzeitig angezeigt.
	Bereits bei einer Spaltenbreite von 14 Zeichen erscheint der Betrag mit der Währung. Um die Spalte übersichtlich zu gestalten, wird die Spaltenbreite durch weiteres Betätigen der Taste <PFEIL RECHTS> auf 18 Zeichen erhöht.
<RETURN>	Die Spalte ist nun **18** Zeichen breit.

```
E3: (W2) [B18] @SUMME(B3..D3)                                    BEREIT

                 A              B            C            D                  E
 1
 2                          Januar      Februar        März             Gesamt
 3  Drehbänke           48743,00     143543,00     265987,90        458.273,90 DM
 4  Fräsmaschinen       82654,40     122345,98     150912,07        355.912,45 DM
 5  Bohrautomaten       64343,65     328987,98     234872,30        628.203,93 DM
 6  Schleifmaschinen    54748,00     100765,54     150908,80        306.422,34 DM
 7  ================================================================================
 8  Gesamt             250489,05     695642,50     802681,07      1.748.812,62 DM
 9  Prozent               14,32%        39,78%        45,90%            100,00%
10
11
12
13
14
15
16
17
18
19
20
04.12.86   18:45
```

Bild 3-25 Arbeitsblattvorlage mit geänderter Spaltenbreite

3.2.14 Einfügen zusätzlicher Zeilen

Häufig kann es erforderlich sein, zusätzliche Zeilen oder Spalten einzufügen. In unserem Beispiel sollen in einer weiteren Zeile die monatlichen Aufträge der zusätzlichen Sparte Hobelmaschinen aufgenommen werden.

Lotus 1-2-3 bietet mit dem Befehl **Arbeitsblatt Einfügen (/AE)** die Möglichkeit, leere Zeilen oder Spalten in das Arbeitsblatt einzufügen.

Lotus 1-2-3 bietet nicht nur die Möglichkeit Zeilen oder Spalten einzufügen. Mit dem Befehl **Arbeitsblatt Löschen (/AL)** können Spalte(n) oder Zeile(n) gelöscht werden.

Bewegen Sie den Zellzeiger zur Zelle A6.

/AEZ   Auswahl des Befehls
                             Arbeitsblatt Einfügen Zeile.
                             Es erscheint:
                             Einzufügende Zeilen: A6..A6

<RETURN>   Oberhalb von Zelle A6 wird eine
                             leere Zeile eingefügt.

```
A6: [B18]                                                      BEREIT

              A            B           C           D              E
 1                     Januar      Februar       März          Gesamt
 2
 3    Drehbänke        48743,00    143543,00    265987,90    458.273,90 DM
 4    Fräsmaschinen    82654,40    122345,98    150912,07    355.912,45 DM
 5    Bohrautomaten    64343,65    328987,98    234872,30    628.203,93 DM
 6
 7    Schleifmaschinen 54748,00    100765,54    150908,80    306.422,34 DM
 8    ================================================================
 9    Gesamt           250489,05   695642,50    802681,07   1.748.812,62 DM
10    Prozent             14,32%      39,78%      45,90%        100,00%
11
12
13
14
15
16
17
18
19
20
04.12.86   18:46
```

Bild 3-26

Achtung ! Der Zellzeiger muß in die Zeile oder Spalte bewegt werden, in der die neuen leeren Zeilen bzw. neuen leeren Spalten stehen sollen.

Zeilen werden prinzipiell oberhalb des Zellzeigers, Spalten links vom Zellzeiger eingefügt. Bei diesem Vorgang werden bestehende Zeilen oder Spalten nach unten bzw. nach rechts geschoben. Werden Zeilen oder Spalten in einen Bereich eingefügt, auf den sich eine Formel bezieht, wird der Bereich der Formel entsprechend vergrößert, und die Formel mit den neu dazugekommenen Werten berechnet.

Nun werden die Daten für unser Beispiel eingegeben:

Hobelmaschinen	Eingabe des Textes Hobelmaschinen in Zelle **A6**.
<PFEIL RECHTS>	Abspeichern der Textes in Zelle **A6** und bewegen des Zellzeigers nach Zelle **B6**.
35228,50	Zahleneingabe in Zelle **B6**.
<PFEIL RECHTS>	Abspeichern der Zahl in Zelle **B6** und bewegen des Zellzeigers nach Zelle **C6**.
75840,60	Zahleneingabe in Zelle **C6**.
<PFEIL RECHTS>	Abspeichern der Zahl in Zelle **C6** und bewegen Zellzeigers nach Zelle **D6**.
112433,00	Zahleneingabe in Zelle **D6**.
<RETURN>	Abspeichern der Zahl in Zelle **D6**.

```
D6:  112433                                                        BEREIT

              A              B           C            D             E
 1                        Januar     Februar       März          Gesamt
 2
 3   Drehbänke          48743,00    143543,00    265987,90    458.273,90 DM
 4   Fräsmaschinen      82654,40    122345,98    150912,07    355.912,45 DM
 5   Bohrautomaten      64343,65    328987,98    234872,30    628.203,93 DM
 6   Hobelmaschinen     35228,5      75840,6      112433
 7   Schleifmaschinen   54748,00    100765,54    150908,80    306.422,34 DM
 8   ========================================================================
 9   Gesamt            285717,55    771483,10    915114,07  1.748.812,62 DM
10   Prozent             16,34%       44,11%       52,33%       100,00%
11
12
13
14
15
16
17
18
19
20
04.12.86   18:50
```

Bild 3-27

Die Summierung in den Spalten Januar, Februar und März erfolgt automatisch, da die Werte der neuen Zeile innerhalb des Gültigkeitsbereiches der Funktion @SUMME liegen. Dagegen muß die Summenformel für die neu eingefügte Zeile gesondert eingegeben werden, weil sie sich außerhalb des Gültigkeitsbereiches befindet.

Weiterhin muß noch die Zeile 6 auf 2 Dezimalstellen und die Zelle E6 mit der Währung formatiert werden.

3.2.15 Erstellen eines Begleittextes

Mit Lotus 1-2-3 lassen sich in bestimmten Umfang Texte erfassen und bearbeiten:

Einfügen bzw. Löschen von Texten geschieht mit der <F2>-Taste und der <INS>-Taste bzw. mit der <DEL>-Taste.

Durch die Befehle **Kopie (/K)** und **Versetzen (/V)** werden Texte kopiert und versetzt.

Mit dem Befehl **Output Ausspuldatei (/OA)** kann der Text in einer Textdatei abgespeichert werden. Er kann einem Textverarbeitungsprogramm überspielt werden.

Mit dem Befehl **Transfer Fremd Text (/TFT)** ist es unter bestimmten Voraussetzungen möglich, Texte aus einem Textverarbeitungsprogramm zu übernehmen.

Der Befehl **Bereich Ordnen (/BO)** *gehört zu den wichtigsten Textbearbeitungsfunktionen*. Mit ihm kann die *Breite* des *Textes* festgelegt werden (maximal 240 Zeichen). Dabei muß besonders darauf geachtet werden, daß die Texte alle in derselben Spalte beginnen, und sich keine leere Zelle zwischen den Wörtern des Textes befindet (eine leere Zelle gibt das Ende des Textes an).

In unserem Beispiel wird ein Begleittext zum Arbeitsblatt verfaßt.

Bewegen Sie den Zellzeigers zur Zelle **A12**.

Sehr geehrter Herr Müller,   Texteingabe in Zelle A12.

2 MAL <PFEIL UNTEN>   Abspeichern des Textes in Zelle A12 und bewegen des Zellzeigers zu Zelle A14.

Folgender Begleittext wird in Zelle A14 eingegeben (dabei rollt der erfaßte Text in der zweiten Zeile des Bedienfeldes links aus dem Bildschirm):

wie Sie aus der Tabelle über die Entwicklung des Auftragsbestandes ersehen, konnte der Auftragsbestand für die Monate Februar und März deutlich gesteigert werden. Wir sind froh, Ihnen diese günstige Entwicklung mitteilen zu können.

/BFF	Auswahl des Befehls Bereich Format Fest. Es erscheint: Dezimalstellen (0..15): 2
<RETURN>	Bestätigen von 2 Dezimalstellen. Es erscheint: Zu formatierender Bereich: D6..D6
2 MAL <PFEIL LINKS>	Eingabe des Bereiches D6..B6.
<RETURN>	Der Bereich D6 bis B6 wird formatiert.
<PFEIL RECHTS>	Bewegen des Zellzeigers zur Zelle E6.
/BFW	Auswahl des Befehls Bereich Format Währung. Es erscheint: Dezimalstellen (0..15): 2
<RETURN>	Bestätigen von 2 Dezimalstellen. Es erscheint: Zu formatierender Bereich: E6..E6
<RETURN>	Die Zelle E6 wird mit dem Währungsformat formatiert.

Die Eingabe der Summenformel für die neuen Zeile erfolgt entweder durch Kopieren der Summenformel aus einer Zelle der Spalte E oder durch folgende Neueingabe:

@summe(b6..d6)	Eingabe der Summenformel in Zelle E6.
<RETURN>	Die Berechnung wird ausgeführt.

Im neuen Arbeitsblatt sind alle restlichen Aufsummierungen und
Prozentwerte aktualisiert worden.

```
E6: (W2) [B18] @SUMME(B6..D6)                                    BEREIT

                A           B          C          D            E
                         Januar     Februar     März         Gesamt
 1
 2
 3  Drehbänke        48743,00   143543,00   265987,90    458.273,90 DM
 4  Fräsmaschinen    82654,40   122345,98   150912,07    355.912,45 DM
 5  Bohrautomaten    64343,65   328987,98   234872,30    628.203,93 DM
 6  Hobelmaschinen   35228,50    75840,60   112433,00    223.502,10 DM
 7  Schleifmaschinen 54748,00   100765,54   150908,80    306.422,34 DM
 8  ===============================================================
 9  Gesamt          285717,55   771483,10   915114,07  1.972.314,72 DM
10  Prozent            14,49%      39,12%     46,40%        100,00%
11
12
13
14
15
16
17
18
19
20
04.12.86   18:56
```

Bild 3-28 Aktualisierte Arbeitsblattvorlage

<RETURN>   Abspeichern des Textes in Zelle A14.

```
A14: [B18] 'wie Sie aus der Tabelle über die Entwicklung des Auftragsbest BEREIT

                A           B          C          D            E
                         Januar     Februar     März         Gesamt
 1
 2
 3  Drehbänke        48743,00   143543,00   265987,90    458.273,90 DM
 4  Fräsmaschinen    82654,40   122345,98   150912,07    355.912,45 DM
 5  Bohrautomaten    64343,65   328987,98   234872,30    628.203,93 DM
 6  Hobelmaschinen   35228,50    75840,60   112433,00    223.502,10 DM
 7  Schleifmaschinen 54748,00   100765,54   150908,80    306.422,34 DM
 8  ===============================================================
 9  Gesamt          285717,55   771483,10   915114,07  1.972.314,72 DM
10  Prozent            14,49%      39,12%     46,40%        100,00%
11
12  Sehr geehrter Herr Müller,
13
14  wie Sie aus der Tabelle über die Entwicklung des Auftragsbestandes erseh
15
16
17
18
19
20
04.12.86   19:02
```

Bild 3-29

Mit dem Befehl **Bereich Ordnen** (/BO) wird die Textbreite festgelegt.

/BO	Auswahl des Befehls Bereich Ordnen. Es erscheint: Zu justierender Bereich: A14..A14
4 MAL <PFEIL RECHTS>	Geben Sie den Bereich A14 bis E14 ein.
<RETURN>	Der Text wird in die Spalten A bis E geschrieben (ohne Möglichkeit eines Blocksatzes).

```
A14: [B18] 'wie Sie aus der Tabelle über die Entwicklung des Auftragsbest  BEREIT

              A              B          C          D              E
 1                        Januar    Februar      März         Gesamt
 2
 3   Drehbänke          48743,00   143543,00   265987,90     458.273,90 DM
 4   Fräsmaschinen      82654,40   122345,98   150912,07     355.912,45 DM
 5   Bohrautomaten      64343,65   328987,98   234872,30     628.203,93 DM
 6   Hobelmaschinen     35228,50    75840,60   112433,00     223.502,10 DM
 7   Schleifmaschinen   54748,00   100765,54   150908,80     306.422,34 DM
 8   ================================================================
 9   Gesamt            285717,55   771483,10   915114,07   1.972.314,72 DM
10   Prozent              14,49%      39,12%      46,40%          100,00%
11
12   Sehr geehter Herr Müller,
13
14   wie Sie aus der Tabelle über die Entwicklung des Auftragsbestandes
15   ersehen, konnte der Auftragsbestand für die Monate Februar und März
16   deutlich gesteigert werden. Wir sind froh, Ihnen diese günstige
17   Entwicklung mitteilen zu können.
18
19
20
04.12.86   19:05
```

Bild 3-30

5 MAL <PFEIL UNTEN>	Bewegen des Zellzeigers nach A19.

Am Schluß erfolgt folgende Texteingabe in Zelle A19:

Mit freundlichen Grüßen	Texteingabe in Zelle A19.
<PFEIL UNTEN>	Abspeichern des Textes in Zelle A19 und bewegen des Zellzeigers Zelle A20.
C. Brandner	Texteingabe in Zelle A20.
<RETURN>	Abspeichern des Textes in Zelle A20.

```
A20: [B18] 'C. Brandner                                          BEREIT

            A              B          C          D            E
1                      Januar    Februar     März         Gesamt
2
3  Drehbänke          48743,00   143543,00  265987,90    458.273,90 DM
4  Fräsmaschinen      82654,40   122345,98  150912,07    355.912,45 DM
5  Bohrautomaten      64343,65   328987,98  234872,30    628.203,93 DM
6  Hobelmaschinen     35228,50    75840,60  112433,00    223.502,10 DM
7  Schleifmaschinen   54748,00   100765,54  150908,80    306.422,34 DM
8  ================================================================
9  Gesamt            285717,55   771483,10  915114,07  1.972.314,72 DM
10 Prozent              14,49%      39,12%     46,40%        100,00%
11
12 Sehr geehter Herr Müller,
13
14 wie Sie aus der Tabelle über die Entwicklung des Auftragsbestandes
15 ersehen, konnte der Auftragsbestand für die Monate Februar und März
16 deutlich gesteigert werden. Wir sind froh, Ihnen diese günstige
17 Entwicklung mitteilen zu können.
18
19 Mit freundlichen Grüßen
20 C. Brandner
04.12.86  19:07
```

Bild 3-31
Vollständiges Arbeitsblatt mit Begleittext

3.2.16 Ausdrucken des gesamten Arbeitblattes

Mit dem Befehl **Output Drucker Bereich (/ODB)** wird der gewünschte Bereich eines Arbeitsblattes auf dem Drucker ausgegeben.

<HOME>	Sprung zur Zelle A1.
/ODB	Auswahl des Befehls Output Drucker Bereich. Es erscheint: Druckbereich: A1
a1..e20	Geben Sie den Bereich von A1 bis E20 ein.
<RETURN>	Der Bereich A1 bis E20 soll ausgedruckt werden. (Es können hier die gewünschten Bereiche zum Ausdruck gewählt werden).
D	Auswahl des Befehls Drucken. Der gewählte Bereich A1 bis E20 des Arbeitsblattes wird ausgedruckt.

Z   Auswahl des Befehls Zurück.

                                 Wir befinden uns wieder im
                                 BEREIT-Modus.

3.2.17 Abspeichern des Arbeitsblattes auf Diskette

Das Arbeitsblatt zur Auftragsentwicklung soll als Datei KAPITEL3.WK1
auf Diskette gesichert (gespeichert) werden.

Mit dem Befehl **Transfer Index B:** greift Lotus 1-2-3 auf das Laufwerk
B zu. Alle Dateien werden jetzt auf Laufwerk B gespeichert bzw. von
ihm aufgerufen. Dies ist bei mehr als einem Laufwerk zu empfehlen,
weil es nicht sinnvoll ist, erstellte Arbeitsblätter auf der Systemdiskette
in Laufwerk A abzuspeichern.

/TI   Auswahl des Befehls Transfer Index.
                                 Es erscheint:
                                 Geben Sie das aktuelle
                                 Verzeichnis ein: A:\

b: Eingabe von Laufwerk B.

<RETURN>   Auf Laufwerk **B** wird
                                 abgespeichert.

Mit dem Befehl **Transfer Speichern** (/TS) wird das gesamte Arbeitsblatt
in einer Arbeitsblattdatei abgespeichert (erkenntlich an dem Zusatz
.WK1).

/TS   Auswahl des Befehls Transfer Speichern.
                                 Es erscheint:
                                 Zu speichernde Datei: B:*.wk1

Kapitel3   Eingabe des Dateinamens.

<RETURN>   Das Arbeitsblatt wird unter dem
                                 Dateinamen KAPITEL3.WK1 als
                                 Arbeitsblattdatei auf Laufwerk B
                                 abgespeichert.

*Achtung ! Besteht bereits eine Datei mit diesem Namen, so wird gefragt,
ob die bereits bestehende Datei erhalten bleiben soll oder nicht. Soll die
Datei erhalten bleiben, dann muß ein anderer Dateinamen angegeben
werden. Im anderen Falle wird die bestehende Datei gelöscht und die
neue Datei unter dem alten Namen gespeichert.*

4 Erstellen einer Lageranalyse (Datenbank)

4.1 Problembeschreibung

In einer Maschinenfabrik gibt es ein Warenlager. Die Lagerartikel binden je nach Einkaufspreis unterschiedliches Kapital und werden entsprechend ihren Artikelnummern in Baugruppen sortiert. Wichtig ist vor allem zu wissen, welche Artikel überhaupt vorhanden sind, welche die höchste Kapitalbindung besitzen und welche Artikel zu welcher Montagegruppe gehören.

Aus diesem Grund wird eine Datenbank aufgebaut, die die bereits bestehende Lagerkartei ersetzen soll. Die Lagerkartei (Datenbank) besteht aus einzelnen Karteikarten, die die entsprechenden Informationen über den Lagerartikel beinhalten. Man nennt sie *Datensätze*. In unserem Fall sind dies die folgenden Angaben:

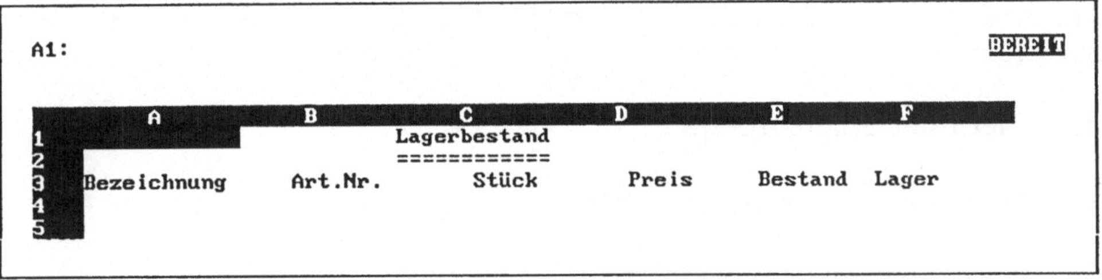

Bild 4-1

Diese Datensätze bilden die Zeilen unserer Datenbank.

In jeder Spalte befinden sich die gleichartigen Informationen (z.B. Art.Nr). Man nennt die Spalten *Datenfelder*. Die Überschrift eines Datenfeldes wird *Feldname* genannt und gibt die Art der Informationen an.

Eine Datenbank ist also eine Datensammlung in Form einer Tabelle, bei der die *Zeilen* die *Datensätze* sind und die *Spalten* die entsprechenden *Datenelemente* darstellen. Der Datenbestand kann nun ausgewertet werden. Die Datenbank unseres Lagers zeigt Bild 4-2.

```
F20: U [B7] "b                                                          BEREIT

                                            Feldname
                                               |
          A           B           C           D           E           F
 1                              Lagerbestand
 2                              =============                 r
 3   Bezeichnung    Art.Nr.       Stück       Preis      Bestand    Lager
 4   Zyl.Schraube    3737           8         118,22      945,76       a
 5   Welle           9475           2          56,58      113,00       c
 6   Stellmutter     3384          18         253,48     4561,20       a
 7   Getriebe        9456           3          86,57      259,71       c
 8   Senkschraube    3210          12          93,73     1124,76       a     Datensatz
 9   Scheibe         3231         100           7,75      775,00       a
10   Rollenlager     8327           3         303,45      910,35       b
11   Passfeder       3776           2          32,32       64,64       a
12   Nadellager      8658           1          19,04       19,04       b
13   Lagerplatte     8170           1         531,00      531,00       b
14   Lagerbock       8175           2         130,00      260,00       b
15   Spannring       3567          52           3,52      183,04       a
16   Gehäuse         9786           4         123,87      495,48       c
17   Flansch         9148          10          32,00      328,00       c
18   Elektomotor     9076           5         267,90     1339,50       c
19   Distanzrohr     3254          39           0,95       37,05       a
20   Anschlag        8234          20          55,76     1115,20       b
04.12.86   21:12
                                            Datenfeld
```

Bild 4-2 Datenbank eines Lagers

4.2 Problemlösung

Das Aufstellen und Auswerten der Datenbank geschieht in folgenden Schritten:

1. Ändern der Spaltenbreite

2. Justieren der Spaltenüberschriften

3. Eingabe der Spaltenüberschriften (Feldnamen)

4. Formatieren der Spalten Preis und Bestand

5. Formeleingabe zur Berechnung des Bestandes

6. Kopieren der Formel

7. Schützen von Bereichen

8. Eingabe der Datensätze

9. **Sortieren nach einem Schlüssel**
   (Sortieren nach Bezeichnung)

10. Sortieren nach zwei Schlüsseln
   (Sortieren nach Lagerort und Bestand)

11. Abfrage nach einfachem Kriterium
   (nach Artikeln, deren Bestand über 1000,- DM liegen)

12. Heraussuchen nach Werten
   (alle Artikel mit Bestand über 1000,- DM)

13. Mehrfachkriterien in einer Zeile
   (Heraussuchen aller Artikel aus Lager a mit
   einem Bestand von mehr als 1000,- DM)

14. Mehrfachkriterien in mehreren Zeilen
   (Heraussuchen aller Artikel aus Lager a mit
   einem Bestand von mehr als 1000,- DM und aus
   Lager b mit einem Bestand von mehr als
   900,- DM)

15. Zusammengesetzte Kriterien

4.2.1 Ändern der Spaltenbreite

<HOME>   Bewegen des Zellzeigers
                                zur Zelle A1.

/AGB   Auswahl des Befehls Arbeitsblatt
                                Global Breite.
                                Es wird nach der Spaltenbreite
                                gefragt. Die Standardeinstel-
                                lung beträgt 9 Zeichen.
                                (Vorgegebene Spalten-
                                breite(1..240): 9)

12   Eingabe von 12.

<RETURN>   Die Breite der Spalten im
                                gesamten Arbeitsblatt wird auf
                                12 Zeichen festgelegt.

Die Spalte F soll nur 7 Zeichen breit sein. Der Befehl Arbeitsblatt Spalte
Bestimmen (/ASB) bestimmt die Spaltenbreite der aktuellen Zelle.

5 MAL <PFEIL RECHTS>   Bewegen des Zellzeigers zur Zelle F1.

/ASB	Auswahl des Befehls **Arbeitsblatt Spalte Bestimmen.** Es wird nach der Spaltenbreite gefragt. (Spaltenbreite (1..240): 12)
7	Eingabe von 7.
<RETURN>	Die Spalte F wird auf eine Breite von 7 Zeichen einge- stellt.

4.2.2 Justieren der Spaltenüberschriften

Mit dem Befehl **Arbeitsblatt Global Justieren (/AGJ)** wird die *Justierung* von Labels für das *gesamte Arbeitsblatt* festgelegt. Alle späteren Eingaben werden entsprechend der eingestellten Justierung ausgerichtet.

Um der Tabelle ein einheitliches Aussehen zu verleihen, werden die Spaltenüberschriften rechtsbündig justiert.

/AGJR	Auswahl des Befehls **Arbeitsblatt Global Justieren Rechts.** **Auf dem** *gesamten Arbeitsblatt* **werden die folgenden Labelein-** **tragungen** *rechtsbündig* **ausge-** **richtet.** Mit dem Befehl Bereich Justie- ren (/**BJ**) können gewünschte Bereiche nachträglich indivi- duell eingestellt werden.

4.2.3 Eingabe der Spaltenüberschriften (Feldnamen)

Es wird die Überschrift für das Arbeitsblatt eingegeben:

3 MAL <PFEIL LINKS>	Bewegen des Zellzeigers zur Zelle **C1**.
Lagerbestand	Eingabe des Textes Lagerbestand in Zelle **C1**.
<PFEIL UNTEN>	Abspeichern des Textes in Zelle C1 und bewegen des Zellzeigers nach Zelle **C2**.

\=   Eintippen des rückwärtsgerich-
                            teten Schrägstriches und des
                            Gleichheitszeichens.

<RETURN>   Die Zelle C2 wird mit Gleich-
                            heitszeichen ausgegefüllt.

2 MAL <PFEIL LINKS>   2 MAL <PFEIL LINKS>
<PFEIL UNTEN>   Sprung zur Zelle A3.

Es werden die Feldnamen für die Datensätze eingegeben:

Bezeichnung   Eingabe des Textes Bezeichnung
                            in Zelle A3.
<PFEIL RECHTS>   Abspeichern des Textes und
                            bewegen des Zellzeigers nach
                            Zelle **B3**.

Art.Nr.   Eingabe des Textes Art.Nr. in
                            Zelle B3.
<PFEIL RECHTS>   Speichern des Textes und
                            bewegen des Zellzeigers nach
                            Zelle **C3**.

Stück   Eingabe des Wortes Stück in Zelle C3.
<PFEIL RECHTS>   Text speichern und bewegen des Zell-
                            zeigers nach Zelle **D3**.

Preis   Eingabe von Preis in Zelle D3.
<PFEIL RECHTS>   Abspeichern des Textes und
                            bewegen des Zellzeigers nach
                            Zelle **E3**.

Bestand   Eingabe des Textes Bestand in
                            Zelle E3.
<PFEIL RECHTS>   Text speichern und bewegen des
                            Zellzeigers nach Zelle **F3**.

Lager   Eingabe des Wortes Lager in Zelle F3.
<RETURN>   Abspeichern des Textes in Zelle F3.

4.2.4 Formatieren der Spalten Preis und Bestand

/BFF	Auswahl des Befehls **Bereich Format Fest**. Es wird nach den Dezimalstellen gefragt. (Dezimalstellen (0..15): 2
<RETURN>	Die Standardeinstellung von 2 Dezimalstellen wird bestätigt. Es wird nach dem zu formatierenden Bereich gefragt. (Zu formatierender Bereich: F3..F3)
d4..e20	Eingabe von D4..E20.
<RETURN>	Alle folgenden Zahleneingaben im Bereich von **D4** bis **E20** (Preis- und Bestandsspalte) werden mit **2** Dezimalstellen dargestellt.

4.2.5 Formeleingabe zur Berechnung des Bestandes

<PFEIL UNTEN> <PFEIL LINKS>	<PFEIL UNTEN> Bewegen des Zellzeigers zur Zelle **E4**.
+c4*d4	Eingabe der Formel "+C4*D4". Der Bestand errechnet sich aus der Formel: Bestand in Zelle E4 = Inhalt der Zelle **C4** multipliziert mit dem Inhalt von Zelle **D4**.
<RETURN>	Abspeichern der Formel in Zelle E4.

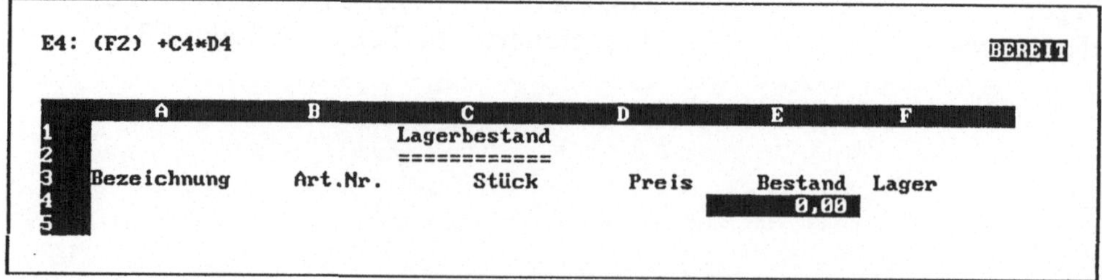

Bild 4-3

4.2.6 Kopieren der Formel

/K	Auswahl von Kopie Es wird nach dem Quellberreich gefragt. (Was kopieren? E4..E4).
<RETURN>	Da die Zelle E4 unsere Quell- zelle ist, wird sie durch Drücken der <RETURN>-Taste bestätigt. Es wird nach dem Zielbereich gefragt. (Wohin kopieren? E4).
e5..e20	Eingabe von E5..E20.
<RETURN>	Die Formel aus Zelle E4 wird in die Zellen **E5** bis **E20** kopiert.

Der Bildschirm sollte folgendermaßen aussehen:

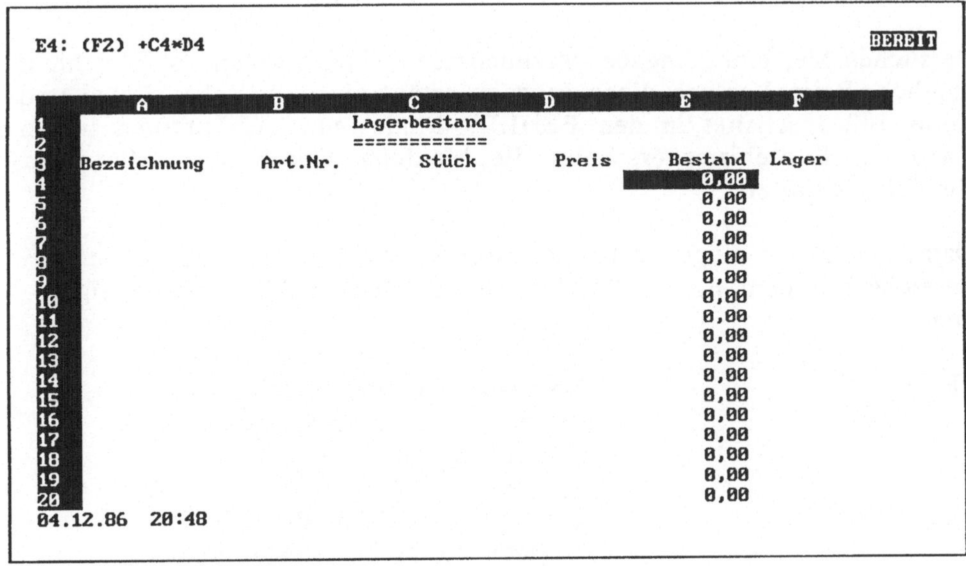

Bild 4-4

4.2.7 Schützen von Bereichen

Damit bei den folgenden Eingaben von Datensätzen die bisher erstellten
Eingaben nicht versehentlich gelöscht werden, sollen diese Daten geschützt werden.

Mit dem Befehl **Arbeitsblatt Global Schutz Ja (/AGSJ)** wird der Schutz
für das *gesamte* Arbeitsblatt eingeschaltet.

Mit dem Befehl **Bereich Ungeschützt (/BU)** können von Ihnen *gewählte
Bereiche* wieder für Eingaben freigegeben werden.

Mit dem Befehl **Bereich Schutz (/BS)** ist es möglich, einen *freige-
gebenen Bereich* zu schützen.

Um die Überschrift, die Feldnamen und die Formeln in der Bestands-
spalte zu schützen, geht man folgendermaßen vor:

/AGSJ   Auswahl des Befehls
                          Arbeitsblatt Global Schutz Ja.
                          Das gesamte Arbeitsblatt ist
                          jetzt geschützt. Es können
                          keine Eingaben mehr
                          vorgenommen werden.

Versuchen Sie, eine Eingabe vorzunehmen. Wie Sie sehen, ist dies nicht
möglich. Beim Versuch einer Eingabe ertönt ein akustisches Signal und
Lotus 1-2-3 schaltet in den FEHLER-Modus um. Am unteren linken
Rand des Bildschirms erscheint die Meldung: **Geschützte Zelle** (bzw.
Bereich geschützt).

Damit wir Daten eingeben können, werden die betreffenden Zellen bzw.
Bereiche mit dem Befehl **Bereich Ungeschützt (/BU)** wieder freigegeben.

<Esc>   Die Fehlermeldung verschwindet,
                          und man gelangt wieder in den
                          BEREIT-Modus.

/BU   Auswahl des Befehls Bereich
                          Ungeschützt. Es wird nach dem
                          freizugebenden Bereich gefragt.
                          (Zur Anzeige freizugebender
                          Bereich: E4..E4)

a4..d20   Eingabe von A4..D20.

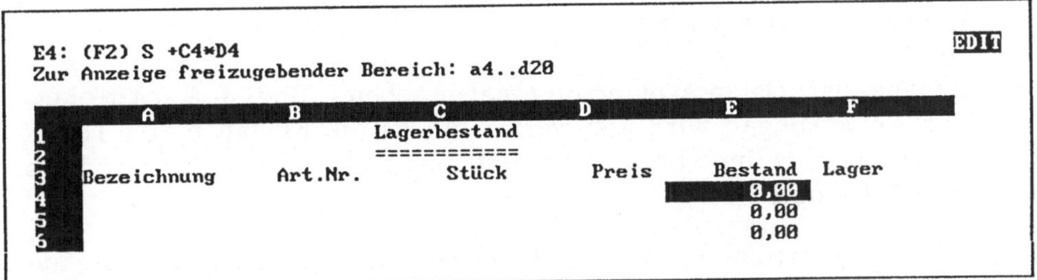

Bild 4-5

<RETURN>	Der Bereich A4 bis D20 wird zur Dateneingabe freigegeben.

Es soll auch der Bereich F4 bis F20 (Spalte Lager) und der Bereich G1 bis L20 für spätere Eingaben zur Auswertung der Datenbank freigegeben werden.

/BU	Auswahl des Befehls Bereich Ungeschützt. Es wird nach dem freizugebenden Bereich gefragt. (Zur Anzeige freizugebender Bereich:)
f4..f20	Eingabe von F4..F20.
<RETURN>	Der Bereich F4 bis F20 wird für Eingaben freigegeben.
/BU	Auswahl des Befehls Bereich Ungeschützt. Es wird nach dem freizugebenden Bereich gefragt. (Zur Anzeige freizugebender Bereich:)
g1..l20	Eingabe von G1..L20.
<RETURN>	Der Bereich G1 bis L20 wird für Eingaben freigegeben.

Ist der globale Schutz eingeschaltet, wird der Buchstabe S in der ersten Zeile des Bedienfeldes neben der Zelladresse angezeigt. Handelt es sich um eine ungeschützte Zelle, steht U an dieser Stelle.

4.2.8 Eingabe der Datensätze

Die Eingabe der Datensätze erfolgt entsprechend Bild 4-2. (Auf ausführliche Anweisungen wird hier verzichtet, da die Eingaben von Texten
und Zahlen bereits im vorigen Kapitel ausführlich erläutert wurde, s.
Abschnitt 3.2.1 und 3.2.7).

Damit die Lagerartikel in der Spalte Bezeichnung linksbündig erscheinen, ist noch folgende Befehlsfolge notwendig. Bewegen Sie dazu den
Zellzeiger zur Zelle A4.

/BJL	Auswahl des Befehls Bereich Justieren Links. Sie sehen: Labelbereich: A4..A4
a4..a20	Eingabe von A4..A20.
<RETURN>	Die Texteingaben in Spalte A werden linksbündig justiert.

Für spätere Operationen mit den Daten soll noch der Schutz in Spalte E
aufgehoben werden. Gehen Sie wie folgt vor:

/BU	Auswahl des Befehls Bereich Ungeschützt. Sie sehen: Zur Anzeige freizugebender Bereich: A4..A4.
e4..e20	Eingabe von E4 bis E20.
<RETURN>	In Spalte E wird der Schutz aufgehoben.

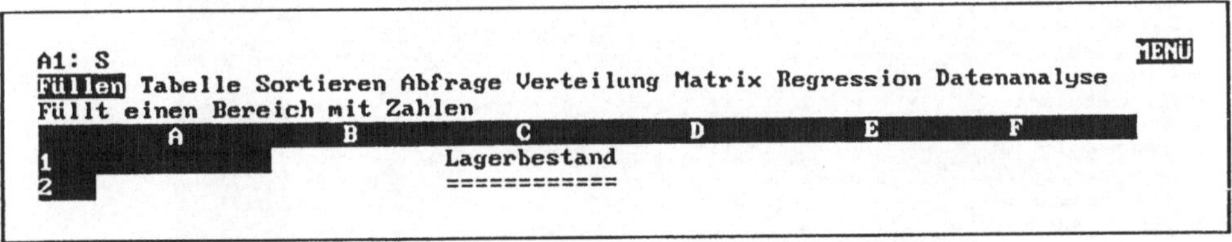

```
F20: U [B7] "b                                              BEREIT

          A              B           C           D           E         F
 1                                Lagerbestand
 2                                =============
 3   Bezeichnung     Art.Nr.      Stück       Preis     Bestand   Lager
 4   Zyl.Schraube     3737           8        118,22     945,76      a
 5   Welle            9475           2         56,58     113,88      c
 6   Stellmutter      3384          18        253,48    4561,28      a
 7   Getriebe         9456           3         86,57     259,71      c
 8   Senkschraube     3218          12         93,73    1124,76      a
 9   Scheibe          3231         188          7,75     775,88      a
10   Rollenlager      8327           3        383,45     918,35      b
11   Passfeder        3776           2         32,32      64,64      a
12   Nadellager       8658           1         19,84      19,84      b
13   Lagerplatte      8178           1        531,88     531,88      b
14   Lagerbock        8175           2        138,88     268,88      b
15   Spannring        3567          52          3,52     183,84      a
16   Gehäuse          9786           4        123,87     495,48      c
17   Flansch          9148          18         32,88     328,88      c
18   Elektomotor      9876           5        267,98    1339,58      c
19   Distanzrohr      3254          39          8,95      37,85      a
20   Anschlag         8234          28         55,76    1115,28      b
04.12.86  21:15
```

Bild 4-6 Arbeitsblatt nach Eingabe der Datensätze

4.2.9 Sortieren nach einem Schlüssel
   (Sortieren nach Bezeichnung)

Die beiden wichtigsten Funktionen im Menü DATEN sind die Sortier-
funktion und die Suchfunktion, die nun behandelt werden.

```
A1: S                                                        MENÜ
Füllen Tabelle Sortieren Abfrage Verteilung Matrix Regression Datenanalyse
Füllt einen Bereich mit Zahlen
          A              B           C           D           E         F
 1                                Lagerbestand
 2                                =============
```

Bild 4-7 Menü Daten

Zunächst soll alphabetisch nach der Bezeichnung sortiert werden. Damit
kann festgestellt werden, welche Artikel am Lager sind.

Mit dem Befehl **Daten Sortieren (/DS)** kann die Anordnung der Datensätze in einer Datenbank neu festgelegt werden.

<HOME>   Bewegen des Zellzeigers zur
                                 Zelle **A1**.

/DSD   Auswahl des Befehls Daten
                              Sortieren Datenbereich.
                              Es wird nach dem Datenbereich
                              gefragt, in dem sortiert werden
                              soll.
                              (Datenbereich: A1)

a4..f20   Eingabe von A4..F20.

<RETURN>   Der Bereich A4 bis F20 wird als
                              Datenbereich abgespeichert.
                              Rücksprung ins Menü Daten
                              Sortieren.

Beim nochmaligen Drücken der <RETURN>-Taste sehen Sie den hell
unterlegten Datenbereich. Dies ist der Bereich, in dem die Datensätze
sortiert werden sollen. Die Zeile mit den Feldnamen wird nicht aufgenommen.

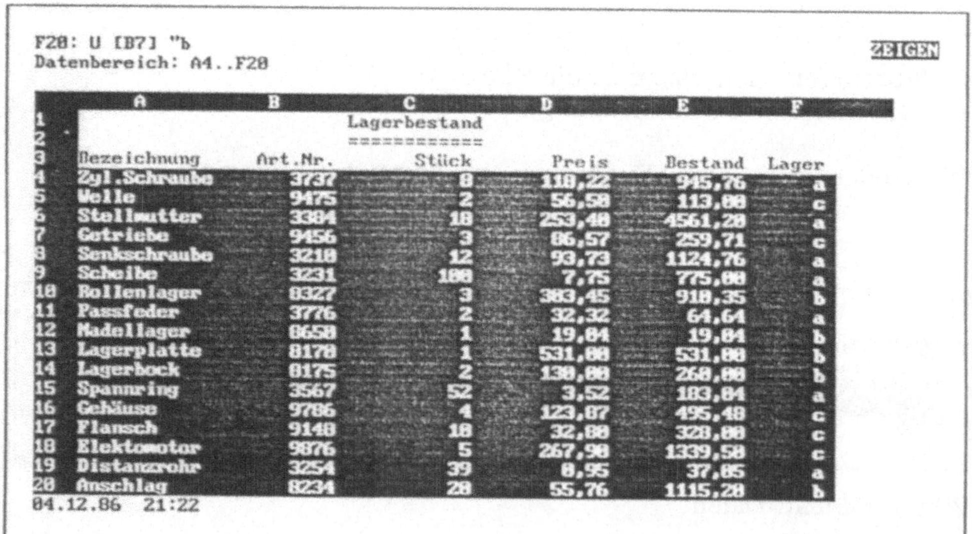

```
F20: U [B7] "b                                                    ZEIGEN
Datenbereich: A4..F20

        A            B             C            D          E          F
 1                            Lagerbestand
 2                            ============
 3  Bezeichnung    Art.Nr.        Stück      Preis    Bestand   Lager
 4  Zyl.Schraube     3737            8       118,22    945,76       a
 5  Welle            9475            2        56,58    113,00       c
 6  Stellmutter      3384           18       253,48   4561,20       a
 7  Getriebe         9456            3        86,57    259,71       c
 8  Senkschraube     3218           12        93,73   1124,76       a
 9  Scheibe          3231          100         7,75    775,00       a
10  Rollenlager      8327            3       383,45    910,35       b
11  Passfeder        3776            2        32,32     64,64       a
12  Nadellager       8658            1        19,04     19,04       b
13  Lagerplatte      8170            1       531,00    531,00       b
14  Lagerbock        8175            2       130,00    260,00       b
15  Spannring        3567           52         3,52    183,04       a
16  Gehäuse          9786            4       123,87    495,48       c
17  Flansch          9140           18        32,00    320,00       c
18  Elektomotor      9876            5       267,90   1339,50       c
19  Distanzrohr      3254           39         0,95     37,05       a
20  Anschlag         8234           28        55,76   1115,20       b
04.12.86  21:22
```

Bild 4-8 Zu sortierender Datenbereich

Um wieder in das Sortiermenü zu kommen, müssen Sie die <RETURN>-
Taste nochmals drücken.

1	Auswahl des 1. Sortier- schlüssels: 1. Sortierschlüssel: A1. Jetzt fragt Lotus 1-2-3 nach dem Feld, nach dem sortiert werden soll. In unserem Fall ist dies das Feld **Bezeichnung**. Es wird zu irgendeiner Zelle der Spalte A zwischen A4 und A20 (Bezeichnung) gesprungen.

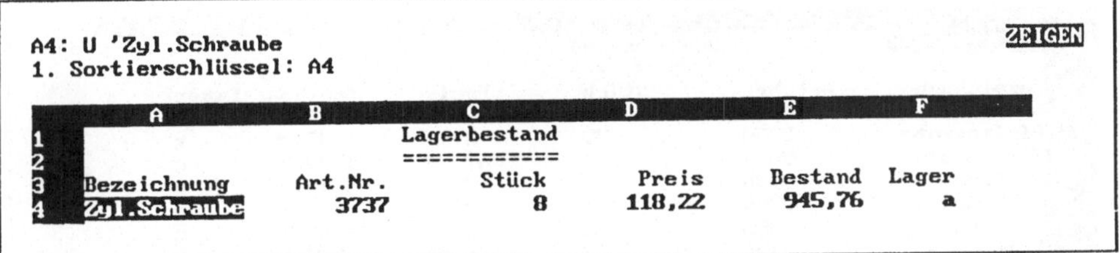

Bild 4-9

<RETURN>	Spalte A wird als 1. Sortier- schlüssel gespeichert. Es wird nach der Sortierfolge gefragt. (Sortierfolge (S oder A): A)
S	Auswahl einer steigenden Sor- tierung A-Z. (Die Datensätze können je nach Wahl in aufsteigender (s) oder absteigender (a) Reihenfolge angeordnet werden).

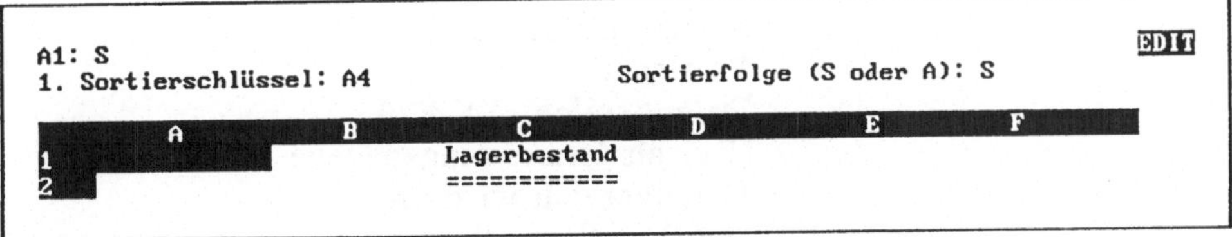

Bild 4-10

<RETURN>   Rücksprung ins Sortiermenü.

*Achtung ! Die Feldnamen (also die Überschriften der einzelnen Daten-
felder) müssen direkt über den Datenfeldern stehen. Dazwischen darf
keine Leerzeile sein.*

S   Auswahl des Befehls Sortieren.
                                 Es wird sortiert und man
                                 gelangt in BEREIT-Modus.

```
A1: S                                                              BEREIT

        A            B            C            D           E         F
 1                              Lagerbestand
 2                              =============
 3   Bezeichnung    Art.Nr.       Stück       Preis     Bestand   Lager
 4   Anschlag        8234          20          55,76    1115,20     b
 5   Distanzrohr     3254          39           0,95      37,05     a
 6   Elektomotor     9076           5         267,90    1339,50     c
 7   Flansch         9148          10          32,00     328,00     c
 8   Gehäuse         9786           4         123,87     495,48     c
 9   Getriebe        9456           3          86,57     259,71     c
10   Lagerbock       8175           2         130,00     260,00     b
11   Lagerplatte     8170           1         531,00     531,00     b
12   Nadellager      8650           1          19,04      19,04     b
13   Passfeder       3776           2          32,32      64,64     a
14   Rollenlager     8327           3         303,45     910,35     b
15   Scheibe         3231         100           7,75     775,00     a
16   Senkschraube    3210          12          93,73    1124,76     a
17   Spannring       3567          52           3,52     183,04     a
18   Stellmutter     3304          18         253,40    4561,20     a
19   Welle           9475           2          56,50     113,00     c
20   Zyl.Schraube    3737           8         118,22     945,76     a
04.12.86   21:31
```

Bild 4-11 Arbeitsblatt nach dem Sortierlauf

4.2.10 Sortieren nach zwei Schlüsseln
       (Sortieren nach Lagerort und Bestand)

Es soll nach dem Lagerort als erster Sortierschlüssel und innerhalb des
Lagerorts nach dem Bestand als zweiter Sortierschlüssel sortiert werden.

/DSD   Auswahl des Befehls Daten
                                 Sortieren Datenbereich.
                                 Es erscheint:
                                 Datenbereich: **A4..F20**
                                 (Der als letztes eingegebene
                                 Datenbereich wird ange-
                                 zeigt). Soll der Bereich
                                 übernommen werden, so wird die
                                 <RETURN>-Taste betätigt.

<RETURN>	Der Datenbereich A4 bis F20 wird übernommen. Rücksprung ins Sortiermenü.
1	Auswahl des 1. Sortierschlüssels: 1. Sortierschlüssel: A5 Unser 1. Sortierschlüssel ist der Lagerort (Spalte F). Bewegen Sie also den Cursor in eine Zelle der Spalte F zwischen F4 und F20 und betätigen Sie die <RETURN>-Taste.
<RETURN>	Es erscheint: Sortierfolge (S oder A): S
<RETURN>	Es soll aufsteigend (s) sortiert werden.
2	Auswahl des 2. Sortierschlüssels
. Sie sehen:	2. Sortierschlüssel: Unser 2. Sortierschlüssel ist der Bestand (Spalte E). Bewegen Sie also den Cursor in eine Zelle der Spalte E zwischen E4 und E20.
<RETURN> A	Es erscheint: Sortierfolge (S oder A): A Es soll absteigend (a) sortiert werden.
<RETURN>	Rücksprung in das Sortiermenü.
S	Auswahl des Befehls Sortieren. Es wird sortiert. Nach dem Sortierlauf gelangt man in den BEREIT-Modus.

```
A1: S                                                                    BEREIT

        A              B           C           D           E         F
 1                            Lagerbestand
 2                            =============
 3   Bezeichnung     Art.Nr.      Stück       Preis      Bestand   Lager
 4   Stellmutter      3384         18         253,48     4561,20     a
 5   Senkschraube     3210         12          93,73     1124,76     a
 6   Zyl.Schraube     3737          8         118,22      945,76     a
 7   Scheibe          3231        100           7,75      775,00     a
 8   Spannring        3567         52           3,52      183,04     a
 9   Passfeder        3776          2          32,32       64,64     a
10   Distanzrohr      3254         39           8,95       37,05     a
11   Anschlag         8234         20          55,76     1115,20     b
12   Rollenlager      8327          3         303,45      910,35     b
13   Lagerplatte      8170          1         531,00      531,00     b
14   Lagerbock        8175          2         130,00      260,00     b
15   Nadellager       8650          1          19,04       19,04     b
16   Elektomotor      9076          5         267,90     1339,50     c
17   Gehäuse          9706          4         123,87      495,48     c
18   Flansch          9140         10          32,80      328,00     c
19   Getriebe         9456          3          86,57      259,71     c
20   Welle            9475          2          56,50      113,00     c
04.12.86   21:37
```

Bild 4-12 Arbeitsblatt, nach zwei Schlüsseln sortiert

4.2.11 Abfrage nach einfachem Kriterium

(nach Artikeln, deren Bestand über 1000,-DM liegen)

Bei einer Abfrage hat man die Möglichkeit, durch Bestimmen von Kriterien Daten in einer Datenbank zu suchen, herauszuziehen oder statistische Auswertungen durchzuführen.

In unserem Fall sollen alle Artikel gefunden und angezeigt werden, deren Bestand größer als 1000,- DM ist. Dazu muß unsere Datenbank nach diesem Wert abgefragt werden.

Mit dem Befehl **Daten Abfragen (/DA)** ist es möglich, die Datenbank nach Datensätzen zu durchsuchen, die bestimmten Kriterien entsprechen.

Mit dem Befehl **Daten Abfragen Bereich (/DAB)** teilen wir Lotus 1-2-3 mit, in welchem Bereich gesucht werden soll. Der Bereich (Eingabebereich) umfaßt die Spaltenüberschriften (Feldnamen) des Datenbankfeldes und alle Datenfelder, in denen gesucht werden soll.

/DAB   Auswahl des Befehls Daten
                                Abfrage Bereich:
                                Es wird nach dem Eingabebereich
                                gefragt.

a3..f20   Eingabe von A3..F20.

Achtung ! Beim Abfragen einer Datenbank muß der Eingabebereich die Spaltenüberschriften (Feldnamen) beinhalten. Im Gegensatz zum Sortieren, dort werden die Spaltenüberschriften nicht angegeben.

<RETURN>

> Abspeichern des Eingabebereiches.
> Dadurch teilen wir Lotus 1-2-3 mit, aus welchem Bereich die Datensätze mit einem Bestand von mehr als 1000,- DM gesucht werden sollen. In unserem Fall erstreckt sich der Eingabebereich von **A3** bis **F20**.

Mit dem Befehl **Daten Abfrage Kriterien (/DAK)** legen wir einen Kriterienbereich fest, in dem steht, nach welchen Werten gesucht werden soll. Wir wollen beispielsweise alle Datensätze suchen, deren Bestand über 1000,- DM liegt.

Die Kriterienbereiche bauen sich folgendermaßen auf:

In der *ersten Zeile* des Kriteriumsbereiches steht ein einziger, einige oder alle Feldnamen (Spaltenüberschriften). Es ist sinnvoll, alle *Spaltenüberschriften* in einen Bereich zu kopieren, der dann als **Kriterienbereich** bezeichnet wird. Dabei ist es vorteilhaft, den Kopierbefehl zu benutzen, statt die Spaltenüberschriften neu einzutippen. Weiterhin ist es sinnvoll, den Kriterienbereich rechts von der Datenbank aufzubauen und nicht darunter. Dadurch kann die Datenbank bei Bedarf ergänzt bzw. vergrößert werden.

Es wird dabei wie folgt vorgegangen:

Z

> Auswahl des Befehls Zurück.
> Rücksprung in den BEREIT-Modus.

<HOME>

> Bewegen des Zellzeigers zur Zelle **A1**.

/K

> Auswahl des Befehls Kopie.
> Es wird nach dem Quellbereich gefragt.
> (Was kopieren? A1..A1).

a3..f3   Eingabe von A3..F3.
                                   Der Zellenbereich A3..F3 (Spal-
                                   tenüberschriften) soll kopiert
                                   werden.

<RETURN>   Abspeichern des Quellbereiches.
                                   Es wird nach dem Zielbereich
                                   gefragt.
                                   (Wohin kopieren? A1).

g1..l1   Eingabe von G1..L1.

<RETURN>   Der Zellenbereich A1..L1 wird
                                   in den Zellbereich **G1** bis **L1**
                                   kopiert.

Mit der <TAB>-Taste können Sie kontrollieren, ob Lotus 1-2-3 den
Kopierbefehl durchgeführt hat.

<TAB>   Drücken der <TAB>-Taste.

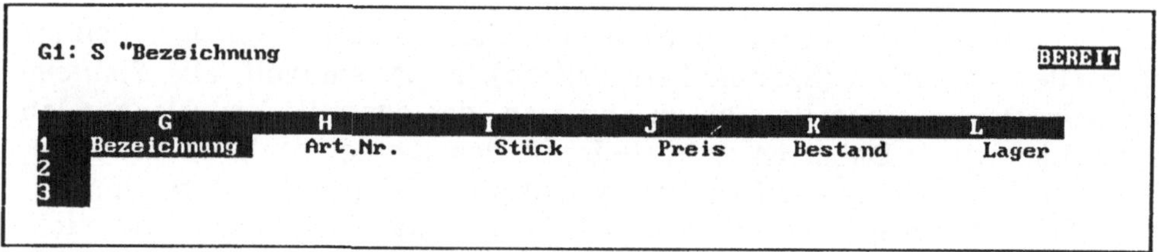

Bild 4-13

*Achtung ! Mit den <TAB>-Tasten kann man zwischen dem Datenbereich
A bis F (Lagerbestandsdaten) und dem Kriterienbereich G bis L blättern.
Mit der <TAB>-Taste gelangen Sie eine Bildschirmseite nach rechts, mit
den Tasten <TAB> und <SHIFT> eine Bildschirmseite nach links.*

Nun bestimmen wir den Kriterienbereich:

/DAK   Auswahl des Befehls Daten
                                   Abfragen Kriterien:
                                   Kriterienbereich: G1

g1..l2   Eingabe von G1..L2.
                                   Unser Kriterienbereich
                                   erstreckt sich von der Zelle
                                   G1 bis **L2**.

<RETURN>   Abspeichern des Kriterien-
               bereiches.

In der *zweiten Zeile* des Kriterienbereiches (G2..L2) muß das Auswahlkriterium (*Suchargument*) stehen. Jedes Auswahlkriterium (hier: Bestand
größer 1000) wird unter die betreffenden Spaltenüberschrift gesetzt.

Z   Auswahl des Befehls Zurück.
               Rücksprung in den BEREIT-Modus.

<TAB>   Blättern zum Bereich G bis L.

Bewegen Sie den Zellzeiger zur Zelle **K2**.

+e4>1000   Eingabe des Abfragekriteriums:
               +E4>1000.
               Im Feld Bestand sollen ab Zelle
               E4 alle Artikelsätze gesucht
               werden, deren Bestand größer
               als 1000,- DM sind.

<RETURN>   Abspeichern der Formel.

Nach Eingabe der Formel erscheint in Zelle K2 die Zahl 1. Das bedeutet, daß die erste Zelle des Datenbereiches, also die Zelle E4, der logischen Bedingung (+E4>1000) entspricht. Würde eine 0 erscheinen, wäre
die Bedingung in der ersten Zelle falsch, der Bestand würde also unter
1000 DM liegen.

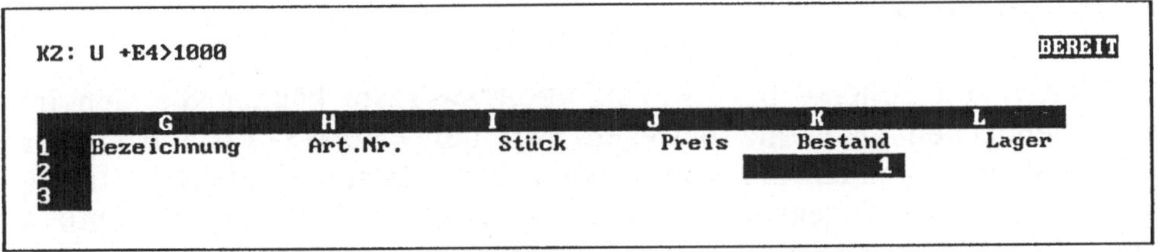

Bild 4-14

Mit dem Befehl **Daten Abfragen Finden** (/DAF) sucht Lotus 1-2-3 nun
nach den oben genannten Artikelsätzen. Dabei werden die betreffenden
Artikelsätze, die dem angegebenen Kriterium (Bestand größer als 1000)
entsprechen, durch einen hellen Balken hervorgehoben.

/DAF   Auswahl des Befehls Daten
                             Abfragen Finden.
                             Lotus 1-2-3 hebt nun den ersten
                             Datensatz hervor, der dem Aus-
                             wahlkriterium entspricht.
                             In unserem Fall wäre dies der
                             Artikelsatz mit der Bezeichnung Stellmutter.

```
A4: U 'Stellmutter                                                        FINDEN

        A            B            C            D            E          F
1                          Lagerbestand
2                          ==============
3    Bezeichnung    Art.Nr.       Stück        Preis       Bestand   Lager
4    Stellmutter    3384          18           253,40      4561,20       a
5    Senkschraube   3210          12            93,73      1124,76       a
6    Zyl.Schraube   3737           8           118,22       945,76       a
7    Scheibe        3231         100             7,75       775,00       a
8    Spannring      3567          52             3,52       183,04       a
9    Passfeder      3776           2            32,32        64,64       a
10   Distanzrohr    3254          39             0,95        37,05       a
11   Anschlag       8234          20            55,76      1115,20       b
12   Rollenlager    8327           3           303,45       910,35       b
13   Lagerplatte    8170           1           531,00       531,00       b
14   Lagerbock      8175           2           130,00       260,00       b
15   Nadellager     8650           1            19,04        19,04       b
16   Elektomotor    9076           5           267,90      1339,50       c
17   Gehäuse        9786           4           123,87       495,48       c
18   Flansch        9148          10            32,00       328,00       c
19   Getriebe       9456           3            86,57       259,71       c
20   Welle          9475           2            56,50       113,00       c
04.12.86   21:56
```

Bild 4-15

Betätigt man die <PFEIL UNTEN>- bzw. <PFEIL OBEN>-Taste, so werden
die Datenfelder angesprungen und hell hervorgehoben, die diesem Kriterium entsprechen.

Mit der <PFEIL LINKS>- bzw. <PFEIL RECHTS>-Taste können Sie sich im
hervorgehobenen Datensatz bewegen. Mit der <HOME>-Taste bzw. der
<END>-Taste kommen Sie zum ersten bzw. letzten Datensatz (diese
müssen nicht das angegebene Kriterium erfüllen). Mit der <RETURN>-
bzw. <ESC>-Taste kehren Sie ins Abfragemenü zurück.

In unserem Beispiel haben wir nur nach Werten gesucht. Lotus 1-2-3
findet auch Sätze, die als Kriterium einen *Suchtext* (Label) haben. Beispielsweise könnten Fragen folgender Art beantwortet werden:

- Suchen des Lagerartikels Passfeder;

- Suche alle Artikel, die mit A beginnen;

- Suche nach allen Artikeln, die nur 4 Buchstaben haben (????).

4.2.12 Heraussuchen nach Werten
(alle Artikel mit Bestand über 1000,- DM)

Mit dem Befehl **Daten Abfragen Extrakt (/DAE)** werden diejenigen
Datensätze, die dem vorgegebenem Kriterium entsprechen (Bestand
größer als 1000), in einen vorher angegebenen Bereich des Arbeitsblattes
geschrieben. Dieser Bereich muß mit dem Befehl **Daten Abfrage Ausgabe (/DAA)** vorher festgelegt werden. Wie beim Kriteriumsbereich muß
auch beim Ausgabebereich in der ersten Zelle der Feldname stehen.
Jeder Feldname muß mit dem Feldnamen vom Eingabebereich und Kriterienbereich identisch sein; er kann allerdings auch in einer anderen
Reihenfolge angegeben werden. Im folgenden sollen alle Artikelsätze mit
einem Bestand von mehr als 1000,- DM in einem von uns bestimmten
Bereich des Arbeitsblattes geschrieben (kopiert) werden. Es wird wie
folgt vorgegangen:

<Esc>   Rückkehr ins Abfragemenü.

Z   Auswahl des Befehls Zurück.
                               Rücksprung in den BEREIT-Modus.

/K   Auswahl des Befehls Kopie.
                               Es wird nach dem Quellbereich
                               gefragt.
                               (Was kopieren? K2..K2).

g1..l1   Eingabe von G1..L1.

<Return>   Der Zellenbereich G1 bis L1
                               soll kopiert werden.
                               Es wird nach dem Zielbereich
                               gefragt.
                               (Wohin kopieren? K2..K2)

g5..l5   Eingabe von G5..L5.

<Return>   Der Zellenbereich G1 bis L1
                               wird in den Zellenbereich G5
                               bis L5 kopiert.

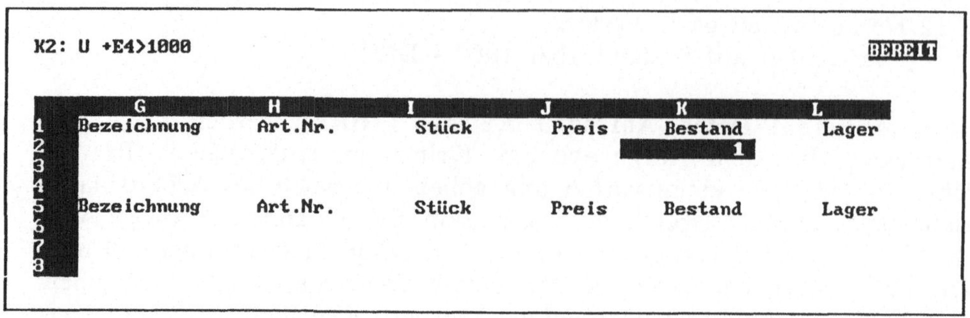

Bild 4-16

/DAA	Auswahl des Befehls Daten Abfrage Ausgabe. Es wird nach dem Ausgabebereich gefragt. (Ausgabebereich: K2)
g5..l5	Eingabe von G5..L5.
<RETURN>	Es genügt, die Spaltenüberschriften (Feldnamen) als Ausgabebereich zu definieren. Lotus 1-2-3 plaziert nun die Datensätze, die den Kriterien entsprechen, direkt unter die Spaltenüberschriften.
E	Auswahl des Befehls Extrakt. Nun werden alle Datensätze, die den Kriterien entsprechen, in den Ausgabebereich kopiert.

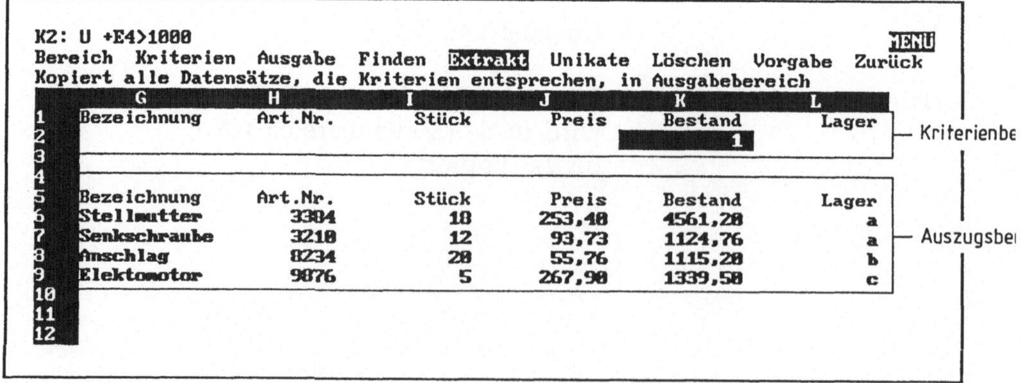

Bild 4-17

4.2.13 Mehrfachkriterien in einer Zeile
(Heraussuchen aller Artikel aus Lager a mit
einem Bestand von mehr als 1000,- DM)

Lotus 1-2-3 bietet die Möglichkeit, daß in verschiedenen Feldern derselben Zeile mehrere Kriterien eingegeben werden können. Es wird dann nach denjenigen Datensätzen gesucht, die allen Kriterien gerecht werden. Die verschiedenen Kriterien in einer Zeile werden mit dem *logischen UND* verknüpft.

Es soll in unserem Fall nach allen Artikeln gesucht werden, die im Lager a liegen und einen Bestand von mehr als 1000,- DM aufweisen. Dies geschieht folgendermaßen:

Z   Auswahl des Befehls Zurück.
                           Rücksprung in den BEREIT-Modus.

Bewegen Sie den Zellzeiger zur Zelle **L2**.

a   Eingabe von a in Zelle L2.

<RETURN>   Abspeichern von a.

```
L2: U "a                                                    BEREIT

          G            H           I           J           K           L
 1 Bezeichnung    Art.Nr.      Stück       Preis       Bestand     Lager
 2                                                           1               a
 3
 4
 5 Bezeichnung    Art.Nr.      Stück       Preis       Bestand     Lager
 6 Stellmutter    3304         18          253,48      4561,28         a
 7 Senkschraube   3210         12          93,73       1124,76         a
 8 Anschlag       8234         28          55,76       1115,28         b
 9 Elektomotor    9076         5           267,90      1339,58         c
10
11
```

Bild 4-18

Nun ist das Arbeitsblatt bzw. der Kriterienbereich so vorbereitet, daß nach dem Bestand und Lagerort gesucht wird.

<F7>   Das Drücken der <F7>-Taste
                           erspart uns den Befehl **Daten**
                           Abfragen Extrakt bzw. den
                           Befehl **Daten Abfragen Finden**,
                           wenn der Ausgabebereich nicht
                           angegeben wurde. (Die Taste
                           <F7> wird nur im BEREIT-Modus wirksam).

Wie Bild 4-19 zeigt, gibt es nur zwei Artikel, nämlich Stellmutter und Senkschraube, die einen Bestand von mehr als 1000,- DM aufweisen und im Lager a liegen.

```
L2: U "a                                                            BEREIT

             G            H             I            J            K            L
 1   Bezeichnung    Art.Nr.       Stück        Preis        Bestand      Lager
 2                                                              1            a
 3
 4
 5   Bezeichnung    Art.Nr.       Stück        Preis        Bestand      Lager
 6   Stellmutter       3384         10        253,40        4561,20          a
 7   Senkschraube      3210         12         93,73        1124,76          a
 8
 9
10
```

Bild 4-19

4.2.14 Mehrfachkriterien in mehreren Zeilen (Heraussuchen aller Artikel aus Lager a mit einem Bestand von mehr als 1000,- DM und Lager b mit einem Bestand von mehr als 900,- DM)

Lotus 1-2-3 bietet auch die Möglichkeit, daß in *verschiedenen Feldern* und verschiedenen Zeilen *mehrere Kriterien* eingegeben werden können. Die Felder in den Zeilen sind mit einem *logischen ODER* verknüpft.

Es soll beispielsweise nach allen Artikelsätzen gesucht werden, die in Lager a liegen und einen Bestand von mehr als DM 1000,- aufweisen, oder die in Lager b liegen und einen Bestand von mehr als 900,- DM haben.

Bewegen Sie den Zellzeiger zur Zelle K3.

+e4>900   Eingabe des zweiten Kriteriums.

<PFEIL RECHTS>   Abspeichern der Formel und
                                 Bewegen des Zellzeigers nach
                                 Zelle L3.

b   Eingabe von b in Zelle L3.

<RETURN>   Abspeichern von b.

Der Bildschirm sollte folgendermaßen aussehen:

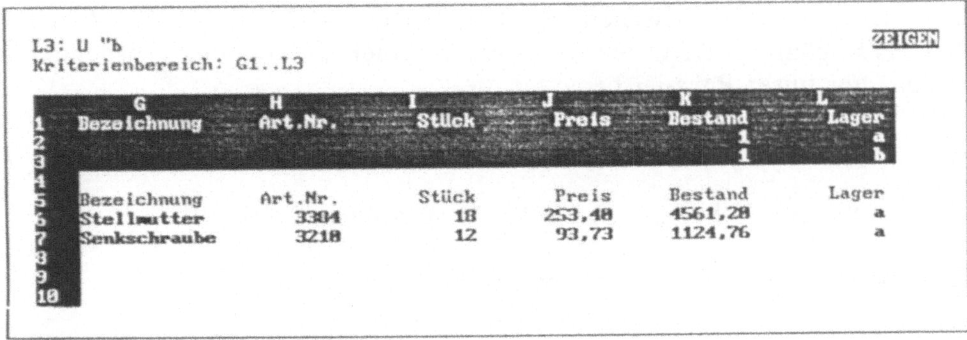

Bild 4-20

Da mehrere Kriterien vorliegen, muß der Kriterienbereich vergrößert
werden (im vorliegenden Fall um eine Zeile).

/DAK	Auswahl des Befehls **D**aten **A**bfrage **K**riterien. Es wird nach dem Kriterienbereich gefragt (Kriterienbereich: G1..L2).
<PFEIL UNTEN>	Erweitern Sie den Kriterienbereich mit der <PFEIL UNTEN>-Taste um eine Zeile, so daß steht: (Kriterienbereich: G1..L3)

Bild 4-21

<RETURN>   Abspeichern des neuen
                             Kriterienbereiches

E   Auswahl des Befehls Extrakt.

```
L3: U "b                                                                    MENÜ
Bereich  Kriterien  Ausgabe  Finden  Extrakt  Unikate  Löschen  Vorgabe  Zurück
Kopiert alle Datensätze, die Kriterien entsprechen, in Ausgabebereich
           G            H            I            J            K            L
1  Bezeichnung    Art.Nr.        Stück        Preis        Bestand      Lager
2                                                            1            a
3                                                            1            b
4
5  Bezeichnung    Art.Nr.        Stück        Preis        Bestand      Lager
6  Stellmutter    3304           18           253,40       4561,20      a
7  Senkschraube   3210           12            93,73       1124,76      a
8  Anschlag       8234           20            55,76       1115,20      b
9  Rollenlager    8327            3           303,45        910,35      b
10
11
12
```

Bild 4-22

Lotus 1-2-3 hat alle Datensätze herausgezogen, die im Lager a einen Bestand über 1000,- DM oder im Lager b einen Bestand über 900,- DM
haben.

4.2.15 Zusammengesetzte Kriterien

Es ist schwierig, auf einen Blick alle Artikel herauszufinden, die den
oben genannten Kriterien entsprechen und deren Preis im Lager a zwischen 50,- DM und 300,- DM liegt.

Bei dieser Abfrage müssen zusammengesetzte Kriterien formuliert werden. Mit den drei logischen Verknüpfungen #UND#, #ODER# und
#NICHT# können Kriterien in einer Formel miteinander verbunden
werden. Für unser Beispiel bedeutet dies:

Z   Rücksprung in den BEREIT-Modus.

Bewegen Sie den Zellzeiger zur Zelle **J2** (Preiskriterium).

+d4>50#UND#d4<300   Eingabe der logischen Formel
                             in Zelle J2.

<RETURN>   Abspeichern der Formel.

<F7>   Drücken der <F7>-Taste und
                               Berechnung der Formel.

```
J2: U +D4>50#UND#D4<300                                          BEREIT

            G              H            I            J            K            L
 1  Bezeichnung       Art.Nr.       Stück        Preis       Bestand       Lager
 2                                                   1             1           a
 3                                                                 1           b
 4
 5  Bezeichnung       Art.Nr.       Stück        Preis       Bestand       Lager
 6  Stellmutter         3304          10        253,40       4561,20         a
 7  Senkschraube        3210          12         93,73       1124,76         a
 8  Anschlag            8234          20         55,76       1115,20         b
 9  Rollenlager         8327           3        303,45        918,35         b
10
11
12
```

Bild 4-23

Es erscheinen alle Datensätze des Lagers a mit einem Bestand von mehr
als 1000,- DM und die aus Lager b mit einem Bestand von mehr als
900,- DM. Der Preis aller aufgelisteten Artikel im Lager a liegt zwischen
50,- DM und 300,- DM.

Dieses Beispiel ist auf der Diskette zum Buch gespeichert. Sie können
die Preise, die Bestände und die Artikel verändern und Ihre eigenen
Datenbankabfragen durchführen.

Mit dem Befehl **Arbeitsblatt Radieren Ja (/ARJ)** können Sie das gesamte
Arbeitsblatt löschen, um ein leeres Arbeitsblatt für Kapitel 5 vorbereitet
zu haben.

5 Erstellen und Auswerten von Fertigungsdaten (Datenbank und statistische Analyse)

5.1 Problembeschreibung

Die Fertigungsabteilung Dreherei produziert in den letzten Wochen immer mehr Ausschuß. Der Fertigungsleiter möchte den Grund dafür wissen. Liegt der hohe Ausschuß am Alter der Maschinen oder am unterschiedlichen Typ (Typ A und Typ B). Um diese Frage beantworten zu können, werden im Zeitraum von einer Woche die Ausschußquoten notiert und dem Alter und dem Typ gegenübergestellt. Analog zum vierten Kapitel wird eine Datenbank erstellt (Bild 5-1), die folgendermaßen aussieht:

```
A1:                                                           BEREIT
```

	A	B	C	D	E	F	G	H	I
1				Ausschuß pro Tag					
2	Maschine	Alter	Typ	Mo	Di	Mi	Do	Fr	Gesamt
3	1	4	a	20	25	23	24	22	114
4	2	5	b	12	14	17	19	20	82
5	3	6	a	6	4	8	9	10	37
6	4	3	a	13	15	11	12	14	65
7	5	7	b	16	18	17	17	17	85
8	6	6	a	22	18	20	23	24	107
9	7	2	b	2	4	3	3	5	17
10	8	3	b	8	9	12	14	11	54
11	9	8	a	15	17	17	15	16	80
12	10	6	a	12	13	11	9	14	59
13	11	7	b	17	18	18	19	16	88
14	12	1	b	2	4	3	2	1	12
15	13	1	b	3	5	6	5	4	23
16	14	4	a	7	10	11	12	13	53
17	15	5	a	17	18	15	16	12	78
18	16	2	b	4	6	5	7	8	30
19	17	8	a	22	20	18	16	19	95
20	18	1	b	0	2	1	0	3	6

```
05.12.86   00:42
```

Bild 5-1 Ausschuß und Maschinentyp der Fertigungsabteilung Dreherei

5.2 Problemlösung

Die Erfassung der Daten und ihre statistische Auswertung erfolgt in folgenden Schritten:

1. Ändern der Spaltenbreite

2. Eingabe der Spaltenüberschriften

3. Justieren der Spaltenüberschriften

4. Eingabe und Kopieren der Formel

5. Eingabe der Datensätze

6. **Füllen eines Bereiches mit Zahlen**

7. **Sortieren nach dem Alter der Maschinen und dem Gesamtausschuß**

8. **Bereichsnamen vergeben**

9. **Statistische Auswertung**

10. **Erstellen einer Datentabelle mit einer Variablen**

11. **Erstellen einer Datentabelle mit zwei Variablen**

5.2.1 Ändern der Spaltenbreite

/AGB	Auswahl des Befehls von Arbeitsblatt Global Breite. Es erscheint: Vorgegebene Spaltenbreite (1..240): 9
8	Eingabe von 8.
<RETURN>	Die Breite der Spalten im gesamten Arbeitsblatt wird auf 8 Zeichen festgelegt.

5.2.2 Eingabe der Spaltenüberschriften

<HOME>
3 MAL <PFEIL RECHTS>　　　　Bewegen des Zellzeigers zur
　　　　　　　　　　　　　　　Zelle **D1**.

Ausschuß pro Tag　　　　Eingabe des Textes Ausschuß pro
　　　　　　　　　　　　　　　Tag in Zelle D1.
3 MAL <PFEIL LINKS>　　　　3 MAL <PFEIL LINKS>
<PFEIL UNTEN>　　　　　　Abspeichern des Textes in Zelle
　　　　　　　　　　　　　　　D1 und bewegen des Zellzeigers
　　　　　　　　　　　　　　　nach Zelle **A2**.

Maschine　　　　　　　　Eingabe des Textes Maschine in
　　　　　　　　　　　　　　　Zelle A2.
<PFEIL RECHTS>　　　　　Speichern in Zelle A2 und
　　　　　　　　　　　　　　　bewegen des Zellzeigers
　　　　　　　　　　　　　　　nach Zelle **B2**.

Alter　　　　　　　　　　Eingabe des Textes Alter in
　　　　　　　　　　　　　　　Zelle B2.
<PFEIL RECHTS>　　　　　Speichern des Textes in Zelle
　　　　　　　　　　　　　　　B2 und bewegen des Zellzeigers
　　　　　　　　　　　　　　　nach Zelle **C2**.

Typ　　　　　　　　　　　Eingabe des Textes Typ in Zelle
　　　　　　　　　　　　　　　C2.
<PFEIL RECHTS>　　　　　Speichern in Zelle C2 und
　　　　　　　　　　　　　　　bewegen des Zellzeigers
　　　　　　　　　　　　　　　nach Zelle **D2**.

Mo　　　　　　　　　　　Eingabe des Textes Mo in Zelle
　　　　　　　　　　　　　　　D2.
<PFEIL RECHTS>　　　　　Abspeichern des Textes in Zelle
　　　　　　　　　　　　　　　D2 und bewegen des Zellzeigers
　　　　　　　　　　　　　　　nach Zelle **E2**.

Di　　　　　　　　　　　Eingabe des Textes Di in Zelle
　　　　　　　　　　　　　　　E2.
<PFEIL RECHTS>　　　　　Text Speichern in Zelle E2
　　　　　　　　　　　　　　　und bewegen des Zellzeigers
　　　　　　　　　　　　　　　nach Zelle **F2**.

Mi	Eingabe des Textes Mi in Zelle **G2**.
<PFEIL RECHTS>	Abspeichern des Textes in Zelle **A2** und bewegen des Zellzeigers nach Zelle **G2**.
Do	Eingabe des Textes Do in Zelle **G2**.
<PFEIL RECHTS>	Speichern des Textes in Zelle **G2** und bewegen des Zellzeigers nach Zelle **H2**.
Fr	Eingabe des Textes Fr in Zelle **H2**.
<PFEIL RECHTS>	Text Speichern in Zelle **H2** und bewegen des Zellzeigers nach Zelle **I2**.
Gesamt	Eingabe des Textes Gesamt in Zelle **I2**.
<RETURN>	Abspeichern des Textes in Zelle **I2**.

5.2.3 Justieren der Spaltenüberschriften

/BJR	Auswahl des Befehls Bereich Justieren Rechts. Es erscheint: Labelbereich: I2..I2
a2..i2	Eingabe von A2..I2.
<RETURN>	Im Bereich von **A2** bis **I2** wird der Text rechtsbündig justiert.

5.2.4 Eingabe und Kopieren der Formel

<PFEIL UNTEN>	Bewegen des Zellzeigers zur Zelle **I3**.
@summe(d3..h3)	Eingabe der Formel @Summe (D3..H3). Es soll der gesamte Wochenausschuß addiert werden.

<RETURN>	Abspeichern der Formel in Zelle I3. Es erscheint eine 0.
/K	Auswahl des Befehls Kopie. Was kopieren? I3..I3
<RETURN>	Da die Zelle I3 unsere Quellzelle ist, wird sie durch Drücken der <RETURN>-Taste bestätigt. Es wird nach dem Zielbereich gefragt. (Wohin kopieren? I3)
i4..i20	Eingabe von I4..I20.
<RETURN>	Die Formel aus Zelle I3 wird in die Zellen I4 bis I20 kopiert.

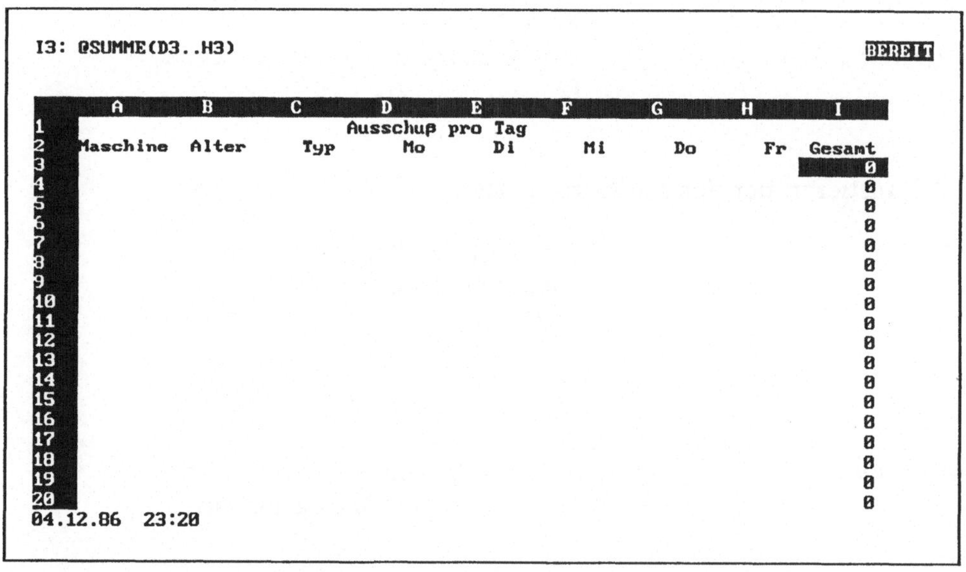

Bild 5-2 Arbeitsblatt nach der Eingabe der Überschrift, der Spaltenbezeichnungen und Formeln

5.2.5 Eingabe der Datensätze

Die Eingabe der Daten erfolgt entsprechend den Angaben in Bild 5-3.

Zur Erinnerung ! Es ist darauf zu achten, daß sich zwischen den Feld-namen und den Datensätzen keine Leerzeichen befinden, da sonst das Ende der Eingabe markiert wird.

```
C3: "a                                                  BEREIT

        A        B        C        D        E      F      G      H      I
 1                               Ausschuß pro Tag
 2   Maschine  Alter      Typ      Mo       Di     Mi     Do     Fr   Gesamt
 3              4          a       20       25     23     24     22    114
 4              5          b       12       14     17     19     20     82
 5              6          a        6        4      8      9     10     37
 6              3          a       13       15     11     12     14     65
 7              7          b       16       18     17     17     17     85
 8              6          a       22       18     20     23     24    107
 9              2          b        2        4      3      3      5     17
10              3          b        8        9     12     14     11     54
11              8          a       15       17     17     15     16     80
12              6          a       12       13     11      9     14     59
13              7          b       17       18     18     19     16     88
14              1          b        2        4      3      2      1     12
15              1          b        3        5      6      5      4     23
16              4          a        7       10     11     12     13     53
17              5          a       17       18     15     16     12     78
18              2          b        4        6      5      7      8     30
19              8          a       22       20     18     16     19     95
20              1          b        0        2      1      0      3      6
04.12.86   23:37
```

Bild 5-3

5.2.6 Füllen eines Bereiches mit Zahlen

Mit dem Befehl **Daten Füllen** (/DF) bietet 1-2-3 die Möglichkeit, eine Zahlenfolge entweder aufsteigend oder fallend in einem Bereich automatisch aufzufüllen. In unserem Beispiel sollen die Maschinen in aufsteigender Reihenfolge von 1 ab mit einer Schrittweite von 1 durchnumeriert werden.

<HOME>   Bewegen des Zellzeigers zur
                         Zelle **A1**.

/DF   Auswahl des Befehls Daten
                         Füllen:
                         Zu füllender Bereich: A1

a3..a20   Eingabe von A3 bis A20.
                         Der Bereich, der mit Zahlen
                         ausgefüllt werden soll,
                         erstreckt sich von **A3** bis **A20**.

<RETURN>	Abspeichern des eingegebenen Bereiches. In der 3. Zeile des Bedienfeldes erscheint: Anfangswert: 0
	Standardmäßig ist der Anfangswert 0. In unserem Fall soll der Anfangswert 1 sein.
1	Eingabe von Anfangswert 1.
<RETURN>	Es erscheint: Schrittwert: 1
	Standardmäßig ist der Schrittwert 1. In unserer Zahlenfolge soll er ebenfalls 1 sein. Es genügt deshalb die Bestätigung mit der <RETURN>-Taste.
<RETURN>	Eingabe von Schrittwert 1. Es erscheint: Endwert: 8191
	Die Eingabe des Endwertes ist wahlweise. In unserem Beispiel ist ein Endwert nicht erforderlich.
<RETURN>	1-2-3 füllt nun den Bereich mit dem Anfangswert 1 und dem Schrittwert 1 aus.

```
A1:                                                                  BEREIT

      A        B         C        D       E        F        G        H       I
 1                              Ausschuß pro Tag
 2  Maschine  Alter      Typ     Mo       Di       Mi       Do       Fr    Gesamt
 3      1       4          a      20       25       23       24       22     114
 4      2       5          b      12       14       17       19       20      82
 5      3       6          a       6        4        8        9       10      37
 6      4       3          a      13       15       11       12       14      65
 7      5       7          b      16       18       17       17       17      85
 8      6       6          a      22       18       20       23       24     107
 9      7       2          b       2        4        3        3        5      17
10      8       3          b       8        9       12       14       11      54
11      9       8          a      15       17       17       15       16      80
12     10       6          a      12       13       11        9       14      59
13     11       7          b      17       18       18       19       16      88
14     12       1          b       2        4        3        2        1      12
15     13       1          b       3        5        6        5        4      23
16     14       4          a       7       10       11       12       13      53
17     15       5          a      17       18       15       16       12      78
18     16       2          b       4        6        5        7        8      30
19     17       8          a      22       20       18       16       19      95
20     18       1          b       0        2        1        0        3       6
04.12.86   23:40
```

Bild 5-4 Arbeitsblatt nach dem Füllen der Spalte Maschinen mit Zahlen

5.2.7 Sortieren nach dem Alter der Maschinen und dem Gesamtausschuß

Die Maschinen sollen als erstes Sortierkriterium nach dem Alter und als zweites Sortierkriterium nach der gesamten Ausschußstückzahl sortiert werden. Dadurch wird erkennbar, ob das Alter einen merklichen Einfluß auf die Ausschußquote hat oder nicht.

/DSD	Auswahl des Befehls Daten Sortieren Datenbereich: Datenbereich: A1
a3..i20	Eingabe des Bereiches A3..I20.
\<RETURN\>	Abspeichern des Datenbereiches A3 bis I20.
1	Auswahl des Befehls 1. Sortierschlüssel. Sie sehen: 1. Sortierschlüssel: A1
b3	Bewegen des Zellzeigers in eine beliebige Zelle der Spalte **B** (Alter):

<RETURN>	Es erscheint: Sortierfolge (S oder A): A
s <RETURN>	Die Sortierfolge soll steigend sein.
2	Auswahl des Befehls 2. Sortier- schlüssel. Es erscheint: 2. Sortierschlüssel: A1
i3	Bewegen des Zellzeigers in eine beliebige Zelle der Spalte I (Gesamt).
<RETURN>	Es erscheint: Sortierfolge (S oder A): A
<RETURN>	Die Sortierfolge soll abstei- gend sein. Rücksprung ins Sortiermenü.
S	Auswahl des Befehls Sortieren. Der Sortierlauf erfolgt. In dieser Zeit befindet sich Lotus 1-2-3 im WARTEN-Modus.

```
A1:                                                                    BEREIT

         A         B         C         D         E         F         G         H         I
1                                      Ausschuß pro Tag
2   Maschine    Alter       Typ        Mo        Di        Mi        Do        Fr   Gesamt
3         13        1        b          3         5         6         5         4       23
4         12        1        b          2         4         3         2         1       12
5         18        1        b          0         2         1         0         3        6
6         16        2        b          4         6         5         7         8       30
7          7        2        b          2         4         3         3         5       17
8          4        3        a         13        15        11        12        14       65
9          8        3        b          8         9        12        14        11       54
10         1        4        a         20        25        23        24        22      114
11        14        4        a          7        10        11        12        13       53
12         2        5        b         12        14        17        19        20       82
13        15        5        a         17        18        15        16        12       78
14         6        6        a         22        18        20        23        24      107
15        10        6        a         12        13        11         9        14       59
16         3        6        a          6         4         8         9        10       37
17        11        7        b         17        18        18        19        16       88
18         5        7        b         16        18        17        17        17       85
19        17        8        a         22        20        18        16        19       95
20         9        8        a         15        17        17        15        16       80
04.12.86  23:48
```

Bild 5-5 Arbeitsblatt nach dem Sortierlauf

5.2.8 Bereichsnamen vergeben

Es kann bei Datenbankanalysen häufig sinnvoll sein, Bereiche zu benennen und diese zu bearbeiten.

Mit dem Befehl **Bereich Name Erstellen** (/BNE) können Sie einem Bereich von Zellen einen Namen geben. Bereichsnamen können bis zu 14 Zeichen lang sein. Der große Vorteil ist, daß der Name von Bereichen leichter zu merken ist als einzelne Zelladressen oder Zellbereiche und daß man damit schneller arbeiten kann. So ist beispielsweise der Ausdruck "Datenbank" leichter zu verstehen als "A2 bis I20".

<HOME>	Bewegen des Zellzeigers zur Zelle A1.
/BNE	Auswahl des Befehls Bereich Name Erstellen. Es erscheint: Name:
db	Eingabe von DB.
<RETURN>	Der Name des Bereiches DB (DB wie Datenbank) wird abgespeichert. Es erscheint: Bereich: A1..A1
a2..i20	Eingabe von A2..I20.
<RETURN>	Der Bereich DB (Datenbank) umfaßt die Zellen A2 bis I20. Zu beachten ist, daß auch die **Feldnamen** beim *Datenbankbereich* mit eingegeben werden müssen.

Mit derselben Befehlsfolge werden die Bereiche Alter und Gesamt benannt.

/BNE	Auswahl des Befehls Bereich Name Erstellen: Name:
alter	Eingabe von Alter.

<RETURN>	Der Bereichsname wird abgespeichert. Es erscheint: Bereich: A1..A1
b3..b20	Eingabe von B3..B20.
<RETURN>	Der Bereich Alter erstreckt sich von **B3..B20**.
/BNE	Auswahl des Befehls **Bereich Name Erstellen**. Sie sehen: Name:
gesamt	Eingabe von Gesamt.
<RETURN>	Der Bereichsname wird abgespeichert. Es erscheint: Bereich: A1..A1
i3..i20	Eingabe von I3..I20.
<RETURN>	Der Bereich Gesamt erstreckt sich von **I3..I20**.

Mit der <F3>-Taste können alle bisher erstellten Bereichsnamen angezeigt werden. Folgende Befehlsfolge ist dann notwendig: /BNE <F3>. Sie sehen:

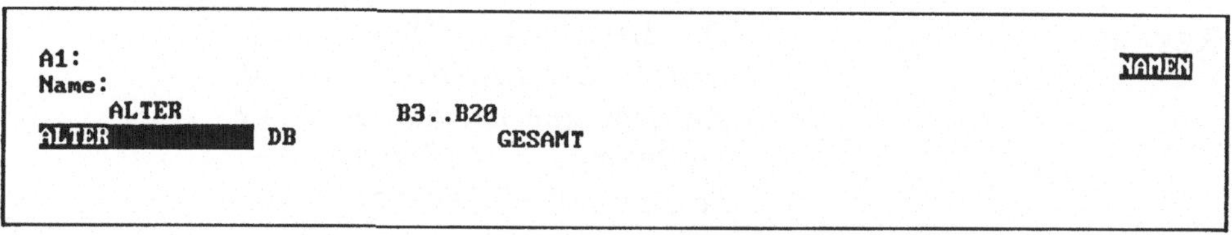

Bild 5-6

Mit den <PFEIL>-Tasten können Sie die gewünschten Bereichsnamen anfahren und mit der <RETURN>-Taste aufrufen. Durch mehrmaliges Drücken der <ESC>-Taste gelangen Sie wieder zurück in das Hauptmenü.

Um das Arbeitblatt auf die statistische Analyse vorzubereiten, sind noch
folgende Eingaben erforderlich:

<TAB>   Drücken der <TAB>-Taste. Es
                                   wird eine Bildschirmseite nach
                                   rechts geblättert.
                                   (Durch Drücken der <SHIFT>- und
                                   <TAB>-Taste kann wieder nach
                                   links geblättert werden).

Bewegen Sie den Zellzeiger zur Zelle N1.

/ASB   Auswahl des Befehls
                                   Arbeitsblatt Spalte Bestimmen.
                                   Es erscheint:
                                   Spaltenbreite (1..240): 8

12   Eingabe von 12.

<RETURN>   Die Spaltenbreite der Spalte N
                                   wird auf 12 Zeichen verbrei-
                                   tert.

<PFEIL RECHTS>   Sprung zu Zelle O1.

/ASB   Auswahl des Befehls
                                   Arbeitsblatt Spalte Bestimmen.
                                   Es erscheint:
                                   Spaltenbreite (1..240): 8

12   Eingabe von 12.

<RETURN>   Die Spaltenbreite der Spalte O
                                   wird auf 12 Zeichen verbrei-
                                   tert.

<PFEIL RECHTS>   Sprung zu Zelle P1.

/ASB   Auswahl des Befehls
                                   Arbeitsblatt Spalte Bestimmen.
                                   Es erscheint:
                                   Spaltenbreite (1..240): 8

12   Eingabe von 12.

<RETURN>   Die Spaltenbreite der Spalte P
                                   wird auf 12 Zeichen verbreitert.

Bewegen Sie den Zellzeiger zur Zelle N7.

/BFF	Auswahl des Befehls Bereich Format Fest. Es erscheint: Dezimalstellen (0..15): 2
<RETURN>	Es werden 2 Stellen nach dem Komma angezeigt. Es erscheint: Zu formatierender Bereich: N7..N7
<PFEIL RECHTS>	Bewegen des Zellzeigers zur Zelle O7.
<RETURN>	Die Zahlen in diesen beiden Zellen werden mit 2 Dezimalstellen dargestellt.

Geben Sie nun die Datensätze entsprechend Bild 5-7 ein.

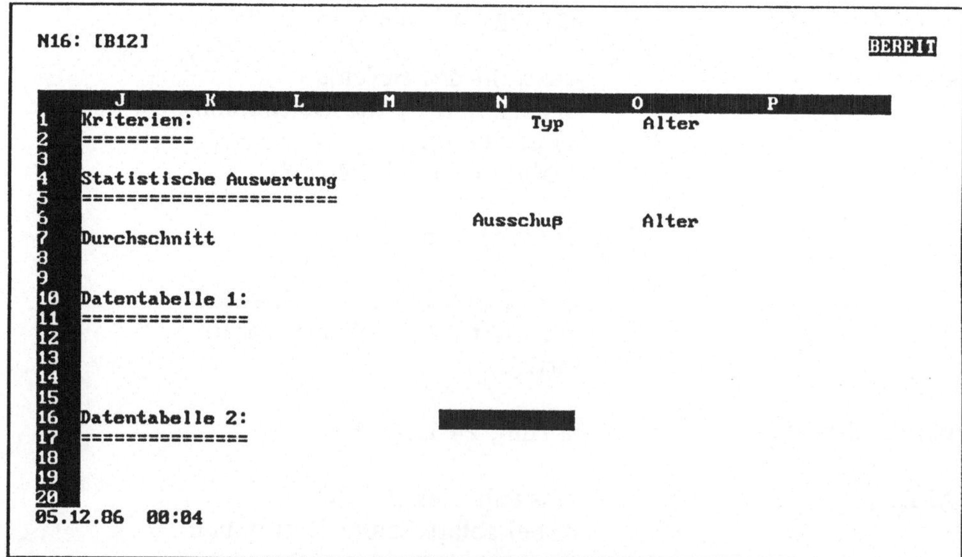

Bild 5-7 Arbeitsblatt vor einer statistischen Auswertung

Ein weiterer Bereichsname muß noch erstellt werden.

/BNE	Auswahl des Befehls Bereich Name Erstellen. Es erscheint: Name:
kriterium	Eingabe von Kriterium.
<RETURN>	Abspeichern des Bereichsnamens Kriterium. Es erscheint: Bereich:
n1..o2	Eingabe von N1..O2.
<RETURN>	Der Bereich Kriterium erstreckt sich von N1 bis O2.

5.2.9 Statistische Auswertung

Es soll analysiert werden, welcher Maschinentyp den Ausschuß verursacht. Dazu ist es erforderlich, den durchschnittlichen Ausschuß beider Maschinentypen zusammen oder jeweils den Ausschuß der Maschinentypen A oder B zu ermitteln und miteinander zu vergleichen.

Alle statistischen Datenbankfunktionen beginnen mit @D. Dabei steht das Zeichen @ für *Funktion* und *D* für *Datenbank*. Danach stehen die Auswertungsarten (z.B. MITTELWERT, MAX, MIN). In den nachfolgenden Klammern müssen immer drei Argumente stehen, wie unser Beispiel zeigt:

@DMITTELWERT(Datenbankbereich,Spaltennummer,Kriterienbereich)

- *Datenbankbereich*
  Er zeigt an, aus welchem Bereich die Daten ausgewählt werden.

- *Spaltennummer*
  Nummer des Feldes, auf das sich die Auswahl bezieht
  (die Zählung der Spalten beginnt mit 0).

- *Kriterienbereich*
  Er bestimmt die Kriterien, nach denen die Spalte des Datenbankbereiches ausgewertet werden.

Bewegen Sie den Zellzeiger zur Zelle N7.

@DMITTELWERT($DB;8;$Kriterium)

> Eingabe der Formel.
> Im Datenbankbereich **$DB** (A2 bis I20) soll von der Spalte **8** (Gesamtausschuß) nach dem Kriterium **$Kriterium** (Typ und Alter) der **MITTELWERT** gebildet werden.
> Das *$-Zeichen* bestimmt die *absoluten Zelladressen* (siehe Kapitel 3), damit beim Kopieren der Bereich absolut gleich bleibt, also nicht verändert wird.

<RETURN>

> Auf dem Bildschirm erscheint im Bereich "Statistische Auswertung" unter Ausschuß der Wert 60,28.
> Dies bedeutet, daß bei beiden Maschinentypen zusammen (a und b) ein durchschnittlicher Ausschuß von 60,28 Stück in der Woche anfällt.

```
N7: (F2) [B12] @DMITTELWERT($DB:8:$KRITERIUM)                    BEREIT

          J      K       L       M       N          O        P
 1  Kriterien:                            Typ      Alter
 2  ==========
 3
 4  Statistische Auswertung
 5  =========================
 6                                    Ausschuß     Alter
 7  Durchschnitt                        60,28
 8
 9
10  Datentabelle 1:
11  ===============
12
13
14
15
16  Datentabelle 2:
17  ===============
18
19
20
05.12.86   00:07
```

Bild 5-8

Es ist von Interesse zu wissen, wie groß der Ausschuß einer Maschine im Vergleich zu ihrem Alter ist. Dadurch ändert sich nun die Spaltennummer auf 1 (statt 8), so daß die obige Formel in Zelle P7 kopiert und anschließend geändert wird.

/K   Auswahl des Befehls Kopie.
                                  Es erscheint:
                                  Was kopieren? N7..N7

<RETURN>   N7 ist die Zelle, aus der
                                  kopiert werden soll.
                                  Es erscheint:
                                  Wohin kopieren?

<PFEIL RECHTS>   Bewegen des Zellzeigers zur
                                  Zelle O7.

<RETURN>   Die Zelle N7 wird in die Zelle
                                  O7 kopiert.

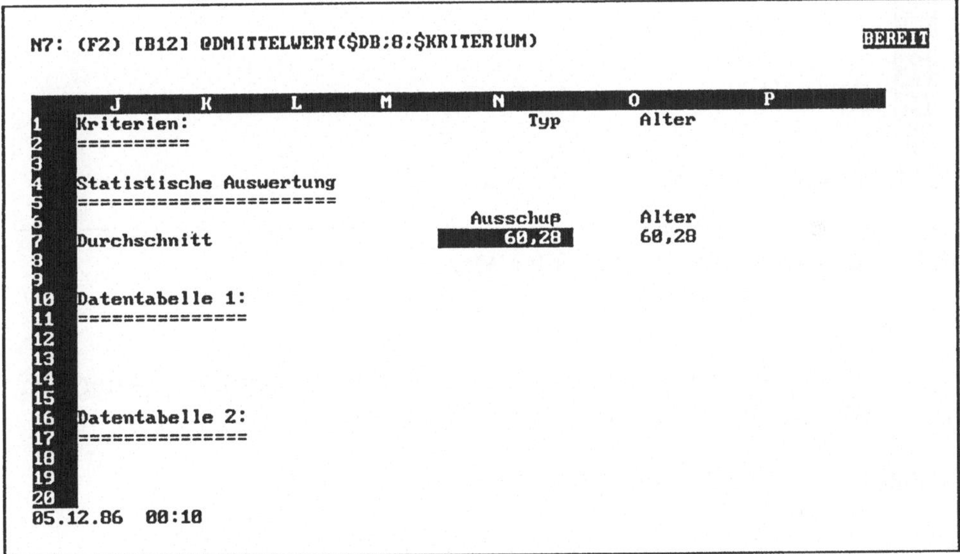

Bild 5-9

<PFEIL RECHTS>   Sprung zu Zelle O7.

<F2>   In der zweiten Zeile erscheint
                             die Formel. Sie kann geändert
                             werden (die Spaltennummer 8
                             wird in 1 geändert).

<RETURN>   Abspeichern der Formel:
                             @DMITTELWERT($DB;1;$Kriterium)

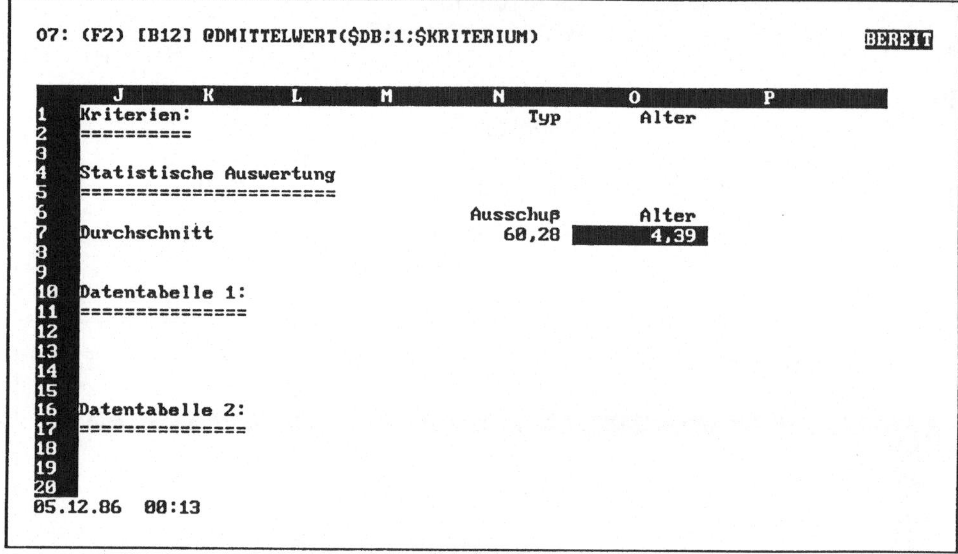

Bild 5-10 Ausschuß und Alter aller Maschinentypen

In Bild 5-10 ist zu erkennen, daß das durchschnittliche Alter der
Maschinentypen a und b zusammen 4,39 Jahre beträgt.

Bewegen Sie Ihren Zellzeiger zur Zelle N2.

"a   Eingabe von Anführungszeichen a
                             in Zelle N2.

<RETURN>   Es wird dieselbe Auswertung für
                             den Maschinentyp a vollzogen.

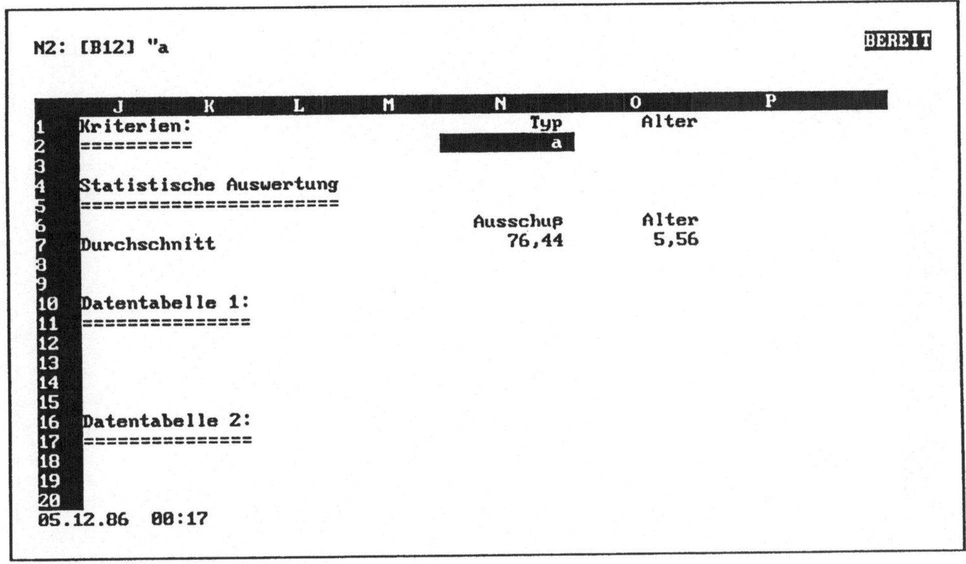

Bild 5-11 Ausschuß für den Maschinentyp a

Wie Bild 5-11 zeigt, ergibt sich für den Maschinentyp a ein durchschnittlicher Ausschuß von 76,44 Stück pro Woche, bei einem durchschnittlichen Alter von 5,56 Jahren.

"b   Eingabe von Anführungszeichen b
                                in Zelle N2.

<RETURN>   Es wird dieselbe Auswertung für
                                den Maschinentyp b vollzogen.

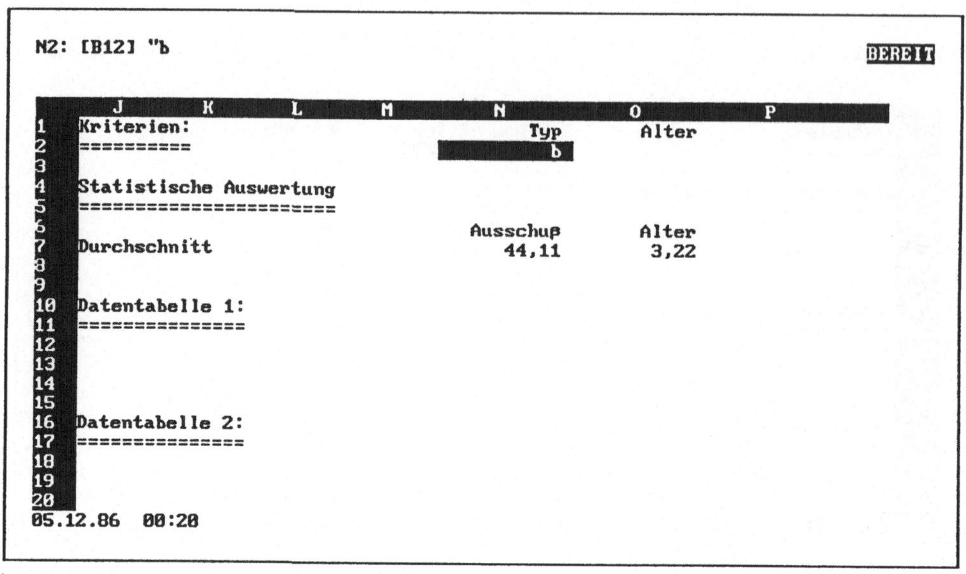

Bild 5-12 Ausschuß für den Maschinentyp b

Für den Maschinentyp b ergibt sich ein durchschnittlicher Ausschuß von 44,11 Stück pro Woche, bei einem durchschnittlichen Alter von 3,22 Jahren. Die Ergebnisse lassen den Schluß zu, daß die Ausschußquoten vom Alter der Maschinen abhängen.

5.2.10 Erstellen einer Datentabelle mit einer Variablen

In einer Datentabelle können die Ergebnisse, die die unterschiedlichen Kriterien liefern, gleichzeitig angezeigt werden. In unserem Fall sollen die Ausschüsse und das Alter der Maschinentypen (a, b und gesamt) in einer Tabelle berechnet werden.

Um die Datentabelle 1 zu erstellen, wird wie folgt vorgegangen:

/K	Auswahl des Befehls Kopie. Es erscheint: Was kopieren? N2..N2
n7..o7	Eingabe von N7..O7.
<RETURN>	Die Formeln der Zellen N7 und O7 sollen kopiert werden: Wohin kopieren? N2

n11..o11   Eingabe von N11..O11.

<RETURN>   Die Formeln aus den Zellen N7
                                 und O7 werden in die Zellen N11
                                 und **O11** kopiert.

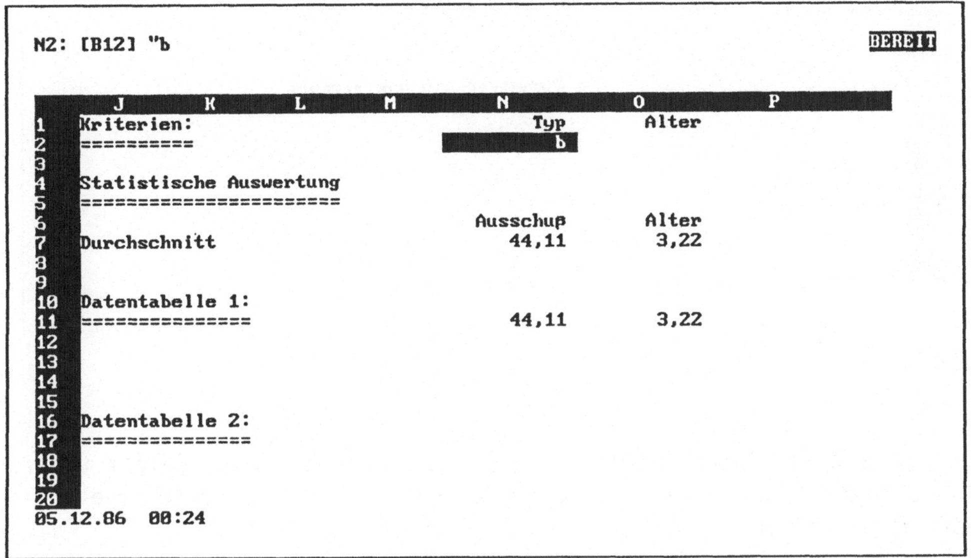

Bild 5-13

Mit dem Befehl **Bereich Format Text (/BFT)** zeigt Lotus 1-2-3 anstelle
der Werte, die sich aus den Formeln berechnen, die eigentliche Formel
an.

/BFT   Auswahl des Befehls Bereich
                                 Format Text.
                                 Es erscheint:
                                 Zu formatierender Bereich: N2..N2

n11..o11   Eingabe von N11..O11.

<RETURN>   Im Bereich N11 **bis O11** wird
                                 formatiert. Es erscheinen die
                                 Formeln.

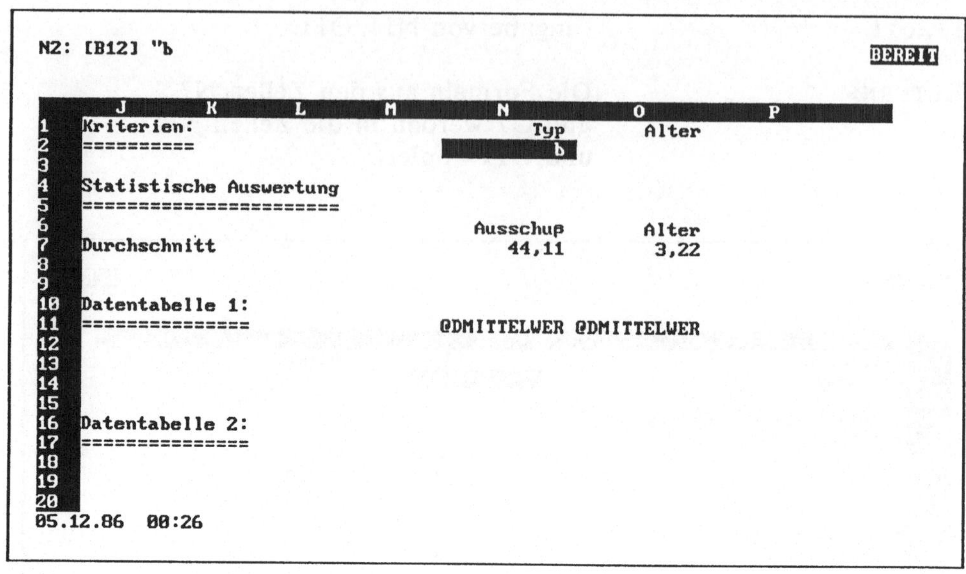

Bild 5-14

Die linke obere Ecke (in unserem Fall M11) bleibt frei. Direkt unter
dieser leeren Zelle werden die Werte eingegeben, die in der Formel berechnet werden sollen.

Bewegen Sie den Zellzeiger zur Zelle M12.

a   Eingabe von a in Zelle M12.

<PFEIL UNTEN>   Abspeichern und bewegen des
                           Zellzeigers zur Zelle M13.

b   Eingabe von b in Zelle M13.

<RETURN>   Abspeichern in Zelle M13.

Der Bildschirm sollte nun folgendermaßen aussehen:

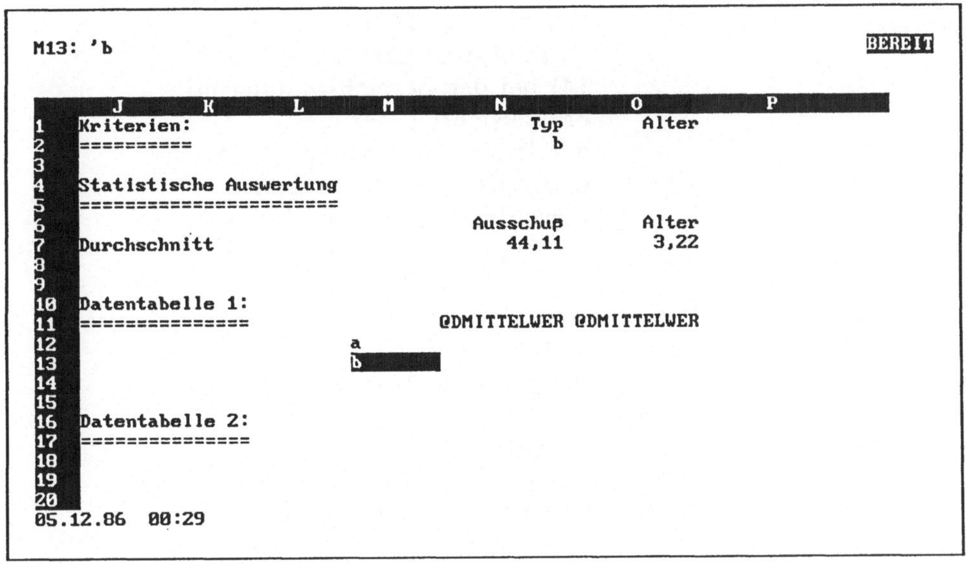

Bild 5-15

Aus Gründen der Übersichtlichkeit wird der Ergebnisbereich auf 2
Dezimalstellen formatiert.

/BFF	Auswahl des Befehls Bereich Format Fest: Dezimalstellen (0..15): 2
<RETURN>	Bestätigen von 2 Dezimalstellen: Zu formatierender Bereich: M13..M13
n12..o14	Eingabe von N12..O14.
<RETURN>	Der Bereich von N12 bis O14 soll 2 Dezimalstellen anzeigen.

Mit dem Befehl **Daten Tabelle 1** (**/DT1**) kann eine Datentabelle 1 mit
einer Variablen (z. B. Maschinentyp) erstellt werden.

/DT1	Auswahl des Befehls Daten Tabelle 1 Sie wird gewählt, weil sich hier nur eine Variable ändert, nämlich das Kriterium Maschinentyp (a, b oder gesamt). Es erscheint: Tabellenbereich: M13

m11..o14	Eingabe von M11..O14. Es muß eine Leerzeile (Zeile 14) bei der Bereichsbildung mit berücksichtigt werden, damit die Auswertung (Ausschuß und Alter) für die gesamten Maschinentypen (a und b) erfolgen kann.
<RETURN>	Abspeichern des Tabellenbereiches. Eingabezelle 1: M13
n2	Eingabe von N2. Diese Zelle wird als Kriteriumszelle definiert. Sie muß deshalb auch als Eingabezelle verwendet werden, weil Lotus 1-2-3 die einzelnen Werte (a, b, gesamt) aus der ersten Spalte der Tabelle (Spalte M) nacheinander in die Eingabezelle schreibt und die Formelberechnung ausführt.
<RETURN>	Im Ergebnisbereich stehen nun die berechneten Werte.

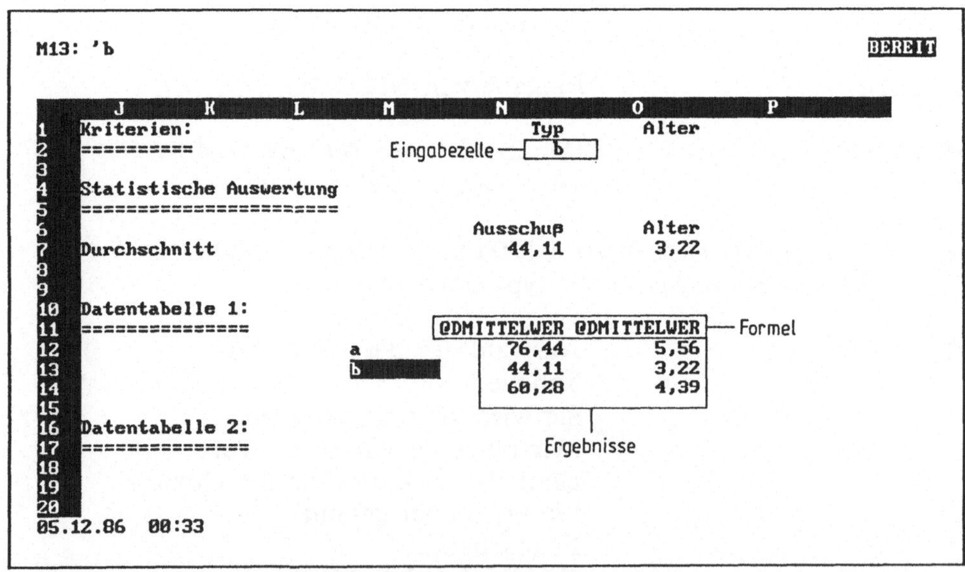

Bild 5-16

5.2.11 Erstellen einer Datentabelle mit zwei Variablen

Mit dem Befehl **Daten Tabelle 2 (/DT2)** ist eine statistische Auswertung mit *zwei unabhängigen Variablen* möglich. In unserem Beispiel sind dies der *Typ* und das *Alter* der Maschinen.

Die Formel, die von zwei unabhängigen Variablen abhängt, steht in der oberen linken Ecke des Tabellenbereiches. Die erste unabhängige Variable steht direkt unter der Formel und die zweite direkt neben der Formel. Die entsprechenden Werte werden in die Eingabezelle 1 bzw. 2 geholt, in die Formel eingesetzt und das Ergebnis in die Tabelle geschrieben.

Als erstes wird die Formel in die linke obere Ecke des Tabellenbereiches kopiert.

/K	Auswahl des Befehls Kopie. Es erscheint: Was kopieren? M13..M13
n11	Eingabe von N11.
<RETURN>	Die Formel der Zelle N11 soll kopiert werden. Wohin kopieren? M13
m17	Eingabe von M17.
<RETURN>	Die Formel der Zelle N11 wird in Zelle M17 kopiert.

Die erste Gruppe von Werten oder Labels, die mit Eingabefeld 1 (Maschinentyp) verbunden sind, werden in die erste Spalte des Tabellenbereiches eingetragen.

Bewegen Sie den Zellzeiger zur Zelle **M18**.

a	Eingabe von a in Zelle M18.
<PFEIL UNTEN>	Bewegen des Zellzeigers zur Zelle **M19**.
b	Eingabe von b in Zelle M19.
<RETURN>	Speichern in Zelle M19.

Werte oder Labels, die von Eingabefeld 2 (Alter) abhängig sind, werden
in die obere Zeile des Tabellenbereiches rechts neben der Formel eingetragen.

Bewegen Sie den Zellzeiger zur Zelle N17.

3	Eingabe von 3 in Zelle N17.
<PFEIL RECHTS>	Abspeichern und bewegen des Zellzeigers zur Zelle O17.
4	Eingabe von 4 in Zelle O17.
<PFEIL RECHTS>	Abspeichern und bewegen des Zellzeigers zur Zelle P17.
5	Eingabe von 5 in Zelle P17.
<RETURN>	Abspeichern in Zelle P17.

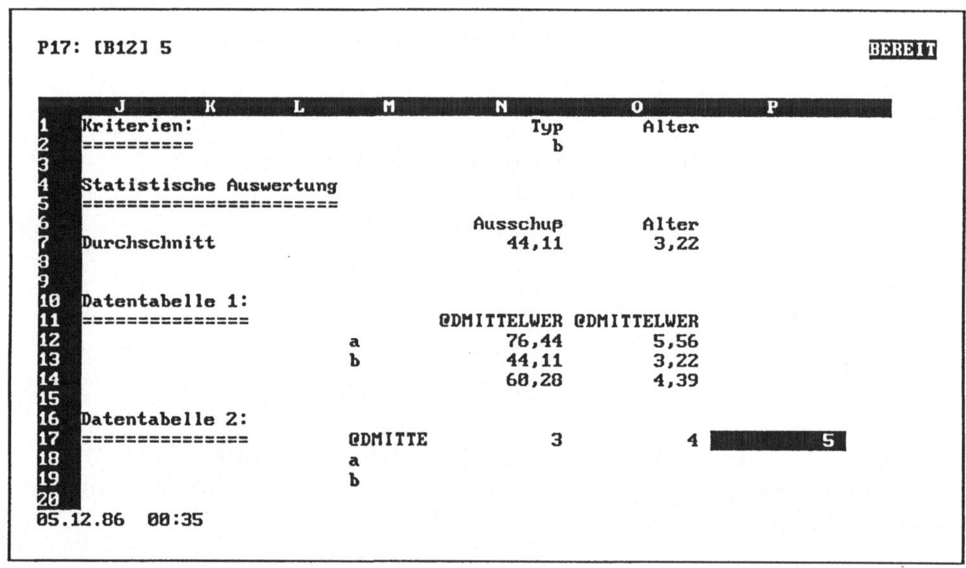

Bild 5-17

Werte oder Labels müssen genau so eingegeben werden, wie sie in der
Datenbank stehen.

Um eine einheitliche Darstellung der Ergebnisse zu erreichen, sollte der
Ergebnisbereich noch formatiert werden.

/BFF	Auswahl des Befehls Bereich Format Fest: Dezimalstellen (0..15): 2

<RETURN>   Es sollen 2 Stellen nach dem
                                Komma erscheinen.
                                Es erscheint:
                                Zu formatierender Bereich: P17..P17

n18..p19   Eingabe von N18..P19.

<RETURN>   Der Bereich erstreckt sich von
                                N18 bis **P19**.

Nun kann der Tabellenbereich festgelegt werden.

/DT2   Auswahl des Befehls Daten
                                Tabelle **2**.
                                Es erscheint:
                                Tabellenbereich: M11..O14

m17..p19   Eingabe von M17..P19.

<RETURN>   Der Tabellenbereich 2 erstreckt
                                sich von Zelle **M17** bis **P19**.
                                Eingabezelle 1: N2

<RETURN>   Die Eingabezelle 1 ist die
                                Zelle N2.
                                Sie wird verbunden mit der
                                ersten Spalte des Eingabe-
                                bereiches. Die Labels (a, b,
                                gesamt), die in der ersten
                                Spalte stehen, beziehen sich auf
                                das Datenbankfeld Typ.
                                Es erscheint:
                                Eingabezelle 2: P17

o2   Eingabe von O2.
                                Die Eingabezelle 2 ist die
                                Zelle O2.
                                Sie wird verbunden mit der
                                oberen Spalte des Eingabe-
                                bereiches. Die Werte (4, 5, 6),
                                die in der oberen Zeile stehen,
                                beziehen sich auf das Daten-
                                bankfeld Alter.

<RETURN>   1-2-3 befindet sich für kurze
                              Zeit im WARTEN-Modus, d.h. die
                              Tabelle wird berechnet. Nach
                              kurzer Zeit erscheinen die
                              Resultate im Ergebnisbereich.

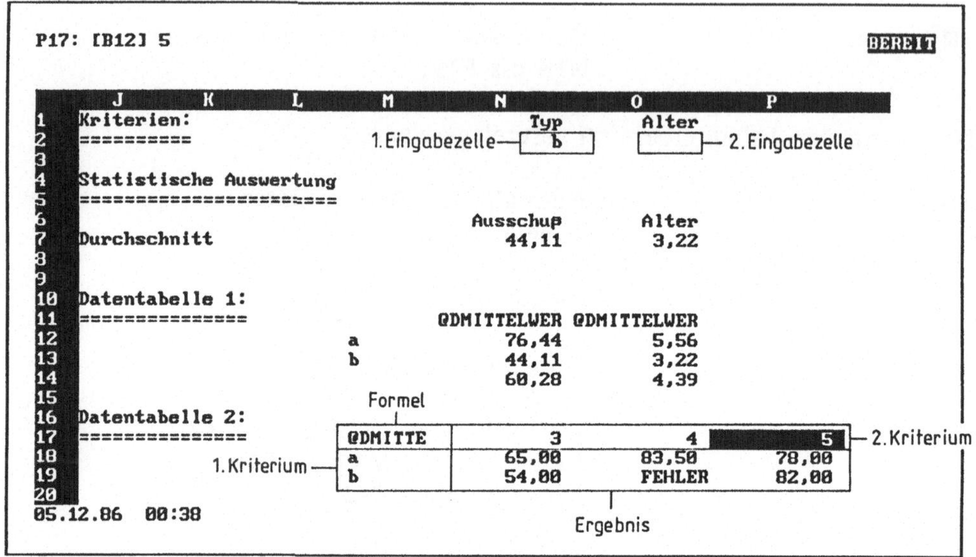

Bild 5-18

Wie Bild 5-18 zeigt, gibt es für den Maschinentyp b keine Maschine, die
4 Jahre alt ist. Deshalb steht in dieser Zelle FEHLER.

Lotus 1-2-3 bietet die Möglichkeit, die Werte bzw. die Labels zu verändern und mit anderen Zahlen neue Berechnungen durchzuführen. Dabei
muß nicht jedesmal der Befehl **Daten Tabelle 1** oder der Befehl **Daten
Tabelle 2** von neuem eingegeben werden. Durch das Drücken der <F8>-
Taste nach der Neueingabe wird die Tabelle mit geänderten Werten
automatisch neu berechnet.

Wenn Sie Kapitel 5 abspeichern wollen, dann führen Sie folgende
Befehlsfolge aus:

/TS   Auswahl des Befehls Transfer
                              Speichern.
                              Es erscheint:
                              Zu speichernde Datei: B:*.wk1.

Kapitel5   Abspeichern des Arbeitsblattes
<RETURN>   auf Diskette unter dem Namen Kapitel5.

6 Investitionsrechnung mit Finanzfunktionen

Bei der Anschaffung von Betriebsmitteln steht man häufig vor der Wahl, aus verschiedenen Investitionsobjekten ein konkretes auswählen zu müssen. Mit Hilfe der *Investitionsrechnung* kann ermittelt werden, welche der ins Auge gefaßten Investition am vorteilhaftesten ist.

Die Investitionsrechnung teilt man in *statische* und *dynamische Verfahren* ein. Während bei der statischen Investitionsrechnung der zeitliche Verlauf von Einnahmen und Ausgaben keine Rolle spielt, wird er bei der dynamischen Investitionsrechnung berücksichtigt. Die Kapitalströme werden entsprechend ihres zeitlichen Anfalls verzinst. Mit den dynamischen Verfahren können Investitionsvorhaben wesentlich besser beurteilt werden; der Rechenaufwand ist allerdings bedeutend höher. Lotus 1-2-3 bietet mit seinen Finanzfunktionen eine elegante Möglichkeit, die Kennzahlen der dynamischen Investitionsrechnung problemlos zu ermitteln.

Wichtige Kennzahlen sind beispielsweise der *Kapitalwert*, der *interne Zinsfuß* und die *Amortisationsdauer* eines Investitionsobjektes. Durch eine Investition werden Einnahmen und Ausgaben verursacht, die zu unterschiedlichen Zeitpunkten anfallen. Die Differenz von Einnahmen und Ausgaben (*Rückfluß*) wird je nach zeitlichem Anfall verzinst und der Gegenwartswert (*Barwert*) berechnet. Die Summer aller dieser Barwerte ist der Kapitalwert. Bei einem *positiven Kapitalwert* werden nicht nur die Kosten für die Investition samt Verzinsung erwirtschaftet, sondern auch noch ein Gewinn. Eine solche *Investition ist vorteilhaft.* Bei einem negativen Kapitalwert entsteht ein Investitionsverlust; diese Investition ist nicht vorteilhaft. Bei Lotus 1-2-3 geschieht die Ermittlung des Kapitalwertes durch die Finanzfunktion:

@NETAKTWERT(Zinssatz;Rückflußbereich).

Der *interne Zinsfuß* gibt die Verzinsung der Kapitalströme des Investitionsobjektes an. Eine Investition ist dann *vorteilhaft*, wenn der *interne Zinsfuß* der Investition *größer* ist als ein *Vergleichszinsfuß* (Kalkulations-Zinssatz) für eine alternative Geldanlage. In Lotus 1-2-3 wird der interne Zinsfuß mit der Finanzfunktion:

@INTZINS(Startzinsfuß;Rückflußbereich)

ermittelt.

Die *Amortisationsdauer* gibt an, innerhalb welcher Zeit das Kapital für die Investition zurückgeflossen ist. Je *größer die Amortisationsdauer* ist, um so *risikohafter ist die Investition*. Deshalb wird man die Investition mit der kürzesten Amortisationsdauer bevorzugen. Bei der dynamischen Amortisationsrechnug wird die Amortisationszeit ermittelt, nach der das Investitionskapital einschließlich Verzinsung zurückgeflossen ist. Dies ist dann der Fall, wenn die kumulierten Nettorückflüsse die Anschaffungskosten der Investition übersteigen. In Lotus 1-2-3 kann man dies mit folgender Sonderfunktion berechnen:

   @HVERWEIS(Argument;Bereich;Versatz)

Diese Funktion sucht in der obersten Zeile des Bereiches (z.B. kumulierte Nettorückflüsse) so lange, bis ein numerischer Wert gefunden ist, der größer als das Argument ist (z.B. die Anschaffungskosten).

6.1 Problembeschreibung

Wir untersuchen, ob eine Investition, die wir im Jahre 1987 tätigen wollen, vorteilhaft ist. Bekannt sind die Anschaffungskosten; die jährlichen Einnahmen E und Ausgaben A werden aufgrund der bisherigen Auftragslage geschätzt. Nach sechs Jahren soll die Anlage wieder verkauft werden, wobei noch ein Marktpreis von 10% der Anschaffungskosten erzielt werden kann. Bild 6-1 zeigt das Arbeitsblatt für diese Investitionsrechnung. Die Zahlen sind in TDM angegeben. Ausgegangen wird von einem Kalkulations-Zinssatz von 12 %. Im Arbeitsblatt werden die jährlichen Rückflüsse ermittelt und verzinst. Anschließend wird der kumulierte Nettorückfluß (zum laufenden Jahr wird der Rückfluß des vorigen Jahres hinzuaddiert) errechnet. In Spalte 18, 19 und 20 werden die Kennzahlen zur Beurteilung der Investition ausgegeben. In *Spalte 18* steht der *Kapitalwert*, in *Spalte 19* der *interne Zinsfuß* und in *Spalte 20* die *Amortisationsdauer*. Da der Kapitalwert positiv ist, der interne Zinsfuß über dem Kalkulations-Zinssatz liegt und die Amortisationsdauer kürzer als die Einsatzdauer des Investitionsobjektes ist, handelt es sich um eine vorteilhafte Investition.

```
G20: @HVERWEIS(@ABS(D11);E13..J16;3)+1                          BEREIT

        A      B    C    D       E       F       G       H       I       J      K
 1   INVESTITIONSRECHNUNG               Kalkulations-Zinssatz:              12 %
 2
 3   Zahlungsströme I               Nutzungsdauer (Jahre)
 4   in tausend DM  I   1987    1988    1989    1990    1991    1992    1993
 5   ---------------I----------------------------------------------------------
 6   Anschaffung    I    350
 7   Einnahmen  E   I            155     300     300     200     140      90
 8   Ausgaben   A   I    106      76      90     110      80      40      60
 9   Verkaufserlös  I                                                     35
10   ---------------I----------------------------------------------------------
11   Rückfluß (E-A) I   -456      79     210     190     120     100      65
12   ---------------I----------------------------------------------------------
13   Nettorückfluß  I          70,535  237,94  373,18  449,44  506,18  539,12
14     (kumuliert)  I
15   ---------------I----------------------------------------------------------
16   Jahre          I      0       1       2       3       4       5       6
17
18   KENNZAHLEN:        Kapitalwert:        83,120 TDM
19                      Interner Zinsfuß:   18,638 %
20                      Amortisationsdauer:      5 Jahre
05.12.86   10:32
```

Bild 6-1 Arbeitsblatt zur Investitionsrechnung

6.2. Problemlösung

Folgende Schritte sind für das Erstellen des Arbeitsblattes für die Investitionsrechnung erforderlich:

1. Ändern der Spaltenbreite

2. Eingabe des Tabellengerüstes

3. Eingabe und Kopie der Formel für den Rückfluß

4. **Eingabe und Kopie der Formel für den Nettorückfluß (@NETAKTWERT)**

5. **Errechnen des Kapitalwerts**

6. **Eingabe der Formel für den internen Zinsfuß (@INTZINS)**

7. **Eingabe der Formel für die Amortisationsdauer (@HVERWEIS)**

6.2.1 Ändern der Spaltenbreite

Mit dem Befehl **Arbeitsblatt Global Breite** (/AGB) wird die Spaltenbreite auf **sieben** Zeichen reduziert. Da in Spalte C nur ein Trennstrich
für die Tabelle steht, wird diese Spalte mit dem Befehl **Arbeitsblatt
Spalte Bestimmen** (/ASB) auf **ein** Zeichen verkleinert (die ausführliche
Vorgehensweise bei der Änderung von Spaltenbreiten ist in Kapitel 3
erläutert).

6.2.2 Eingabe des Tabellengerüstes

Vor den Formeleingaben in das Arbeitsblatt wird das Tabellengerüst mit
allen Texten, Trennlinien und den Zahlen für Einnahmen und Ausgaben
erstellt (Bild 6-2):

```
J9: 35                                                              BEREIT

     A      B  C D       E        F        G        H        I        J      K
1   INVESTITIONSRECHNUNG          Kalkulations-Zinssatz:                12 %
2
3   Zahlungsströme I              Nutzungsdauer (Jahre)
4   in tausend DM  I  1987    1988     1989     1990     1991     1992     1993
5   ---------------I--------------------------------------------------------------
6   Anschaffung    I  350
7   Einnahmen E    I          155      300      300      200      140       90
8   Ausgaben A     I  106      76       90      110       80       40       60
9   Verkaufserlös  I                                                        35
10  ---------------I--------------------------------------------------------------
11  Rückfluß (E-A) I
12  ---------------I--------------------------------------------------------------
13  Nettorückfluß  I
14   (kumuliert)   I
15  ---------------I--------------------------------------------------------------
16  Jahre          I   0        1        2        3        4        5        6
17
18  KENNZAHLEN:       Kapitalwert:              TDM
19                    Interner Zinsfuß:         %
20                    Amortisationsdauer:       Jahre
05.12.86   10:16
```

Bild 6-2 Tabellengerüst

6.2.3 Eingabe und Kopie der Formel für den Rückfluß

Bewegen Sie den Zellzeiger zur Zelle **D11**.

-d6-d8   Der Rückfluß des Jahres 1987
                                wird ermittelt, indem vom ne-
                                gativen Wert der Zelle D6 der
                                Wert von Zelle D8 abgezogen
                                wird.

<RETURN>   Abspeichern und berechnen der
                                  Formel in Zelle D11.

<PFEIL RECHTS>   Bewegen des Zellzeigers zur
                                  Zelle **E11**.

+e7-e8   Ermitteln des Rückflusses für
                                  das Jahr 1988.

<RETURN>   Abspeichern und berechnen der
                                  Formel in Zelle E11.

Da die Berechnungen der Rückflüsse für die Jahre 1988 bis 1992 in
gleicher Weise erfolgen, wird die Formel in Zelle E11 in die Spalten F11
bis I11 kopiert. Dies geschieht mit dem Befehl **Kopie (/K)**.

/K   Auswahl des Befehls Kopie.
                                  Es erscheint:
                                  Was kopieren? E11..E11

<RETURN>   E11 ist unsere Quellzelle; sie
                                  wird durch Drücken der
                                  <RETURN>-Taste bestätigt.
                                  Es wird nach dem Zielbereich
                                  gefragt.
                                  (Wohin kopieren? E11)

f11..i11   Eingabe von F11..I11.

<RETURN>   Die Formel aus Zelle E11 wird
                                  in die Zellen F11 bis I11
                                  kopiert.

Der Rückfluß für das Jahr 1993 wird folgendermaßen errechnet:

Von den Einnahmen E in Zelle J7 werden die Ausgaben A in Zelle J8
abgezogen und der Verkaufserlös in Zelle J9 hinzuaddiert.

5 MAL <PFEIL RECHTS>   Bewegen des Zellzeigers zur
                                  Zelle **J11**.

+j7-j8+j9   Errechnen des Rückflusses für
                                  das Jahr 1993.

<RETURN>   Abspeichern und Berechnen der
                                  Formel in Zelle J11.

```
J11: +J7-J8+J9                                                            BEREIT

          A       B   C   D       E       F       G       H       I       J     K
 1  INVESTITIONSRECHNUNG                   Kalkulations-Zinssatz:           12 %
 2
 3  Zahlungsströme I               Nutzungsdauer (Jahre)
 4  in tausend DM  I   1987    1988    1989    1990    1991    1992    1993
 5  --------------I------------------------------------------------------------
 6  Anschaffung    I   350
 7  Einnahmen E    I           155     300     300     200     140      90
 8  Ausgaben A     I   106      76      90     110      80      40      60
 9  Verkaufserlös  I                                                    35
10  --------------I------------------------------------------------------------
11  Rückfluß (E-A)I  -456      79     210     190     120     100      65
12  --------------I------------------------------------------------------------
13  Nettorückfluß I
14   (kumuliert)  I
15  --------------I------------------------------------------------------------
16  Jahre         I     0       1       2       3       4       5       6
17
18  KENNZAHLEN:       Kapitalwert:              TDM
19                    Interner Zinsfuß:         %
20                    Amortisationsdauer:       Jahre
05.12.86  10:21
```

Bild 6-3 Arbeitsblatt mit den errechneten Rückflüssen

6.2.4 Eingabe und Kopie der Formel für den Nettorückfluß (@NETAKTWERT)

Bewegen Sie den Zellzeiger zur Zelle **E13**.

Zum Berechnen des kumulierten Nettorückflusses wird die Finanzfunktion @NETAKTWERT benutzt. (Sie können selbstverständlich die
Formelbezeichnungen auch mit kleinen Buchstaben eingeben).

@NETAKTWERT($J$1/100;$E$11..E11)

    Der Zinssatz befindet sich in
der absoluten Zelle J1 ($J$1)
und wird durch 100 dividiert;
der Bereich für den ersten
Nettorückfluß reicht von Zelle
$E$11 bis E11. Die erste Zell-
angabe markiert immer den
Beginn des Bereiches. Da er
gleichbleibt, muß die Zelle
E11 als absolute Zelle gekennzeichnet werden ($E$11).

<RETURN>   Abspeichern und berechnen der
Formel in Zelle E13.

Dieselbe Berechnungsformel gilt für die Zellen F13 bis J13. Deshalb wird die Formel in Zelle E13 in diese Zellen kopiert.

/K   Auswahl des Befehls Kopie.
                        Es erscheint:
                        Was kopieren? E13..E13

<RETURN>   E13 ist unsere Quellzelle; sie
                        wird durch Drücken der
                        <RETURN>-Taste bestätigt.
                        Es wird nach dem Zielbereich
                        gefragt.
                        (Wohin kopieren? E13)

f13..j13   Eingabe von F13..J13.

<RETURN>   Die Formel aus Zelle E13 wird
                        in die Zellen F13 bis J13
                        kopiert und der kumulierte
                        Nettorückfluß berrechnet.

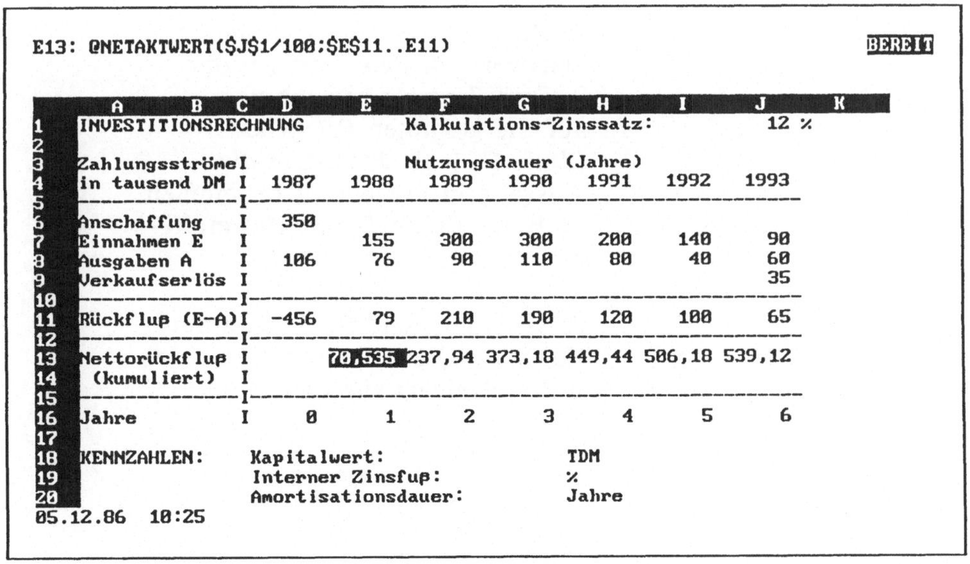

```
E13: @NETAKTWERT($J$1/100;$E$11..E11)                    BEREIT

          A     B   C   D      E      F      G      H      I      J      K
 1  INVESTITIONSRECHNUNG              Kalkulations-Zinssatz:         12 %
 2
 3  ZahlungsströmeI                   Nutzungsdauer (Jahre)
 4  in tausend DM I  1987   1988   1989   1990   1991   1992   1993
 5  --------------I------------------------------------------------------
 6  Anschaffung   I   350
 7  Einnahmen E   I           155    300    300    200    140     90
 8  Ausgaben A    I   106      76     90    110     80     40     60
 9  Verkaufserlös I                                                35
10  --------------I------------------------------------------------------
11  Rückfluß (E-A)I  -456      79    210    190    120    100     65
12  --------------I------------------------------------------------------
13  Nettorückfluß I         70,535 237,94 373,18 449,44 506,18 539,12
14   (kumuliert)  I
15  --------------I------------------------------------------------------
16  Jahre         I    0      1      2      3      4      5      6
17
18  KENNZAHLEN:      Kapitalwert:              TDM
19                   Interner Zinsfuß:         %
20                   Amortisationsdauer:       Jahre
05.12.86   10:25
```

Bild 6-4 Arbeitsblatt nach Berechnung des kumulierten Nettorückflusses

6.2.5 Errechnen des Kapitalwerts

In der Zelle G18 wird der Kapitalwert errechnet, indem zum negativen
Rückfluß des Anschaffungsjahres 1987 der kumulierte Nettorückfluß des
letzten Jahres (1993) addiert wird.

Bewegen Sie den Zellzeiger zur Zelle **G18**.

+d11+j13   Bestimmen des Kapitalwertes
                                      durch Addition der Inhalte der
                                      Zellen D11 und J13.

<RETURN>   Abspeichern und Berechnen der
                                      Formel in Zelle G18.

6.2.6 Eingabe der Formel für den internen Zinsfuß (@INTZINS)

Es wird der interne Zinsfuß berrechnet. Bewegen Sie dazu den Zellzeiger zur Zelle **G19**.

@INTZINS(J1;D11..J11)*100
                                      In Zelle **J1** befindet sich der
                                      Startwert für den Zinssatz; der
                                      interne Zinssatz bezieht sich
                                      auf die gesamten Rückflüsse
                                      (Zelle **D11 bis J11**). Um die
                                      Ausgabe in Prozent zu bekommen,
                                      muß das Ergebnis mit 100 multi-
                                      pliziert werden.

<PFEIL UNTEN>   Abspeichern und Berechnen der
                                      Formel in Zelle G19 und bewegen
                                      des Zellzeigers zur Zelle **G20**.

6.2.7 Eingabe der Formel für die Amortisationsdauer (@HVERWEIS)

Zum Schluß wird noch die Amortisationsdauer ermittelt.

@HVERWEIS(@ABS(D11);E13..J16;3)+1

> Der **Absolutwert** von Zelle **D11**
> (Rückfluß des Jahres 1987) wird
> mit den Werten der obersten
> Zeile (E13 bis J13) in Bereich
> **E13 bis J16** verglichen. Wird in
> dieser Zeile ein Wert gefunden,
> der größer als der Absolutwert
> in Zelle D11 ist, so geht der
> Zellzeiger um **3** Zeilen nach
> unten. Wir befinden uns in der
> Zeile 16, in der die Anzahl der
> Jahre steht. Da der Kapitalwert
> aber meist nie genau einem Wert
> des kumulierten Nettorückflus-
> ses entspricht, geht die
> Funktion @HVERWEIS zur nächst
> niedrigen Jahreszahl (in
> unserem Fall 4). Die Amorti-
> sationsdauer muß deshalb
> um 1 erhöht werden.

<RETURN>   Abspeichern und berechnen der
Formel in Zelle G20.

Das erstellte Arbeitsblatt zeigt Bild 6-1. Mit ihm können ebenso auch andere Investitionsobjekte untersucht werden. Dazu müssen nur die Werte für die Anschaffungskosten in Zelle D6, die Einnahmen E in Zeile 7, die Ausgaben A in Zeile 8 und der Verkaufserlös in Zelle J9 eingegeben werden. Für andere Fälle kann das vorliegende Arbeitsblatt ohne großen Aufwand entsprechend verändert werden.

7 Makros

Bisher wurden die Arbeitsblätter so erstellt, daß bestimmte Tasten-anschläge und Befehle nacheinander angegeben wurden. Diese *Folge von Anweisungen* kann als eine Einheit, *ein Makro* verstanden werden.

Makros werden unter einem Namen abgespeichert. Immer wenn dieser Name aufgerufen wird, läuft die einmal definierte Tasten- bzw. Befehlsfolge ab. Mit einem Makro können deshalb Aufgaben automatisiert werden.

Für die Eingabe von Makros gelten folgende Regeln:

Es muß ein *leerer Bereich* eines Arbeitsblattes benutzt werden, damit der Makro keine anderen Daten beeinflußt.

Alle *Zelleingaben* müssen in Form von *Texten* (Labels) erfolgen. Bei Befehlen (Eingabe durch Voranstellen von /), Formeln oder Zahlen muß mit einem Justierungszeichen begonnen werden (z.B. '). Mit dem Apostroph (') teilen wir Lotus 1-2-3 mit, daß die nachfolgenden Zeichen als Text zu behandeln sind. Fehlt dieses Zeichen, würde mit Eingabe des Schrägstriches ein Befehl angekündigt werden und das Hauptmenü erscheinen.

Eine *leere Zelle* kennzeichnet das *Ende* des Makros.

Durch eine entsprechende Benennung können wir alle Cursor- und Funktionstasten auch in Makros verwenden. Die Formulierungen sind vorgegeben und definieren eine *spezielle Sprache*, ähnlich einer Programmiersprache. Sie wird ergänzt durch die üblichen Eingaben für Befehle, z.B. /BF für "Bereich Format" und Formeln. Tabelle 7-1 enthält eine Zusammenstellung der makrospezifischen Sprachelemente. Zusammen mit später erläuterten, nur in Makros einzusetzenden Befehlen und anderen Tastatureingaben in Lotus 1-2-3, ergibt sich eine *Makro-Sprache*.

Um die in Tabelle 7-1 aufgeführten Bezeichnungen von anderen Texten zu unterscheiden, werden sie in *geschweifte Klammern* gesetzt (z.B. {Unten}). Diese zeigen an, daß es sich um eine Beschreibung von *Funktionstasten* und *Befehlen* handelt und nicht um einen gewöhnlichen Text.

Das Zeichen (~) (*Tilde*) steht für die <RETURN>-Taste. Die Tilde beendet häufig eine Folge von Befehlen.

Das Zeichen (?) zeigt eine Pause an. Es wird auf eine **Eingabe** gewartet.

Etliche Sondertasten, beispielsweise <HOME> und <END> müssen in geschweiften Klammern ({ }) von der Tastatur aus eingegeben werden, wie Tabelle 7-1 zeigt. Einzige Ausnahme bildet die <RETURN>-Taste (~). Bei der Eingabe der Makrobefehle können Klein- oder Großbuchstaben verwendet werden.

Tabelle 7-1 Tasten und ihre Bezeichnung in einem Makro

Bezeichnung des Makros	Tasten
Cursor-Tasten	
~	<RETURN>
{unten}	<PFEIL UNTEN>
{oben}	<PFEIL OBEN>
{rechts}	<PFEIL RECHTS>
{links}	<PFEIL LINKS>
{Home}	<HOME>
{End}	<ENDE>
{Sprunglinks}	Bildschirm eine Seite nach links
{Sprungrechts}	Bildschirm eine Seite nach rechts
{Pgup}	Bildschirm eine Seite nach oben
{Pgdn}	Bildschirm eine Seite nach unten
{Esc}	<ESCAPE>
{Rücktaste}	<RÜCKTASTE>. Löscht das Zeichen links vom Cursor
{Del}	<DEL>. Löscht das aktuelle Zeichen (EDIT-Modus)
Funktionstasten	
{Edit}	<F2>-Taste Umschalten zum Editieren einer Zelle
{Name}	<F3>-Taste Zeigt ein Menü mit aktuellen Bereichsnamen an
{Abs}	<F4>-Taste Umwandlung von relativer in absolute Adresse
{Gehezu}	<F5>-Taste Anspringen einer Zelladresse
{Fenster}	<F6>-Taste Sprung mit dem Zellzeiger in das andere Fenster
{Abfrage}	<F7>-Taste Wiederholt das letzte Datenabfrageverfahren
{Tabelle}	<F8>-Taste
{Kalk}	<F9>-Taste Neuberechnung von Arbeitsblattformeln (BEREIT-Modus). Setzt Formel in aktuellen Wert (WERT- und EDIT-Modus)
{Zeichnen}	<F10>-Taste Zeigt die letzte Grafik.
{Komb}	<Alt> + <F1> Erzeugung internationaler Zeichen durch Benutzung dieser Tasten.
{Schritt}	<Alt> + <F2> Bewegen durch ein Makro Schritt für Schritt.

Innerhalb der geschweiften Klammer kann angegeben werden, wie oft eine Taste betätigt werden soll. Mit {unten 4} wird der Zellzeiger um 4 Zellen **nach unten** bewegt.

In Tabelle 7-2 stehen die Tastenfolgen, die beim IBM-PC für einige Makrozeichen gebraucht werden (für andere Rechner müssen Sie in der Betriebsanleitung Ihres Computers nachsehen).

Tabelle 7-2 Tastenfolge für wichtige Sonderzeichen in Makros

Zeichen	Tastenfolge
{	<Alt>+<1>
}	<Alt>+<2>
~	<Alt>+<3>
\	<Alt>+<7>

7.1 Problembeschreibung

Der Haushaltsplan in Kapitel 2 soll mit Hilfe von Makros automatisch erstellt werden (siehe Bild 7-1).

```
D6:  +C6/$C$15*100                                          BEREIT

         A          B          C          D        E          F          G          H
 1  Haushaltsplan                                  Name       Befehle
 2  ==============
 3                                                 \m         {home}Haushaltsplan~
 4  Ausgaben                       DM         %                {unten}==============~
 5                                                             {unten 2}Ausgaben~
 6  Auto                          150        12                {unten 2}Auto~
 7  Bücher                         50         4                {unten}Bücher~
 8  Telefon                       100         8                {unten}Telefon~
 9  Miete                         400        32                {unten}Miete~
10  Kleidung                      250        20                {unten}Kleidung~
11  Nahrung                       150        12                {unten}Nahrung~
12  Hygiene                        50         4                {unten}Hygiene~
13  Versicherung                  100         8                {unten}Versicherung~
14  -----------------------------------------                  {unten 2}Summe~
15  Summe                        1250       100                {gehezu}c4~"DM{rechts}"%~
16                                                             {gehezu}a14~\-~/ka14~b14..d
17                                                             {gehezu}c15~@summe(c6..c13)
18                                                             /kc15~d15~
19                                                             {gehezu}d6~+c6/$C$15*100~
20                                                             /kd6~d7..d13~
05.12.86   11:48
```

Bild 7-1 Mit Makrobefehlen automatisch erstellter Haushaltsplan

7.2 Problemlösung

Die Erstellung und der Umgang mit Makros soll in folgenden Schritten
erfolgen.

1. **Eingabe eines Makros**

2. **Benennen eines Makros**

3. **Ausführen eines Makros**

4. **Befehlsfolge als Makros**

5. **Funktionen als Makros**

7.2.1 Eingabe eines Makros

Mit dem Befehl **Arbeitsblatt Radieren Ja** (**/ARJ**) können Sie Ihr
Arbeitsblatt löschen, so daß ein lerres Arbeitsblatt zur Neueingabe zur
Verfügung steht.

Damit das Arbeitsblatt des Haushaltsplans nicht überschrieben wird, setzt
man die Makrobefehle an eine leere Spalte außerhalb des Arbeitsblattes.
In unserem Fall gehen wir zur Zelle **E1**.

Um ein Makro übersichtlich zu gestalten, empfiehlt es sich, Kommentare
einzufügen. In unserem Beispiel geben wir folgende Überschriften an:
Name (Name des Makros) und **Befehle** (Befehlsfolge des Makros).

<F5>   Drücken der <F5>-Taste.
                            Es wird nach der Adresse ge-
                            fragt, zu der gegangen werden
                            soll.

e1   Geben Sie als Zielzelle E1 ein.

<RETURN>   Der Zellzeiger springt zur
                            Zelle **E1**.

Name   Eingabe des Textes Name.

<PFEIL RECHTS>   Abspeichern des Textes in Zelle
                            E1 und bewegen des Zellzeigers
                            zur Zelle **F1**.

Befehle   Eingabe des Textes Befehle.

2 MAL <PFEIL UNTEN>   2 MAL <PFEIL UNTEN>
<PFEIL LINKS>   Abspeichern des Textes Befehle
                                    in Zelle F1 und bewegen des
                                    Zellzeigers zur Zelle E3.

'\m   Eingabe des Apostrophs, des
                                    rückwärtsgerichteten Schräg-
                                    striches und des Buchstabens m.

<PFEIL RECHTS>   Abspeichern und bewegen des
                                    Zellzeigers zur Zelle F3.

Nach diesen Überschriften beginnt der eigentliche Makro.

{home}Haushaltsplan~   Eingabe des Textes **home** in
                                    geschweiften Klammern und des
                                    Textes **Haushaltsplan**. An-
                                    schließend folgt eine **Tilde**.
                                    Dieser Makrobefehl entspricht
                                    dem Drücken der <HOME>-Taste
                                    und der Texteingabe Haushaltsplan.
                                    Der Zellzeiger wird in die
                                    Zelle A1 des Arbeitsblattes be-
                                    wegt. Durch die Tilde, sie ent-
                                    spricht dem Drücken der
                                    <RETURN>-Taste, erfolgt das
                                    Speichern des Textes
                                    Haushaltsplan in Zelle A1.

<RETURN>   Abspeichern des Makrobefehls in
                                    Zelle F3.

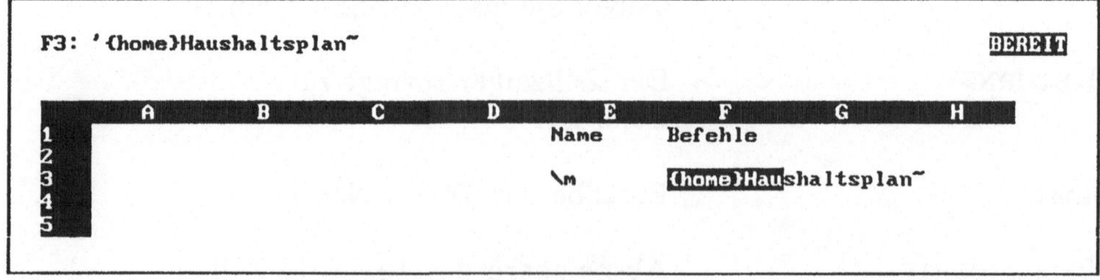

Bild 7-2

7.2.2 Benennen eines Makros

Sinnvollerweise steht der Name eines Makros in einer Zelle links neben
dem Makro (s. Bild 7-1).

Der Makro wird mit dem Befehl **Bereich Name Erstellen (/BNE)**
benannt.

Der Zellzeiger muß bei der Benennung in der ersten Zelle des Makros
stehen, damit der Makro vom ersten Befehl an startet.

Das *erste Zeichen* des Namens ist grundsätzlich der *umgekehrte
Schrägstrich* (\). Dann folgt ein Buchstabe. In unserem Beispiel lautet
der Makroname \m. Die Benennung des Namens wird mit der
<RETURN>-Taste abgeschlossen.

Es wird folgendermaßen vorgegangen:

/BNE	Auswahl von Bereich Name Erstellen. Nun wird nach dem Namen gefragt, nach dem der Bereich benannt werden soll. (Name:)
\m	Eingabe von \m.
<RETURN>	Der Name eines Makros besteht aus einem umgekehrten Schräg-strich und dem eigentlichen Namen. **Der umgekehrte Schrägstrich** weist Lotus 1-2-3 darauf hin, daß es sich bei dem Bereich um einen Makro handelt. Der Makro erhält den Namen **m** (wie Makro). Es wird nach dem Bereich ge-fragt. (Bereich: F3..F3)

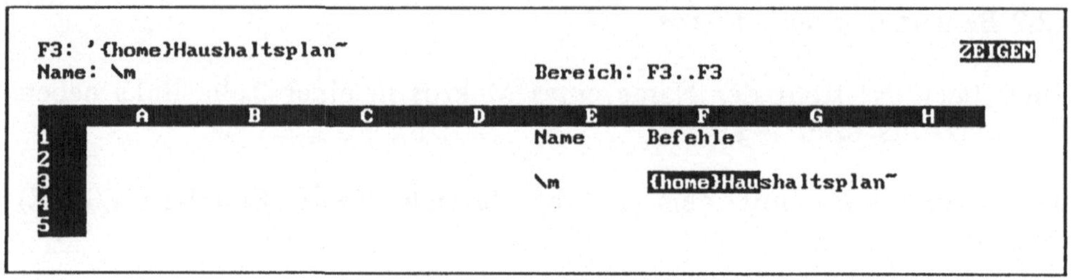

Bild 7-3

<RETURN>   Da sich der Zellzeiger schon
                              in der Zelle F3 befindet,
                              genügt es, mit der <RETURN>-Taste
                              diese Zelle zu bestätigen.
                              Es genügt, die erste Zelle des
                              Makros (F3) zu benennen. Dies
                              deshalb, weil ein Makro eine
                              zusammenhängende Befehlsfolge
                              beschreibt, die erst durch eine
                              leere Zelle beendet wird.

7.2.3 Ausführen eines Makros

Wird die <ALT>-Taste betätigt und der zugehörige Makro-Namen eingegeben, dann wird der Makro aufgerufen und alle Befehle werden von
oben nach unten bis zum Ende ausgeführt. Bei einer unbekannten
Makrobezeichnung hört man ein akustisches Signal.

<ALT> <M>   Drücken der <ALT>-Taste und der
                              Taste <M>.
                              Der Makro mit dem Namen m wird
                              gestartet. Man erkennt, daß der
                              Zellzeiger in die Zelle A1
                              springt und den Text Haushalts-
                              plan in diese Zelle schreibt.

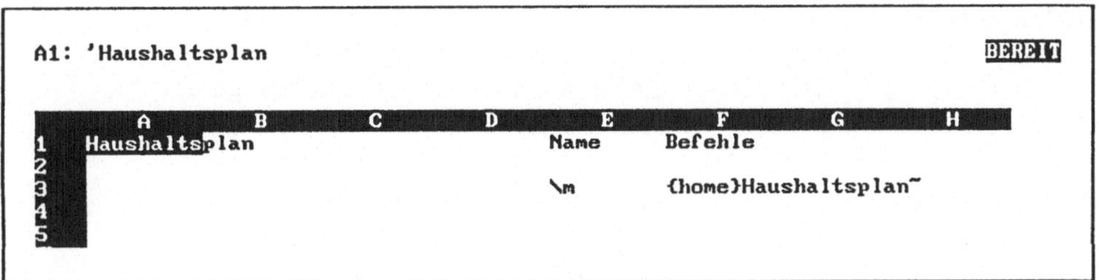

Bild 7-4

Die weiteren Makrobefehle, die zur automatischen Erstellung des Haushaltsplans notwendig sind, müssen so eingegeben werden, daß keine
Leerzeilen entstehen. Ab Zelle F4 werden folgende Makroanweisungen
eingegeben:

Bewegen Sie den Zellzeiger zur Zelle **F4**.

{unten}=============~
                    Der Zellzeiger wird eine Zelle
nach unten bewegt. Diese Zelle
wird mit 13 '='-Zeichen gefüllt.

<PFEIL UNTEN>
                    Abspeichern des Makrobefehls
und bewegen des Zellzeigers
zur Zelle **F5**.

{unten 2}Ausgaben~
                    Der Zellzeiger wird **2** Zellen
nach unten bewegt. In diese
Zelle wird der Text **Ausgaben**
geschrieben.

<PFEIL UNTEN>
                    Speichern des Makrobefehls
und bewegen des Zellzeigers
zur Zelle **F6**.

{unten 2}Auto~
                    Der Zellzeiger wird **2** Zellen
nach unten bewegt. In diese
Zelle wird der Text **Auto** geschrieben.

<PFEIL UNTEN>
                    Der Makrobefehl wird gespeichert
und der Zellzeiger zur
Zelle **F7** bewegt.

{unten}Bücher~   Der Zellzeiger wird eine Zelle
                                        nach unten bewegt. In diese
                                        Zelle wird der Text Bücher ge-
                                        schrieben.

<PFEIL UNTEN>   Abspeichern des Makrobefehls
                                        und bewegen des Zellzeigers
                                        zur Zelle **F8**.

{unten}Telefon~   Der Zellzeiger wird eine Zelle
                                        nach unten bewegt. In diese
                                        Zelle wird der Text Telefon
                                        geschrieben.

<PFEIL UNTEN>   Speichern des Makrobefehls
                                        und bewegen des Zellzeigers
                                        zur Zelle **F9**.

{unten}Miete~   Der Zellzeiger wird eine Zelle
                                        nach unten bewegt. In diese
                                        Zelle wird der Text Miete
                                        geschrieben.

<PFEIL UNTEN>   Der Makrobefehl wird abgespeichert
                                        und der Zellzeiger zur
                                        Zelle **F10** bewegt.

{unten}Kleidung~   Der Zellzeiger wird eine Zelle
                                        nach unten bewegt. In diese
                                        Zelle wird der Text Kleidung
                                        geschrieben.

<PFEIL UNTEN>   Abspeichern des Makrobefehls
                                        und bewegen des Zellzeigers
                                        zur Zelle **F11**.

{unten}Nahrung~   Der Zellzeiger wird eine Zelle
                                        nach unten bewegt. In diese
                                        Zelle wird der Text Nahrung
                                        geschrieben.

<PFEIL UNTEN>   Speichern des Makrobefehls
                                        und bewegen des Zellzeigers
                                        zur Zelle **F12**.

{unten}Hygiene~	Der Zellzeiger wird eine Zelle nach unten bewegt. In diese Zelle wird der Text Hygiene geschrieben.
<PFEIL UNTEN>	Der Makrobefehl wird gespeichert und der Zellzeiger zur Zelle **F13** bewegt.
{unten}Versicherung~	Der Zellzeiger wird eine Zelle nach unten bewegt. In diese Zelle wird der Text Versicherung geschrieben.
<PFEIL UNTEN>	Speichern des Makrobefehls und bewegen des Zellzeigers zur Zelle **F14**.
{unten 2}Summe~	Der Zellzeiger wird 2 Zellen nach unten bewegt. In diese Zelle wird der Text Summe geschrieben.
<PFEIL UNTEN>	Abspeichern des Makrobefehls und bewegen des Zellzeigers zur Zelle **F15**.
{gehezu}c4~"DM{rechts}"%~	Bewegen des Zellzeigers zur Zelle **C4**. Eingabe des Textes **DM** (rechtsbündig). Sprung um **eine Zelle nach rechts** und Eingabe des **Prozentzeichens** (rechtsbündig).
<RETURN>	Abspeichern der Makrobefehlsfolge in Zelle F15.

Zur Probe wird der bis jetzt erstellte Makro ausgeführt.

<ALT> <M>	Drüchen der <Alt>-Taste und der Taste <M>. Der Makro wird gestartet.

Man sieht, wie die Texteingaben nacheinander auf dem Bildschirm erscheinen.

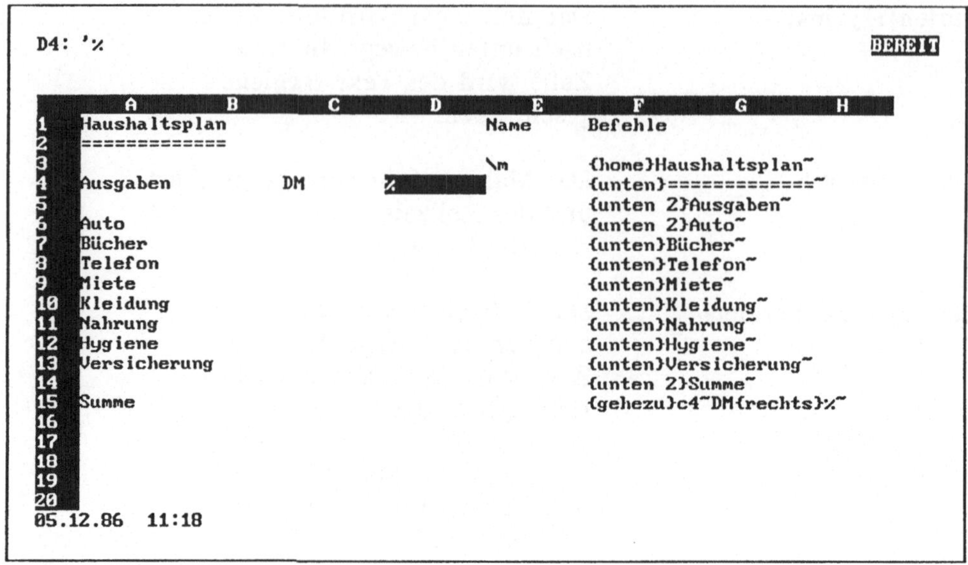

Bild 7-5

7.2.4 Befehlsfolge als Makros

Befehle werden in Lotus 1-2-3 mit dem **Zeichen** / aufgerufen. Um es
als Befehl in einem Makro zu kennzeichnen, muß dieses Zeichen als
Label eingegeben werden ('/). Würde das Befehlszeichen (/) direkt eingegeben, hätte dies zur Folge, daß das Befehlmenü von Lotus 1-2-3
sofort auf dem Bildschirm erscheint.

Bewegen Sie den Zellzeiger zur Zelle **F16**.

{gehezu}a14~\-~/ka14~b14..d14~

              Bewegen des Zellzeigers **zur
Zelle A14**. Die Zelle A14 wird
mit dem '-'-**Zeichen** ausgefüllt.
Der Inhalt der Zelle A14 wird
in die Zellen **B14** bis **D14** kopiert.

<RETURN>   Abspeichern der Makrobefehls-
folge in Zelle F16.

```
F16: '{gehezu}a14~\-~/ka14~b14..d14~                        BEREIT

           A          B        C        D       E        F          G         H
 1  Haushaltsplan                              Name     Befehle
 2  =============
 3                                              \m      {home}Haushaltsplan~
 4  Ausgaben              DM         %                  {unten}=============~
 5                                                      {unten 2}Ausgaben~
 6  Auto                                                {unten 2}Auto~
 7  Bücher                                              {unten}Bücher~
 8  Telefon                                             {unten}Telefon~
 9  Miete                                               {unten}Miete~
10  Kleidung                                            {unten}Kleidung~
11  Nahrung                                             {unten}Nahrung~
12  Hygiene                                             {unten}Hygiene~
13  Versicherung                                        {unten}Versicherung~
14                                                      {unten 2}Summe~
15  Summe                                               {gehezu}c4~"DM{rechts}"%~
16                                                      {gehezu}a14~\-~/ka14~b14..d
17
18
19
20
05.12.86   11:55
```

Bild 7-6

7.2.5 Funktionen als Makros

<PFEIL UNTEN>	Bewegen des Zellzeigers zur Zelle **F17**.
{gehezu}c15~@summe(c6..c13)~	Bewegen des Zellzeigers zur Zelle **C15**. Der Inhalt von Zelle **F6 bis C13** wird in Zelle C15 **aufsummiert**.
<PFEIL UNTEN>	Die Makrobefehlsfolge wird in Zelle F17 abgespeichert und der Zellzeiger zur Zelle **F18** bewegt.
'/kc15~d15~	Die Formel in der Zelle C15 wird in die Zelle **D15 kopiert**.
<PFEIL UNTEN>	Speichern der Makrobefehls-folge in Zelle F18 und bewegen des Zellzeigers zur Zelle **F19**.

{gehezu}d6~+c6/c15*100~

                                Bewegen des Zellzeigers **zur Zelle D6**. Eingabe der Formel zur Berechnung des Prozentanteils, wobei die Zelle C15 absolut eingegeben wird.

<PFEIL UNTEN>   Abspeichern der Makrobefehlsfolge in Zelle **F19** und bewegen des Zellzeigers zur Zelle **F20**.

'/kd6~d7..d13~   Die Formel in Zelle **D6** wird **in** die Zellen **D7 bis D13** kopiert.

<RETURN>   Speichern der Makrobefehlsfolge in Zelle **F20**.

Der Bildschirminhalt sollte folgendermaßen aussehen:

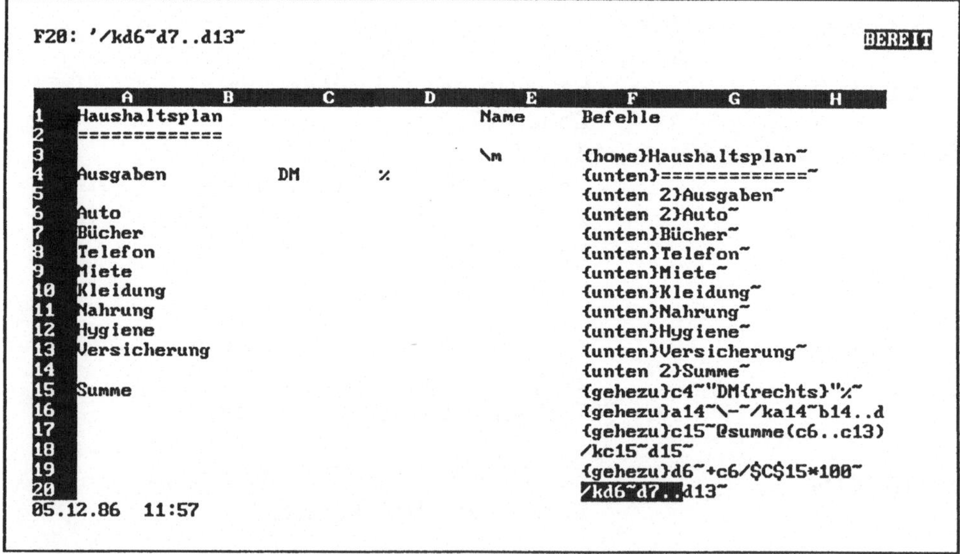

Bild 7-7

Sie können jetzt die Zahlen in den Haushaltsplan eingeben (s. Bild 2-1) und den Makro mit <ALT> <M> starten.

```
D6:  +C6/$C$15*100                                        BEREIT

           A        B        C        D     E        F        G        H
1   Haushaltsplan                          Name     Befehle
2   =============
3                                          \m       {home}Haushaltsplan~
4   Ausgaben                 DM       %              {unten}=============~
5                                                    {unten 2}Ausgaben~
6   Auto                    150      12              {unten 2}Auto~
7   Bücher                   50       4              {unten}Bücher~
8   Telefon                 100       8              {unten}Telefon~
9   Miete                   400      32              {unten}Miete~
10  Kleidung                250      20              {unten}Kleidung~
11  Nahrung                 150      12              {unten}Nahrung~
12  Hygiene                  50       4              {unten}Hygiene~
13  Versicherung            100       8              {unten}Versicherung~
14  ------------------------------------------       {unten 2}Summe~
15  Summe                  1250     100              {gehezu}c4~"DM{rechts}"%~
16                                                   {gehezu}a14~\-~/ka14~b14..d
17                                                   {gehezu}c15~@summe(c6..c13)
18                                                   /kc15~d15~
19                                                   {gehezu}d6~+c6/$C$15*100~
20                                                   /kd6~d7..d13~
05.12.86   11:46
```

Bild 7-8

Das war ein erster, kleiner Schritt auf dem Weg zur Arbeit mit Makros.
Das einfache und problemlos zu verstehende Beispiel sollte den Umgang
mit Makros und die Arbeitserleicherung, die Makrobefehle erzeugen
können, demonstrieren. Sicherlich bekommen Sie Lust, Ihre eigenen
Probleme mit Makros zu programmieren. Im nächsten Kapitel stellen wir
Ihnen dazu höhere Makrobefehle vor.

8 Höhere Makrobefehle

8.1 Problembeschreibung

Mit höheren Makrobefehlen können - ähnlich wie in einer Programmiersprache - Probleme durch Folgen von Anweisungen gelöst werden. In diesem Abschnitt wollen wir ein Programm zur Entwicklung des Auftragsbestandes aus Kapitel 3 erstellen (Bild 8-1):

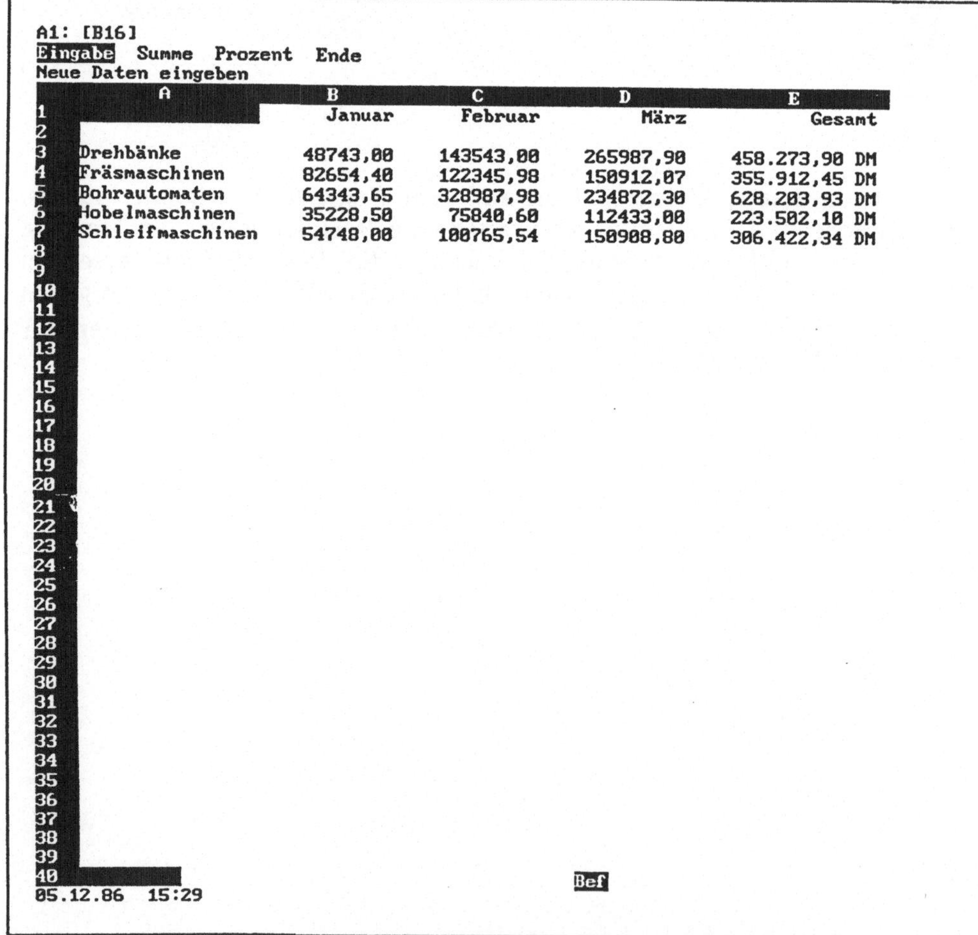

Bild 8-1 Gesamtes Arbeitsblatt zur Entwicklung des Auftragsbestandes, erstellt durch höhere Makrobefehle

Es werden folgende Vorgänge programmiert:

- Eingabe der Auftragsentwicklung neuer Maschinentypen;

- Aufsummieren der Auftragswerte der einzelnen Maschinen;

- Ausrechnen der monatlichen Prozentanteile am gesamten Auftragswert.

```
                                                                BEREIT

    F        G        H         I         J         K         L        M        N
Hauptmenü:       /xmhaupt~Eingabe    Summe      Prozent    Ende
                 Neue Daten AufsummiereBerechnen dEnde der Ausführung
                 /xgeingabe~/xgsummen~ /xgprozent~/xmende~

Eingabemakro:    Eingabe  {home}{end}{unten}{end}{unten}{unten}
                 /xlMaschinentyp:~~{rechts}
                 /xnJanuar-Verkaufszahl:~~{rechts}
                 /xnFebruar-Verkaufszahl:~~{rechts}
                 /xnMärz-Verkaufszahl:~~{rechts}
                 @summe({links}..{links 2})~
                 /xmhaupt~

Summenmakro:     Summen   {home}{end}{unten}{end}{unten}{unten}\=~
                 /k~{rechts}..{rechts 3}~
                 {unten}Summen~{rechts}
                 @summe({home}{rechts}{unten 2}..{end}{unten}{oben 2})~
                 /k~{rechts}..{rechts 2}~
                 /bfw2~{esc}{rechts 3}~
                 /xmhaupt~

Prozentmakro:    Prozent  {unten}{links}Prozent~{rechts}
                 +{oben}/{rechts 3}{oben}{abs}~
                 /k~{rechts}..{rechts 2}~
                 /bfp~{rechts 3}~
                 /xmhaupt~

Ende-Menü:       Ende     Nein       Ja
                 Anwendung wAnwendung beenden
                 /xmhaupt~   /xq~
```

8.2 Problemlösung

Diese Aufgabe wird in folgenden Schritten erledigt:

1. Kopieren eines Teils der Auftragsdatei aus Kapitel 3

2. Löschen des aktuellen Arbeitsblattes

3. Rückkopieren der Datei ZWIDAT in das leere Arbeitsblatt

4. Erstellen des Menüs

5. Erstellen der Programme für die Menüoptionen

6. Benennen von /X-Makros

8.2.1 Kopieren eines Teils der Auftragsdatei aus Kapitel 3

Mit dem Befehl **Transfer Laden** (/TL) wird die Datei eines Arbeitsblattes von der Diskette in den Rechner geladen. In unserem Fall geschieht dies mit der Datei KAPITEL3. Mit dem Befehl **Transfer Index** (/TI) und der Laufwerksangabe b: wird auf das Laufwerk B zugegriffen.

/TL   Auswahl des Befehls Transfer
                               Laden.
                               Es wird nach dem Namen der zu
                               ladenden Datei gefragt.
                               (Name der zu ladenden Datei:
                               B*.wk?)

In der 3. Zeile des Bedienfeldes erscheinen alle abgespeicherten Arbeitsblattdateien. Mit der <LEERTASTE> bzw. der <PFEIL LINKS>-Taste oder <PFEIL RECHTS>-Taste kann die Datei KAPITEL3 angefahren werden. Mit der <RETURN>-Taste wird sie geladen und sie erscheint auf dem Arbeitsblatt.

Wahlweise kann auch die <F3>-Taste gedrückt werden. Dann erscheinen auf dem Bildschirm alle bisher angelegten Dateien. Um eine gewünschte Datei auszusuchen, wird sie mit der <LEERTASTE> bzw. der <PFEIL LINKS>-Taste oder <PFEIL RECHTS>-Taste angefahren. Mit der <RETURN>-Taste wird sie geladen und sie erscheint auf dem Arbeitsblatt (Bild 8-2).

```
A1: [B18]                                                    DATEIEN
Name der zu ladenden Datei: B:\*.wk?
          KAPITEL3.WK1   16.10.86        12:25        2770
KAPITEL2.WK1    KAPITEL3.WK1    KAPITEL4.WK1    KAPITEL5.WK1    KAPITEL6.WK1
KAPITEL7.WK1
```

Bild 8-2 Abgespeicherte Arbeitsblattdateien

Es erfolgt die Eingabe des Namens der gewünschten Datei:

Kapitel3   Eingabe des Textes Kapitel 3.

<RETURN>   Die Datei Kapitel3 erscheint
                                      auf dem Arbeitsblatt

```
A1: [B18]                                                    BEREIT

           A              B         C           D            E
 1                    Januar    Februar      März          Gesamt
 2
 3  Drehbänke         48743,00  143543,00   265987,90    458.273,90 DM
 4  Fräsmaschinen     82654,40  122345,98   150912,07    355.912,45 DM
 5  Bohrautomaten     64343,65  328987,98   234872,30    628.203,93 DM
 6  Hobelmaschinen    35228,50   75840,60   112433,00    223.502,10 DM
 7  Schleifmaschinen  54748,00  100765,54   150908,80    306.422,34 DM
 8  =============================================================
 9  Gesamt           285717,55  771483,10   915114,07  1.972.314,72 DM
10  Prozent             14,49%     39,12%     46,40%         100,00%
11
12  Sehr geehter Herr Müller,
13
14  wie Sie aus der Tabelle über die Entwicklung des Auftragsbestandes
15  ersehen, konnte der Auftragsbestand für die Monate Februar und März
16  deutlich gesteigert werden. Wir sind froh, Ihnen diese günstige
17  Entwicklung mitteilen zu können.
18
19  Mit freundlichen Grüßen
20  C. Brandner
    05.12.86   12:24
```

Bild 8-3 Arbeitsblattdatei Kapitel3

Mit dem Befehl **Transfer Extrakt (/TE)** wird ein *Teil des Arbeitsblattes* kopiert und in eine andere Arbeitsblattdatei gespeichert. Dabei hat man die Möglichkeit, entweder die **Formeln (/TEF)** oder die Werte (/TEW) zu kopieren. In unserem Beispiel werden die Werte kopiert.

/TEW   Auswahl des Befehls Transfer
                                      Extrakt Werte.
                                      Es wird nach dem Namen der
                                      Auszugsdatei gefragt.
                                      (Auszugsdatei:B:*.wk1).

ZWIDAT   Eingabe des Textes ZWIDAT.

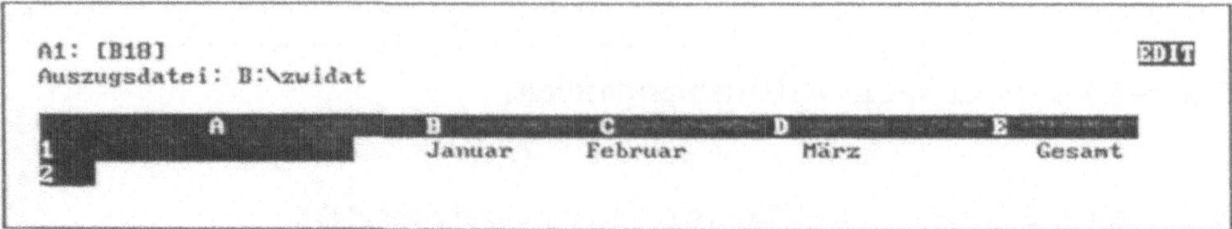

Bild 8-4 Bildschirminhalt nach Auswahl des Befehls /TEW

<RETURN>   Es wird nach dem Auszugsbereich
                                    gefragt.
                                    (Auszugsbereich: A1..A1).

4 MAL <PFEIL RECHTS>   4 MAL <PFEIL RECHTS>
6 MAL <PFEIL UNTEN>   Eingabe von A1..E7.

```
E7: (W2) [B18] @SUMME(B7..D7)                                    ZEIGEN
Auszugsbereich: A1..E7
              A              B            C            D            E
 1                        Januar      Februar       März        Gesamt
 2
 3   Drehbänke          48743,00     143543,00    265987,90    458.273,90 DM
 4   Fräsmaschinen      82654,40     122345,98    150912,07    355.912,45 DM
 5   Bohrautomaten      64343,65     328987,98    234872,30    628.203,93 DM
 6   Hobelmaschinen     35228,50      75840,60    112433,00    223.502,10 DM
 7   Schleifmaschinen   54748,00     100765,54    150908,80    306.422,34 DM
 8   ================================================================
 9   Gesamt            285717,55     771483,10    915114,07  1.972.314,72 DM
10   Prozent              14,49%        39,12%       46,40%       100,00%
11
12   Sehr geehter Herr Müller,
13
14   wie Sie aus der Tabelle über die Entwicklung des Auftragsbestandes
15   ersehen, konnte der Auftragsbestand für die Monate Februar und März
16   deutlich gesteigert werden. Wir sind froh, Ihnen diese günstige
17   Entwicklung mitteilen zu können.
18
19   Mit freundlichen Grüßen
20   C. Brandner
05.12.86   12:30
```

Bild 8-5 Arbeitsblatt aus Kapitel 3 (der zu kopierende Bereich ist dunkel
          unterlegt)

<RETURN>   Die Werte aus dem Bereich von
                                    A1 bis E7 werden in die Datei
                                    ZWIDAT kopiert.

8.2.2 Löschen des aktuellen Arbeitsblattes

Dies geschieht mit dem Befehl **Arbeitsblatt Radieren** (/AR). Bei Eingabe
von **Ja** wird das gesamte Arbeitsblatt gelöscht.

/ARJ   Auswahl des Befehls
                            Arbeitsblatt Radieren Ja.

Das gesamte Arbeitsblatt wird gelöscht. Auf dem Bildschirm erscheint
ein leeres Arbeitsblatt.

8.2.3 Rückkopieren der Datei ZWIDAT in das leere Arbeitsblatt

Mit dem Befehl **Transfer Kombinieren Kopieren** (/TKK) wird eine Datei
in ein Arbeitsblatt kopiert. Dabei markiert der Zellzeiger die linke obere
Ecke des kopierten Bereiches. Bild 8-6 zeigt das Arbeitblatt nach Ausführen des Befehls.

/TKK   Auswahl des Befehls Transfer
                            Kombinieren Kopieren.

Man kann zwischen zwei Möglichkeiten wählen:

Entweder eine ganze Datei zu kopieren (**Ganze** Datei) oder einen
benannten Bereich (**Benannter** Bereich). Diese Auswahl kann auch in
einem Befehl geschrieben werden:

/TKKG (Befehl Transfer Kombinieren Kopieren Ganze Datei) oder

/TKKB (Befehl Transfer Kombinieren Kopieren Benannter Bereich).

In unserem Fall soll eine ganze Datei kopiert werden. Deshalb bestätigen
wir das dunkel unterlegte Feld **Ganze Datei.**

<RETURN>   Die ganze Datei ZWIDAT soll
                            kopiert werden. Es erscheint:
                            Name der zu kombinierenden
                            Datei: B:*wk?

zwidat   Eingabe von zwidat.

<RETURN>   Es erscheint folgendes Bild:

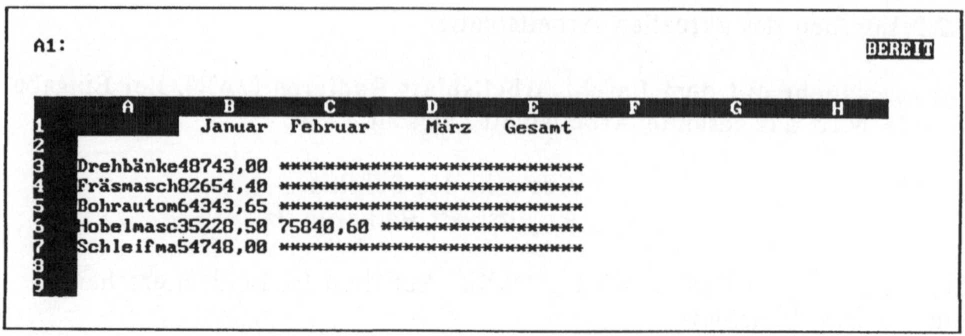

Bild 8-6 Arbeitsblatt nach Kopie der Datei ZWIDAT

Bild 8-6 zeigt neben Text und Zahlenwerten auch Sterne (*). Das bedeutet, daß die Spaltenbreite zu klein ist, um die Zahlenwerte auszugeben.

Achtung ! Beim Befehl Transfer Kombinieren werden keine Arbeitsblatt- und Druckparameter in das aktuelle Arbeitsblatt übergeben.

Wir sehen dies daran, daß die in Kapitel 3 festgelegten Spaltenbreiten nicht mit übernommen wurden.

Die Spaltenbreite wird folgendermaßen verändert (s. auch Abschn. 3.2.2):

<HOME>	Bewegen des Zellzeigers in die Zelle **A1**.
/ASB	Auswahl des Befehls Arbeitsblatt Spaltenbreite Bestimmen. Es wird nach der Spaltenbreite gefragt. (Spaltenbreite (1..240): 9).
16	Eingabe von 16.
<RETURN>	Spalte A wird 16 Zeichen breit.

Verändern Sie die Breite der Spalten B, C, D auf 13 Zeichen nach dem gleichen Schema.

```
E1: [B9] "Gesamt                                              BEREIT

           A              B              C           D        E
1                     Januar       Februar        März    Gesamt
2
3   Drehbänke         48743,00     143543,00    265987,90  **********
4   Fräsmaschinen     82654,40     122345,98    150912,07  **********
5   Bohrautomaten     64343,65     328987,98    234872,30  **********
6   Hobelmaschinen    35228,50      75840,60    112433,00  **********
7   Schleifmaschinen  54748,00     100765,54    150908,80  **********
8
9
10
```

Bild 8-7 Arbeitsblatt nach Verändern der Breite von Spalte A, B,
         C und D.

In der Spalte E (Gesamt) sind noch Sterne zu sehen, weshalb für sie eine
noch größere Spaltenbreite gewählt werden muß. Verbreitern Sie mit
dem Befehl ASB die Spalte E auf 17 Zeichen.


```
E1: [B17] "Gesamt                                             BEREIT

           A              B              C           D               E
1                     Januar       Februar        März           Gesamt
2
3   Drehbänke         48743,00     143543,00    265987,90     458.273,90 DM
4   Fräsmaschinen     82654,40     122345,98    150912,07     355.912,45 DM
5   Bohrautomaten     64343,65     328987,98    234872,30     628.203,93 DM
6   Hobelmaschinen    35228,50      75840,60    112433,00     223.502,10 DM
7   Schleifmaschinen  54748,00     100765,54    150908,80     306.422,34 DM
8
9
```

Bild 8-8 Arbeitsblatt nach Veränderung aller Spaltenbreiten

8.2.4 Erstellen des Menüs

Durch *Menüs* kann der Benutzer aus einer Anzahl von Bearbeitungs-
möglichkeiten *auswählen*. Eine solche Auswahlliste macht ein Programm
sehr benutzerfreundlich. Diesen Komfort bietet uns Lotus 1-2-3, indem
wir mit höheren Makrobefehlen unsere eigenen Programm-Menüs
zusammenstellen können.

Im *Hauptmenü*, das einen Namen erhält (z.B. haupt), sind *alle Auswahlmöglichkeiten* (Optionen) enthalten. Jede Option erhält ihrerseits ebenfalls einen Namen, der in einer Kommentarzeile erklärt werden kann.
Wird eine *Option* ausgewählt, so wird ein *entsprechendes Unterprogramm* aufgerufen, das in Makros geschrieben wurde.

Bild 8-9 zeigt das Arbeitsblatt mit dem fertig erstellten Programm-
Menü. Aus Gründen der Übersichtlichkeit wurden die Spalten I, J, K
und L auf 11 Zeichen verbreitert.

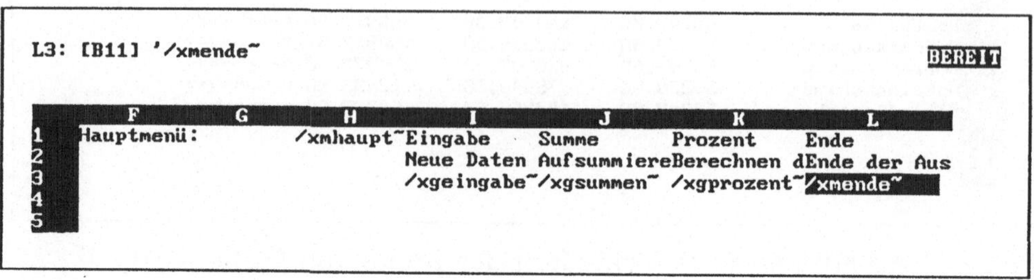

Bild 8-9 Mit Makrobefehlen erstelltes Programm

Zur Erstellung von Programm-Menüs empfiehlt sich folgende Vorgehensweise:

1. Festlegen der Menümöglichkeiten:

Wir legen für unser Beispiel folgende Auswahl fest:

Eingabe Summe Prozent Ende

Jede Wahlmöglichkeit (*Option*) muß in einer *gesonderten Zelle* abgelegt
werden (**Eingabe in Zelle I1, Summe in Zelle J1, Prozent in Zelle K1
und Ende in Zelle L1**).

Bei der Erstellung der Wahlmöglichkeiten aus einem Menü muß folgendes beachtet werden:

Begonnen wird mit der *ersten Zelle* des Menübereichs (Eingabe in Zelle
I1).

Zwischen den einzelnen Optionen dürfen sich *keine leeren Zellen* befinden, weil diese das Ende der Optionsfolge bedeuten würden.

Es sind *höchstens zwei Menüebenen* erlaubt.

In einem Menü dürfen *höchstens acht Optionen* stehen.

Die Optionen sollten alle auf dem Bildschirm sichtbar sein. Deshalb
wählt man möglichst kurze Namen für die Optionen.

In unserem Beispiel bauen wir das Menü-Programm in folgenden
Schritten auf. Bewegen Sie dazu den Zellzeiger zur Zelle **F1**.

Hauptmenü:	Eingabe des Textes Hauptmenü:
2 MAL <PFEIL RECHTS>	Abspeichern des Textes und Sprung zur Zelle H1.
'/xmhaupt~	Mit diesem Makrobefehl wird das Menü mit dem Namen haupt angesprungen.
<PFEIL RECHTS>	Text speichern.

Nun folgt die Eingabe der Wahlmöglichkeiten:

Eingabe	Die erste Menüoption heißt Eingabe.
<PFEIL RECHTS>	Speichern des Textes und Sprung zur Zelle J1.
Summe	Die zweite Menüoption heißt Summe.
<PFEIL RECHTS>	Text speichern und Sprung zur Zelle K1.
Prozent	Die dritte Menüoption heißt Prozent.
<PFEIL RECHTS>	Abspeichern des Textes und Sprung zur Zelle L1.
Ende	Die vierte Menüoption heißt Ende.
<RETURN>	Speichern des Textes.

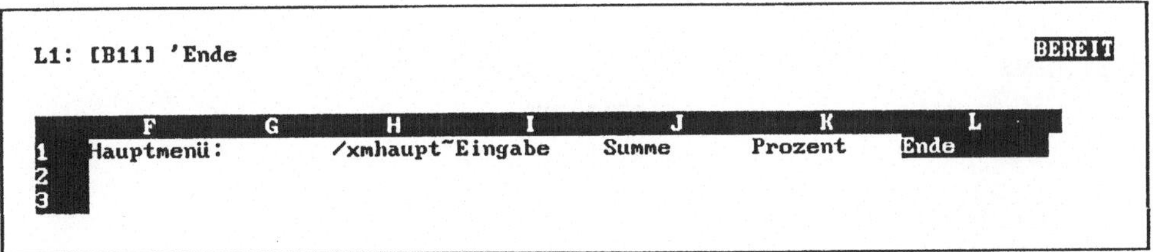

Bild 8-10 Arbeitsblatt nach Eingabe der Zeile für die Optionen

2. Kurzbeschreibung der Wahlmöglichkeiten:

Jede Menüoption muß in der *2. Zeile* des Menübereiches *erklärt* werden. Leere Zellen führen zu einem Fehler. Um ein Überlaufen der Bildschirmzeile zu vermeiden, werden möglichst kurze Kommentare gewählt.

Bewegen Sie den Zellzeiger zur Zelle I2.

Neue Daten eingeben   Eingabe des Kommentars
                                   "Neue Daten eingeben"
                                   zu der Option Eingabe.

<PFEIL RECHTS>   Abspeichern des Textes in Zelle
                                   I2 und bewegen des Zellzeigers
                                   zur Zelle **J2**.

Aufsummmieren der Monatswerte
                                   Eingabe des Kommentars
                                   "Aufsummieren der Monatswerte"
                                   zu der Option Summe.

<PFEIL RECHTS>   Speichern des Textes in Zelle
                                   J2 und bewegen des Zellzeigers
                                   zur Zelle **K2**.

Berechnen der Prozentwerte
                                   Eingabe des Kommentars
                                   "Berechnen der Prozentwerte"
                                   zu der Option Prozent.

<PFEIL RECHTS>   Abspeichern des Textes in Zelle
                                   K2 und bewegen des Zellzeigers
                                   zur Zelle **L2**.

Ende der Ausführung   Eingabe des Kommentars
                                   "Ende der Ausführung"
                                   zu der Option Ende.

<RETURN>   Der Text wird in Zelle L2
                                   gespeichert.

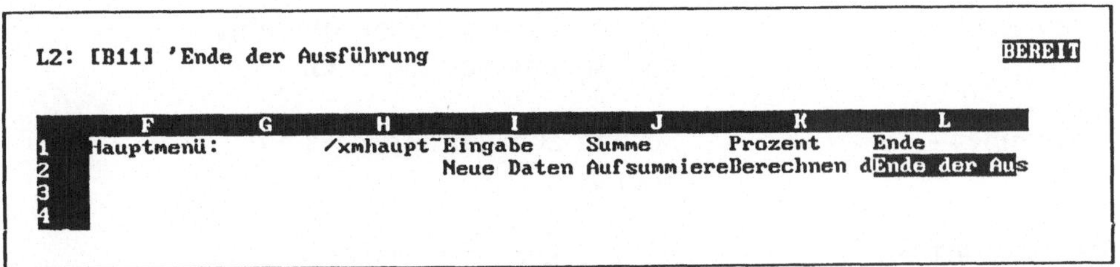

Bild 8-11 Arbeitsblatt nach Eingabe der Kommentarzeile (2. Zeile)

3. Sprung in die zugehörigen Unterprogramme:

In der dritten Zeile wird für jede Wahlmöglichkeit in die ihr zugeordneten Unterprogramme gesprungen. Im folgenden werden für die Unterprogramme eine besondere Art von Programmierbefehlen, die /X-Makrobefehle verwendet. Diese Befehlsklasse darf nur innerhalb eines Makros verwendet werden, keinesfalls jedoch als Befehl in einem Arbeitsblatt.

Die /X-Makrobefehle wurden aus älteren Versionen von Lotus 1-2-3 übernommen. Aus diesem Grunde entsprechen sie folgenden höher entwickelten Makrobefehlen (Tabelle 8-1):

Tabelle 8-1 Makrobefehle und ihre Bedeutung

X-Makrobefehl	Höherer Makrobefehl	Funktion
/XCOrt~	{Programmname}	Aufruf eines Unterprogramms
/XGOrt~	{Sprung}	Gehe zu
/XIBedingung~	{Wenn}	Bedingter Sprung
/XLMeldung~	{Labeleintrag}	Meldung im Bedienfeld und
Ort~		Aufforderung zur Labeleingabe
/XMOrt~	{Menüsprung}	Benutzererstelltes Menü
/XNMeldung~	{Zahleineintrag}	Meldung im Bedienfeld und
Ort~		Aufforderung zur Zahleneingabe
/XQ	{Stop}	Ende der Makroausführung
/XR	{Zurück}	Rücksprung aus dem Unterprogramm

Im folgenden werden die /XG-Makrobefehle verwendet, um in die Unterprogramme springen zu können.

Gehen Sie zur Zelle I3.

'/xgeingabe~   Sprung zum Unterprogramm
                                     Eingabe.

<PFEIL RECHTS>   Abspeichern des Makrobefehls
                             und Sprung zur Zelle **J3**.

'/xgsummen~   Sprung zum Unterprogramm
                             Summen.

<PFEIL RECHTS>   Abspeichern des Makrobefehls
                             und Sprung zur Zelle **K3**.

'/xgprozent~   Sprung zum Unterprogramm
                             Prozent.

<PFEIL RECHTS>   Der Makrobefehl wird gespeichert
                             und zur Zelle **L3** gesprungen.

'/xmende~   Rücksprung ins das Menü.

<RETURN>   Abspeichern des Makrobefehls.

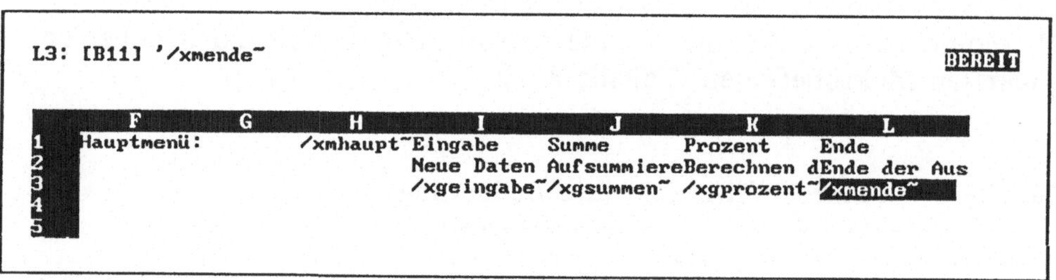

Bild 8-12 Arbeitsblatt nach der Eingabe der
          Sprungbefehle in die Unterprogramme

8.2.5 Erstellen der Programme für die Menüoptionen

Im folgenden werden die eigentlichen Programme (Unterprogramme) für
die Optionen Eingabe, Summe, Prozent und Ende erstellt.

Gehen Sie zur Zelle **F5**.

Eingabemakro: Eingabe des Textes
                             Eingabemakro:

2 MAL <PFEIL RECHTS>   Abspeichern des Textes und
                             Sprung zur Zelle **H5**.

Eingabe   Eingabe des Textes Eingabe.

<PFEIL RECHTS>   Speichern des Textes und
Sprung zur Zelle I5.

{home}{end}{unten}{end}{unten{unten}
Sprung zur Zelle A1 (home),
Sprung zum Beginn der Tabelle
(**end, unten**),
Sprung zum Ende der Tabelle
(**end, unten**),
Sprung zur ersten leeren Zelle
in Spalte A (**unten**).

<PFEIL UNTEN>   Speichern der Makrobefehls-
folge und Sprung zur Zelle I6.

'/xlMaschinentyp:~~{rechts}

Aufforderung zur Eingabe eines
zusätzlichen Maschinentyps.
(Der Makrobefehl xl erwartet
eine Eingabe als Label).
Nach der Eingabe springt der
Zellzeiger eine Zelle nach
rechts.

<PFEIL UNTEN>   Abspeichern der Makrobefehls-
folge und Sprung zur Zelle I7.

'/xnJanuar-Verkaufszahl:~~{rechts}
Aufforderung zur Eingabe des
Auftragswertes für Januar.
(Mit dem Makrobefehl xn werden
numerische Werte eingegeben).
Nach der Eingabe springt der
Zellzeiger eine Zelle nach
rechts.

<PFEIL UNTEN>   Speichern der Makrobefehls-
folge und Sprung zur Zelle I8.

'/xnFebruar-Verkaufszahl:~~{rechts}
Aufforderung zur Eingabe des
Auftragswertes für Februar
und Sprung des Zellzeigers
eine Zelle nach **rechts.**

<PFEIL UNTEN>   Die Makrobefehlsfolge wird
                                 abgespeichert und zur Zelle I9
                                 gesprungen.

'/xnMärz-Verkaufszahl:~~{rechts}
                                 Aufforderung zur Eingabe des
                                 Auftragswertes für März.
                                 Nach der Eingabe springt der
                                 Zellzeiger eine Zelle nach **rechts**.

<PFEIL UNTEN>   Speichern der Makrobefehls-
                                 folge und Sprung zur Zelle I10.

'@summe({links}..{links 2})~
                                 Ausführen der Funktion **Summen-
                                 bildung des Zellbereichs D8 bis
                                 B8**.
                                 Da der Zellzeiger in der Zelle
                                 E8 steht, muß er eine Zelle
                                 nach links bewegt (**links**), die
                                 Zelle verankert (**.**) und noch
                                 zwei weitere Zellen nach links
                                 bewegt werden (**links 2**).

<PFEIL UNTEN>   Abspeichern der Makrobefehls-
                                 folge und Sprung zur Zelle I11.

'/xmhaupt~   Rücksprung ins Hauptmenü.

<RETURN>   Der Makrobfehls wird in Zelle
                                 I11 abgespeichert.

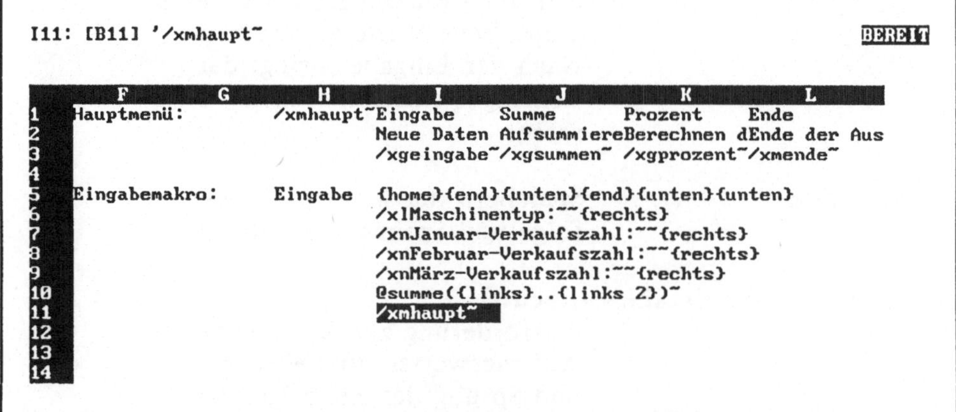

Bild 8-13 Arbeitsblatt nach Erstellung des Unterprogramms Eingabe

Im folgenden wird das Unterprogramm zur Summenbildung erstellt.
Gehen Sie dazu in die Zelle **F13**.

Summenmakro: Eingabe des Textes Summenmakro:

2 MAL <PFEIL RECHTS>   Abspeichern des Textes und
                                    Sprung zur Zelle **H13**.

Summen   Eingabe des Textes Summen.

<PFEIL RECHTS>   Speichern von summen und
                                    Sprung zur Zelle **I13**.

{home}{end}{unten}{end}{unten}{unten}\=~
                                    Sprung zur Zelle A1 (home),
                                    Sprung zum Beginn der Tabelle
                                    (**end, unten**),
                                    Sprung zum Ende der Tabelle
                                    (**end, unten**),
                                    Sprung zur ersten leeren Zelle
                                    in Spalte A (**unten**).
                                    Ausfüllen der Zelle mit dem
                                    Gleichheitszeichen (\=).

<PFEIL UNTEN>   Übernahme der Makrobefehls-
                                    folge und Sprung zur Zelle **I14**.

'/k~{rechts}..{rechts 3}~   Kopieren des Gleichheits-
                                    zeichens in die nächsten **3**
                                    Zellen weiter **rechts**.

<PFEIL UNTEN>   Abspeichern des Makrobefehls
                                    und Sprung zur Zelle **I15**.

{unten}Summen~{rechts}   Bewegen des Zellzeigers eine
                                    Zelle nach unten (**unten**).
                                    Eingabe des Textes Summen
                                    (**Summen**), Abspeichern dieses
                                    Textes (~).
                                    Bewegen des Zellzeigers eine
                                    Zelle nach rechts (**rechts**).

<PFEIL UNTEN>   Speichern der Makrobefehls-
                                    folge und Sprung zur Zelle **I16**.

'@summe({home}{rechts}{unten 2}..{end}{unten}{oben 2})~
                       Aufsummieren der Auftragswerte
                       für Januar (Spalte B).

<PFEIL UNTEN>   Abspeichern der Makrobefehls-
                       folge und Sprung zur Zelle I17.

'/k~{rechts}..{rechts 2}~   Kopieren der Summenformel von
                       Spalte B in die Spalten C, D
                       und E.

<PFEIL UNTEN>   Übernahme der Makrobefehls-
                       folge und Sprung zur Zelle I18.

'/bfw2~{esc}{rechts 3}~   Ausführen des Befehls Bereich
                       Formatieren Währung auf 2 Dezi-
                       malstellen (bfw2~).
                       Die Verankerung wird gelöst
                       (<ESC>) und zur 3. Zelle weiter
                       rechts gesprungen (rechts 3).
                       Der Wert in dieser Zelle wird
                       auf 2 Dezimalstellen und DM
                       formatiert.

<PFEIL UNTEN>   Speichern des Makrobefehls-
                       folge und Sprung zur Zelle I19.

'/xmhaupt~   Rücksprung in das Hauptmenü.

<RETURN>   Der Makrobefehl wird in
                       Zelle I19 abgespeichert.

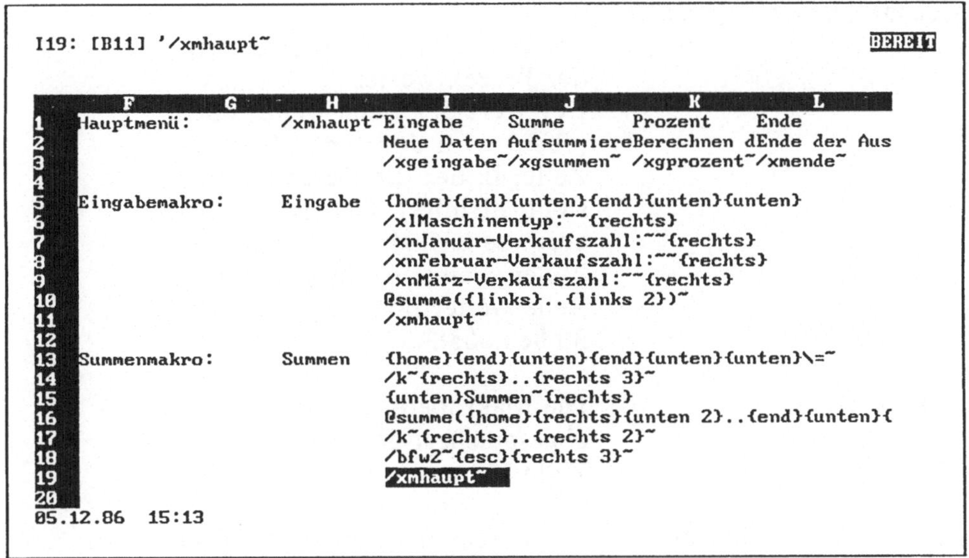

Bild 8-14 Arbeitsblatt nach Erstellung des Unterprogramms Summen.

Als nächstes wird das Unterprogramm Prozent erstellt.

Bewegen Sie den Zellzeiger zur Zelle **F21**.

Prozentmakro:	Eingabe des Textes Prozentmakro:
2 MAL <PFEIL RECHTS>	Abspeichern des Textes und Sprung zur Zelle **H21**.
Prozent	Eingabe des Textes Prozent.
<PFEIL RECHTS>	Speichern des Textes und Sprung zur Zelle **I21**.
{unten}{links}Prozent~{rechts}	Bewegen des Zellzeigers eine Zelle nach unten und eine Zelle nach links (unten, links). Eingabe des Textes **Prozent**. Bewegen des Zellzeigers eine Zelle nach **rechts**.
<PFEIL UNTEN>	Abspeichern der Makrobefehlsfolge und Sprung zur Zelle **I22**.

'+{oben}/{rechts 3}{oben}{abs}~

>   Formeleingabe zur Berechnung
>   der Prozentwerte:
>   Der Wert der Zelle weiter oben
>   (oben) wird durch den Wert der
>   Zelle, in der die Gesamtsumme
>   steht, **dividiert**. Dies ist die
>   absolute Zelladresse, die 3
>   Zellen weiter rechts und eine
>   Zelle weiter oben steht (**rechts
>   3,oben,abs**).

<PFEIL UNTEN>

>   Die Makrobefehlsfolge wird
>   abgespeichert und zur
>   Zelle I23 gesprungen.

'/k~{rechts}..{rechts 2}~

>   Die Berechnungsformel wird in
>   die Spalten C, D und E kopiert.

<PFEIL UNTEN>

>   Abspeichern der Makrobefehls-
>   folge und Sprung zur Zelle I24.

'/bfp~{rechts 3}~

>   Ausführen des Befehls Bereich
>   Formatieren Prozent (/bfp~) für
>   die 3 Zellen rechts neben der
>   aktuellen Zelle (**rechts 3**).

<PFEIL UNTEN>

>   Übernahme der Makrobefehls-
>   folge und Sprung zur Zelle I25.

'/xmhaupt~

>   Rücksprung in das Hauptmenü.

<RETURN>

>   Abspeichern des Makrobefehls in
>   Zelle I25.

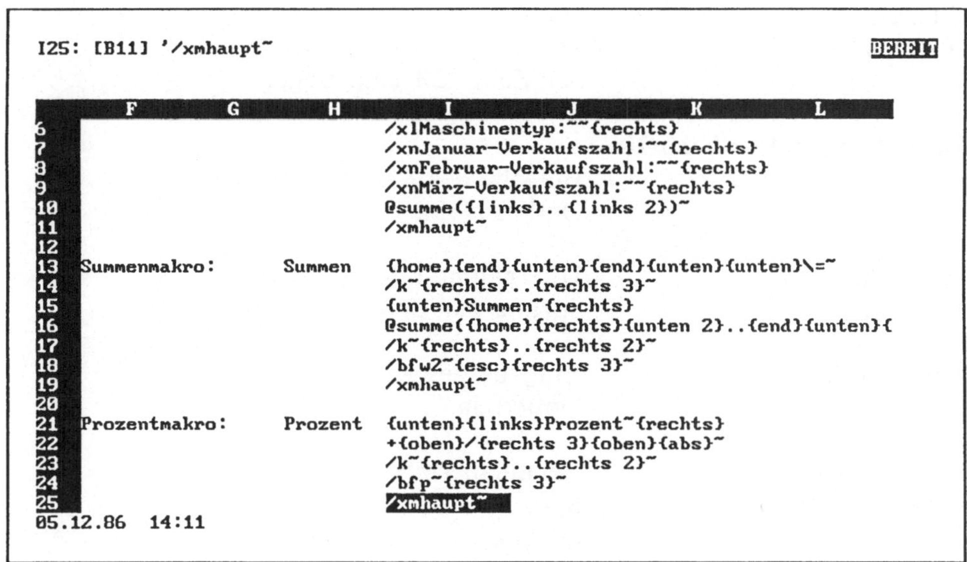

Bild 8-15 Arbeitsblatt nach Ausführen des Unterprogramms Prozent

Mit dem nun folgenden Ende-Menü werden die Optionen beendet. Hier haben wir die Möglichkeit, entweder weitere Optionen auszuwählen (Sprung ins Hauptmenü mit dem Befehl xmhaupt), oder die Menüs zu verlassen und in das Lotus 1-2-3-Programm zurückzukehren (mit dem Befehl xq).

Gehen Sie zur Zelle **F27**.

Ende-Menü:	Eingabe des Textes Ende-Menü:.
2 MAL <PFEIL RECHTS>	Abspeichern des Textes und Sprung zur Zelle **H27**.
Ende	Eingabe des Textes Ende.
<PFEIL RECHTS>	Speichern von Ende und Sprung zur Zelle **I27**.
Nein	Eingabe der Option Nein.
<PFEIL RECHTS>	Abspeichern des Textes und Sprung zur Zelle **J27**.
Ja	Eingabe der Option Ja.

<PFEIL UNTEN>
<PFEIL LINKS>   Ja wird gespeichert und
                                      zur Zelle I28 gesprungen.

Anwendung weiter benutzen

                                      Eingabe des Kommentars zur
                                      Option Nein.

<PFEIL RECHTS>   Übernahme des Textes und
                                      Sprung zur Zelle J28.

Anwendung beenden   Eingabe des Kommentars zur
                                      Option Ja.

<PFEIL UNTEN>   <PFEIL UNTEN>
<PFEIL LINKS>   Speichern des Textes und
                                      Sprung zur Zelle I29.

'/xmhaupt~   Rücksprung ins Hauptmenü.

<PFEIL RECHTS>   Abspeichern des Makrobefehls
                                      und Sprung zur Zelle J29.

'/xq~   Ende des Makros. Verlassen
                                      des eigenen Programm-Menüs
                                      und Rückkehr zu Lotus 1-2-3.

<RETURN>   Abspeichern des Makrobefehls in
                                      Zelle J29.

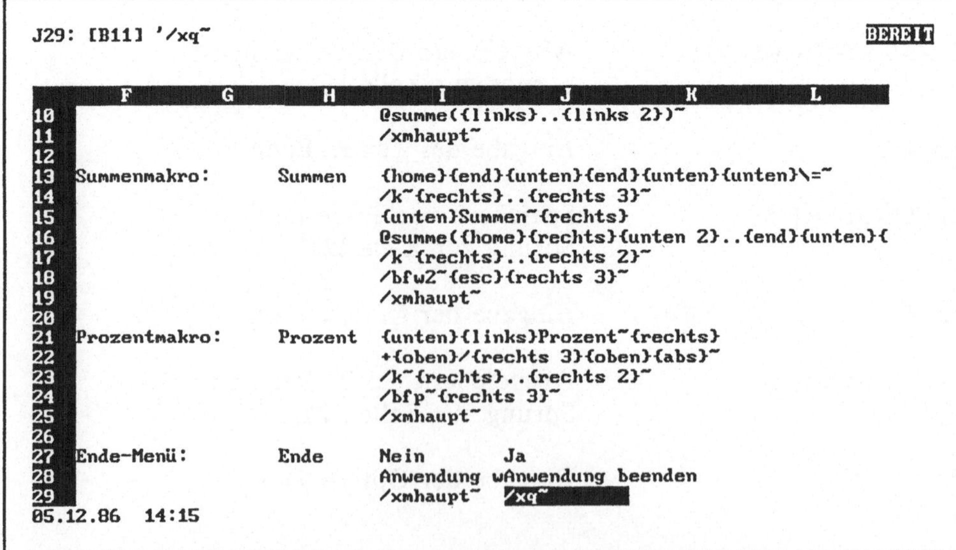

Bild 8-16 Arbeitsblatt nach Ausführen des Untermenüs Ende

8.2.6 Benennen von /X-Makros

Das Hauptprogramm und die zugehörigen Unterprogramme müssen
benannt werden. In unserem Beispiel heißt das Hauptprogramm **haupt**
und die Unterprogramme heißen **Eingabe, Summe, Prozent** und **Ende**.

Diese Benennung erfolgt mit dem Befehl **Bereich Name Erstellen**
(/BNE).

/BNE	Auswahl des Befehls Bereich Name Erstellen. Es erscheint: Name:
HAUPT	Das Hauptmenü heißt HAUPT.
<RETURN>	Es erscheint: Bereich:
i1	Der Bereich, in dem die Optionen des Hauptmenüs stehen, beginnt in Zelle I1.
<RETURN>	Abspeichern des Bereichsnamens.
/BNE	Auswahl des Befehls Bereich Name Erstellen. Es erscheint: Name:
EINGABE	Das erste Unterprogramm heißt EINGABE.
<RETURN>	Es erscheint: Bereich:
i5	Der Bereich, in dem die Makros des Unterprogramms EINGABE stehen, beginnt in Zelle I5.
<RETURN>	Übernahme des Bereichsnamens.
/BNE	Auswahl des Befehls Bereich Name Erstellen. Es erscheint: Name:

SUMMEN	Das zweite Unterprogramm heißt SUMMEN.
<RETURN>	Es erscheint: Bereich:
i13	Der Bereich, in dem die Makros des Unterprogramms EINGABE stehen, beginnt in Zelle I13.
<RETURN>	Speichern des Bereichsnamens.
/BNE	Auswahl des Befehls Bereich Name Erstellen. Es erscheint: Name:
PROZENT	Das dritte Unterprogramm heißt PROZENT.
<RETURN>	Es erscheint: Bereich:
i21	Der Bereich, in dem die Makros des Unterprogramms PROZENT stehen, beginnt in Zelle I21.
<RETURN>	Abspeichern des Bereichsnamens.
/BNE	Auswahl des Befehls Bereich Name Erstellen. Es erscheint: Name:
ENDE	Das letzte Unterprogramm heißt ENDE.
<RETURN>	Es erscheint: Bereich:
i27	Der Bereich, in dem die Makros des Unterprogramms EINGABE stehen, beginnt in Zelle I27.
<RETURN>	Übernahme des Bereichsnamens.

Um das Programmm mit *einem Tastendruck* starten zu können, wird dem Hauptmenü ein Buchstabe zugeordnet. In unserem Beispiel ist dies der *Buchstabe s*. Deshalb kann unser Menü mit dem Befehl <ALT> <S> aufgerufen und gestartet werden.

/BNE	Auswahl des Befehls Bereich Name Erstellen. Es erscheint: Name:
\s	Das Hauptmenü wird mit s gekennzeichnet.
<RETURN>	Es erscheint: Bereich:
h1	Der Bereich, in dem der Name des Hauptprogramms steht, beginnt in Zelle H1.
<RETURN>	Abspeichern des Bereichsnamens.

Sie haben ein Programm für die Auswertung des Auftragsbestandes (s. Kapitel 3) geschrieben, das Sie mit Befehl <ALT> <S> ausführen können.

9 Erstellen von Grafiken

Im zweiten Kapitel haben Sie in unserem Beispiel Haushaltsplan bereits erste Einblicke in die Erstellung grafischer Diagramme gewinnen können. In diesem Kapitel soll gezeigt werden, welche Möglichkeiten es zur grafischen Auswertung von Tabellen gibt.

Mit Lotus 1-2-3 können fünf verschiedene Arten von Diagrammen erstellt werden: *Liniendiagramme*, *Balkendiagramme*, *XY-Diagramme*, *gestaffelte Balkendiagramme* und *Kreisdiagramme*.

Alle Befehle zum Erzeugen und Beschriften von Grafiken werden mit dem Befehl **Grafik** (/G) eingeleitet. Die weiteren Buchstaben geben die entsprechende Auswahl an. Die erste Menüstufe (Grafik-Hauptmenü) bietet folgende Möglichkeiten (Bild 9-1):

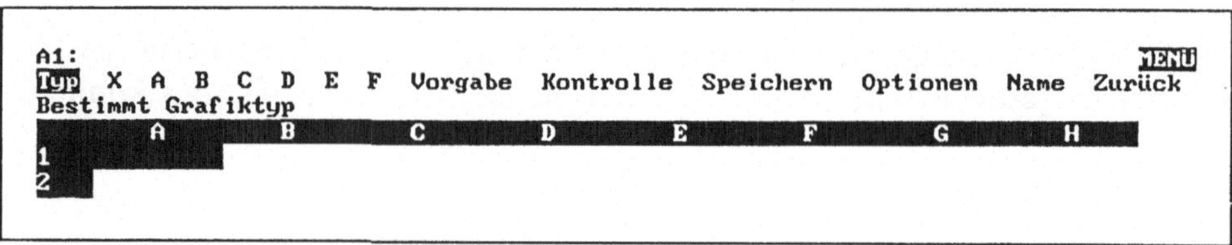

Bild 9-1 Grafik-Hauptmenü

Die Auswahl erfolgt entweder durch Bewegen des Zellzeigers zu dem gewünschten Befehl oder durch Eingabe des entsprechenden Anfangsbuchstabens (z.B. T für Typ).

Typ

Mit der Auswahl von **Typ** (T) wird der Grafiktyp bestimmt, der für die Anzeige der Daten benutzt werden soll. Das Untermenü Typ sieht folgendermaßen aus (Bild 9-2):

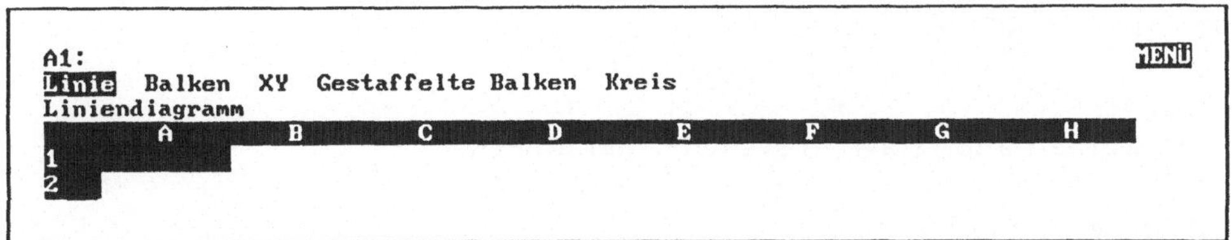

Bild 9-2 Untermenü Typ

Wie dieses Bild zeigt, bestehen folgende Möglichkeiten:

- *Linie* (Liniendiagramm),

- *Balken* (Balkendiagramm),

- *XY* (XY-Grafik),

- *gestaffelte Balken* (gestaffeltes Balkendiagramm) und

- *Kreis* (Kreisdiagramm).

Die jeweiligen Erklärungen in Klammern erscheinen als Kommentar in der dritten Bildschirmzeile (Bedienzeile).

Nach der Auswahl des Grafiktyps kehren Sie wieder ins Grafik-Hauptmenü zurück.

XABCDEF

Auf der X-Achse (waagrechte Achse) können höchstens sechs Datenbereiche (A bis F) dargestellt werden. Wird beispielsweise A ausgewählt, wird das entsprechende Zahlenfeld für diesen Datenbereich im Arbeitsblatt markiert (entsprechendes gilt für die Datenbereiche B bis F).

Vorgabe

Mit der Auswahl von **Vorgabe** (V) können Sie die gesamte Grafik löschen oder einzelne Bereichsparameter rückgängig machen. Das Untermenü Vorgabe sieht folgendermaßen aus (Bild 9-3):

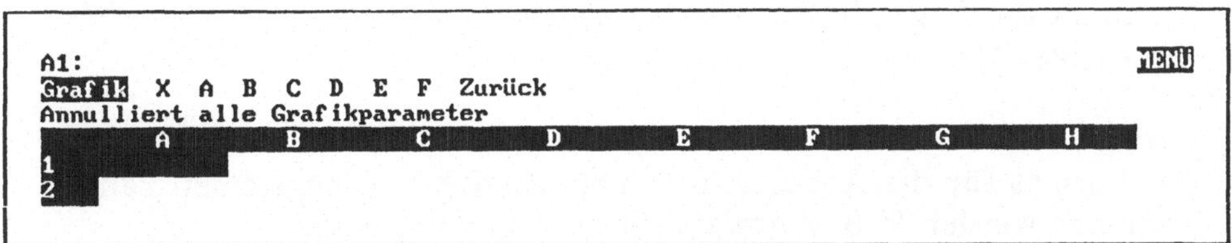

Bild 9-3 Untermenü Vorgabe

Sie haben folgende Möglichkeiten:

- *Grafik*
  Es werden alle Grafik-Parameter annulliert;

- *X* (bzw. A bis F)
  Es wird der X-Bereich (bzw. der A- bis F-Bereich) annulliert.

Kontrolle

Wird dieser Befehl ausgewählt (K), dann erscheint die Grafik auf dem
Bildschirm.

Speichern

Wird **Speichern** (S) ausgewählt, dann wird die aktuelle Grafik gespeichert. Die zugehörige Grafikdatei erhält automatisch den Zusatz .PIC.
Diese Dateien können mit dem PrintGraph-Programm ausgedruckt werden (s. Kapitel 10).

Optionen

Mit der Auswahl von **Optionen** (O) haben Sie folgenden Möglichkeiten
(Bild 9-4):

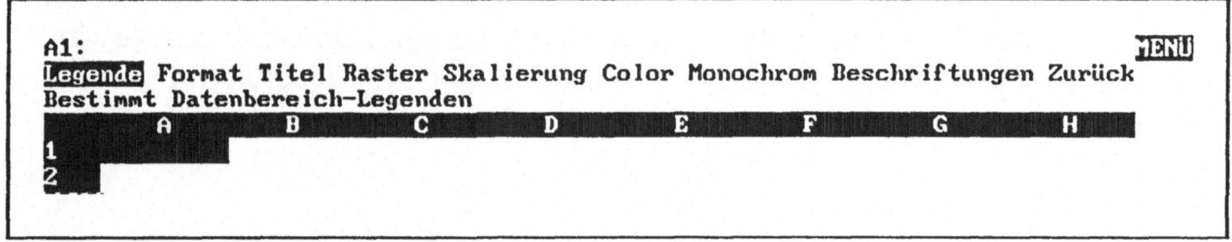

Bild 9-4 Möglichkeiten bei der Optionswahl

- *Legende*
  Bestimmt die Legende für die Datenbereiche (z.B. schräge Schraffur
  für Artikel 1);

- *Format*
  Das Format für die Anzeige in Linien- und XY-Diagrammen kann
  bestimmt werden (z.B. Anzeige mit oder ohne Symbole);

- *Titel*
  Benennung einer Hauptüberschrift (erste Zeile des Grafiktitels), einer
  weiterer Überschrift (zweite Zeile des Grafiktitels) sowie Beschriften
  der X- und Y-Achse;

- *Raster*
  Versehen des Diagramms mit horizontalen und vertikalen Linien;

- *Skalierung*
  Bestimmung eines Maßstabs für die Y- und X-Achse (Y-Skala,
  X-Skala) sowie die Möglichkeit, Beschriftungen auf der X-Achse zu
  unterdrücken (Skip).

  Bei der automatischen Skalierung (*Automatisch*) werden die Zahlenwerte vom Rechner automatisch so eingeteilt, daß einerseits alle
  Zahlen auf der Diagrammfläche Platz haben und andererseits der zur
  Verfügung stehende Platz möglichst vollständig genutzt wird. Bei der
  manuellen Skalierung (*Manuell*) können die Unter- und Obergrenzen
  des Maßstabes individuell festgelegt werden. Weiterhin können
  bestimmte Ausgabeformate (*Format*) gewählt werden (z.B. Währung
  oder Prozent),

- *Color*
  Die einzelnen Datenbereiche können mit verschiedenen Farben
  ausgefüllt werden (dazu ist ein Farbbildschirm erforderlich);

- *Monochrom*
  Nach einer Farbanzeige kann mit diesem Befehl wieder die mono-
  chrome Schwarz-Weiß-Darstellung eingeschaltet werden, in der
  beispielsweise bei Balkendiagrammen die Schraffuren wieder zu sehen
  sind,

- *Beschriftungen*
  Der Inhalt eines einzelnen Datenfeldes (z.B. der Zahlenwert für die
  Balkenhöhe) kann zusätzlich ausgegeben werden;

- *Zurück*
  Rückkehr ins Grafik-Hauptmenü.

Name

Mit der Eingabe von **Name** (N) erscheint folgendes Menü (Bild 9-5):

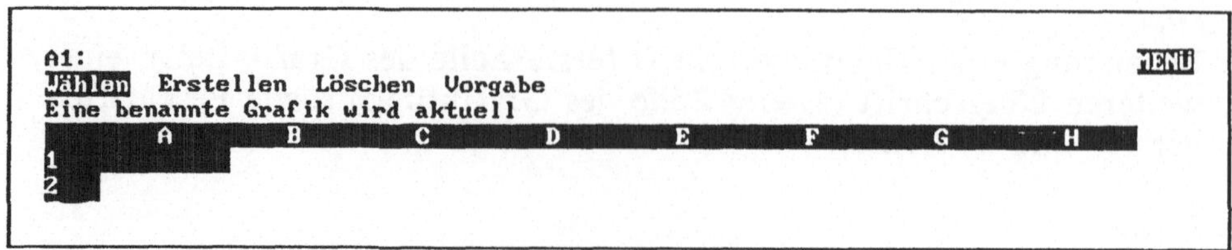

Bild 9-5 Möglichkeiten bei der Namenswahl

- *Wählen*
  Die bereits unter bestimmten Namen abgespeicherten Grafiken eines
  Arbeitsblattes können ausgewählt werden,

- *Erstellen*
  Die verschiedenen Grafikauswertungen eines Arbeitsblattes werden
  entsprechend benannt. Soll die Grafik auf einen Drucker ausgegeben
  werden, so muß zusätzlich der Befehl **Grafik Speichern (/GS)** benutzt
  werden;

- *Löschen*
  Nicht mehr benötigte Grafiken können gelöscht werden;

- *Vorgabe*
  Alle benannten Grafiken werden gelöscht.

Zurück

Mit dem Befehl **Zurück (Z)** kommen Sie zurück in den BEREIT-Modus.

9.1 Problembeschreibung

Wir werden nun die Artikel-Umsatz-Statistik, wie sie Bild 9-6 zeigt, auf
unterschiedliche Weise grafisch auswerten. Die Eingabe des Arbeitsblattes nehmen Sie bitte selbst vor:

```
A1:                                                                    BEREIT

        A      B     C      D     E     F     G        H        I       J
1
2              Umsatz 1987 in TDM
3              ===================
4
5   Monat      IArtikel1 IArtikel2 I
6   ---------I---------I---------I
7   Januar    I    90 I    100 I       1 Jan
8   Februar   I    85 I     90 I       2 Feb
9   März      I   110 I    120 I       3 Mär
10  April     I    80 I    100 I       4 Apr
11  Mai       I   100 I     97 I       5 Mai
12  Juni      I    83 I     88 I       6 Jun
13  Juli      I    73 I     86 I       7 Jul
14  August    I    87 I     71 I       8 Aug
15  SeptemberI   115 I    110 I       9 Sep
16  Oktober   I   120 I    130 I      10 Okt
17  November  I   140 I    145 I      11 Nov
18  Dezember  I   130 I    150 I      12 Dez
19
20
05.12.86   16:00
```

Bild 9-6 Artikel-Umsatz-Statistik

9.2 Problemlösung

1. Erstellen eines Liniendiagramms

2. Erstellen eines Balkendiagramms

3. Erstellen eines gestaffelten Balkendiagramms

4. Erstellen eines Kreisdiagramms

5. Erstellen eines XY-Diagramms

6. Ändern von Werten im Arbeitsblatt

9.2.1 Erstellen eines Liniendiagramms

Das Liniendiagramm zeigt die monatliche Umsatzentwicklung von Artikel 1 und Artikel 2.

Als erstes bewegen Sie den Zellzeiger zur Zelle A1.

/GTL   Auswahl des Befehls Grafik Typ
                              Linie.
                              Wir wählen aus dem Menü
                              der Grafik-Typen den Linien-
                              grafen aus. Sie befinden sich
                              nun im Grafik-Hauptmenü.

A   Auswahl des Befehls A.
                              Nun kann der *A-Bereich*, d.h der
                              erste Datebereich festgelegt
                              werden.
                              Es erscheint:
                              Erster Datenbereich: A1

c7..c18   Eingabe von C7..C18.
                              Dies sind die Umsatzzahlen des
                              Artikels 1.

<RETURN>   Abspeichern des A-Bereiches.
                              Sie befinden sich wieder im
                              Grafik-Hauptmenü.

B   Auswahl des *Befehls B*.
                              Im B-Bereich definieren wir die
                              Umsatzzahlen von *Artikel 2*.
                              Es erscheint:
                              Zweiter Datenbereich: A1

e7..e18   Eingabe von E7..E18.
                              (Umsatz von Artikel 2).

<RETURN>   Abspeichern des B-Bereiches.
                              Sie befinden sich wieder im
                              Grafik-Menü.

K   Auswahl des Befehls Kontrolle.
                              Bereits an dieser Stelle ist
                              der Graf darstellbar, er sieht
                              jedoch recht unvollkommen aus.

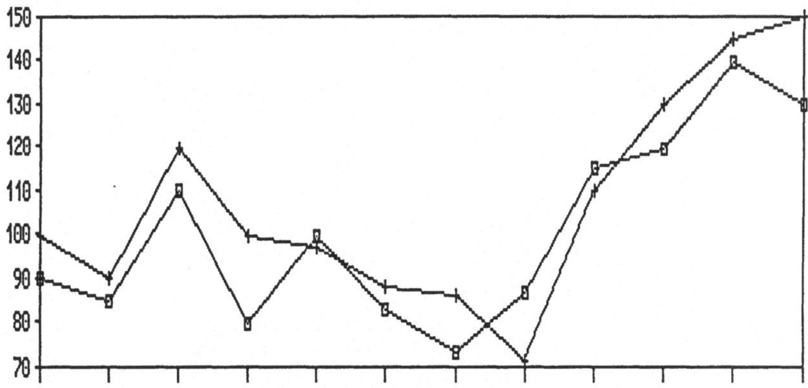

Bild 9-7 Unbeschriftetes Liniendiagramm

Beim Betrachten der Kurven ist nicht klar, welche Linien zu Artikel 1 und welche zu Artikel 2 gehören. Diese Zuordnung wird nun getroffen:

<RETURN>	Durch Drücken der <RETURN>-Taste oder einer beliebigen anderen Taste kommen wir wieder zurück in das Grafik-Hauptmenü.
OLA	Auswahl des Befehls Optionen Legende A. Mit diesem Befehl kann eine Legende für den A-Bereich gewählt werden: Legende für Bereich A:
Artikel 1	Eingabe des Textes Artikel 1.
<RETURN>	Abspeichern der Legende für den A-Bereich. Sie befinden sich wieder im Untermenü Optionen.
LB	Auswahl des Befehls Legende B. Es erscheint. Legende für Bereich B:
Artikel 2	Eingabe des Textes Artikel 2.
<RETURN>	Abspeichern der Legende für den B-Bereich. Sie befinden sich wieder im Untermenü Grafik-Optionen.

RH	Auswahl des Befehls **Raster Horizontal**. Mit diesem Befehl veranlassen wir Lotus 1-2-3, horizontale Linien über den Grafen zu ziehen. Mit dem Befehl **Raster Vertikal** (**RV**) sind senkrechte Linien darstellbar. Mit dem Befehl **Raster Beide** (**RB**) werden sowohl horizontale als auch vertikale Linien gezogen. Mit dem Befehl **Raster Löschen** (**RL**) werden alle Rastereinstellungen gelöscht.
Z	Auswahl des Befehls **Zurück**. Dadurch verlassen wir das Optionen-Menü und gelangen wieder zurück ins Grafik-Hauptmenü.
X	Auswahl des Befehls **X**. Nun soll die X-Achse beschriftet werden. Dazu müssen Abkürzungen für die Monatsnamen verwendet werden, da sich die voll ausgeschriebenen Namen im Diagramm überlappen würden. Die Abkürzungen wurden im Arbeitsblatt in der Spalte H notiert. Es erscheint: Bereich für X-Achse: A1
h7..h18	Eingabe von H7..H18. (Bereich der Abkürzungen).
<RETURN>	Abspeichern des X-Bereiches.
K	Auswahl des Befehls **Kontrolle**. Der aktuelle Stand der Grafik erscheint auf dem Bildschirm.

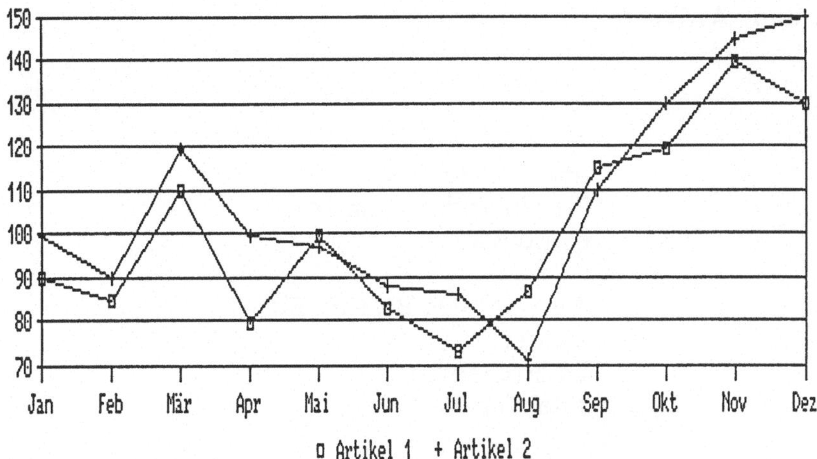

Bild 9-8 Liniendiagramm mit beschrifteten Achsen

<RETURN>   Sie befinden sich wieder im
                                Grafik Hauptmenü.

Zur Vervollständigung der Grafik wird im folgenden die erste und
zweite Überschrift und die Beschriftung der X- und Y-Achse durchgeführt.

Mit dem Befehl **Grafik Optionen Titel (/GOT)** kann eine ganze Grafik
oder die X- bzw. Y-Achse mit einer Überschrift versehen werden.
Dieser Befehl wird zusätzlich zu den Befehlen **Grafik Optionen Legende
(/GOL)** und **Grafik Optionen Beschriftung (/GOB)** benutzt, um die
Grafiken betiteln zu können.

OTE   Auswahl des Befehls Optionen
                                Titel Erste.
                                Es erscheint:
                                Erste Zeile für Grafiktitel:

Umsatz 1987   Eingabe des Textes Umsatz 1987.

<RETURN>   Abspeichern der ersten Grafik-
                                überschrift
                                Sie sind wieder im Grafik-Hauptmenü.

TZ   Auswahl des Befehls Titel
                                Zweite.
                                Es erscheint:
                                Zweite Zeile für Grafiktitel:

für Artikel 1 und Artikel 2

                       Eingabe des Textes für
Artikel 1 und Artikel 2.

<RETURN>   Abspeichern der zweiten Grafik-
überschrift.
Sie sind wieder im Menü
Optionen.

TX   Auswahl des Befehls Titel X-
Achse.
Es erscheint:
Titel für X-Achse:

Monatsumsätze   Eingabe des Textes Monatsumsätze.

<RETURN>   Abspeichern der Beschriftung
für die X-Achse. Sie sind
wieder im Untermenü Optionen.

TY   Auswahl des Befehls Titel Y-
Achse.
Es erscheint:
Titel für Y-Achse:

in Tausend DM   Eingabe des Textes in Tausend
DM.

<RETURN>   Abspeichern der Beschriftung
für die Y-Achse. Sie befinden
sich im Untermenü Optionen.

Z   Auswahl des Befehls Zurück.
Sie befinden sich im Grafik-
Hauptmenü.

K   Auswahl des Befehls Kontrolle.
Auf dem Bildschirm erscheint
die vollständige Grafik.

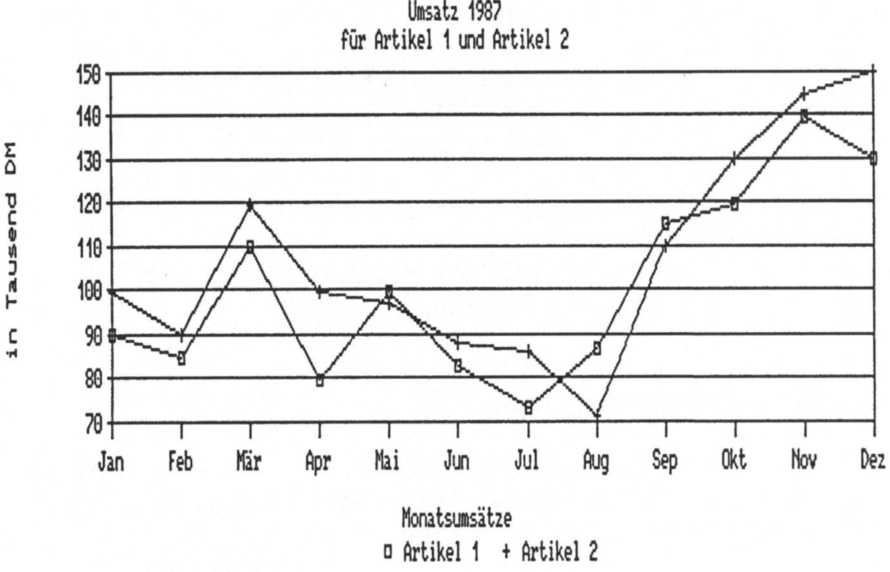

Bild 9-9 Liniendiagramm

Wenn Sie über einen Farbmonitor verfügen, wählen Sie den Befehl **Optionen Color (OS)**. Ihre Grafik erscheint farbig.

OCZ   Auswahl des Befehls Option
           Color Zurück.

K   Auswahl des Befehls Kontrolle.
           Die Grafik erscheint farbig.

Mit dem Befehl **Name Erstellen (NE)** können wir dieser Grafik einen Namen geben.

NE   Auswahl des Befehls Name
           Erstellen.
           Es erscheint:
           Grafikname:

Linie   Eingabe des Textes Linie.

<RETURN>   Abspeichern der aktuellen
           Grafik unter dem Namen Linie.

Zum Ausdrucken muß das Liniendiagramm abgespeichert werden. Dies geschieht mit dem Befehl **Speichern (S)**.

Sie befinden sich im Grafik-Hauptmenü.

S   Auswahl des Befehls Speichern.
                                     Es erscheint:
                                     Name der Grafikdatei: B:\.*

LINIE   Eingabe des Textes Linie.

<RETURN>   Abspeichern des Liniendiagramms
                                     auf Diskette.

9.2.2 Erstellen eines Balkendiagramms

Für das Balkendiagramm sollen die gleichen Zahlen mit denselben
Beschriftungen wie im Liniendiagramm verwendet werden. Dazu müssen
Sie nur den Grafiktyp **Balken (B)** auswählen.

Sie befinden sich im Grafikmenü.

TB   Auswahl des Befehls Typ Balken.

K   Auswahl des Befehls Kontrolle.
                                     Sie sehen sofort das Balkendia-
                                     gramm.

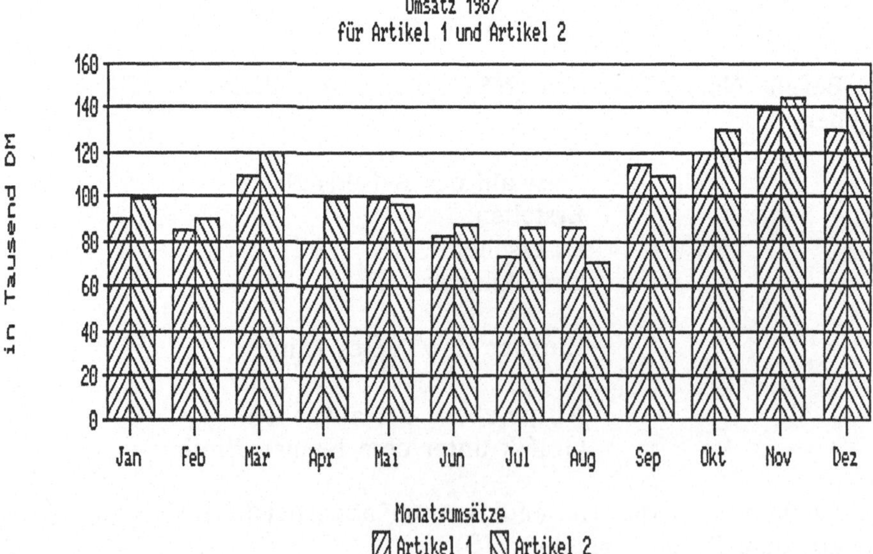

Bild 9-10 Balkendiagramm

<RETURN>	Drücken einer beliebigen Taste. Sie befinden sich wieder im Grafik-Hauptmenü.

Es ist auch hier sinnvoll, dem Balkendiagramm einen Namen zu geben, um später die verschiedenen Grafen des gleichen Arbeitsblattes wieder aufrufen zu können.

NE	Auswahl des Befehls Name Erstellen. Es erscheint: Grafikname:
Balken	Eingabe des Textes Balken.
<RETURN>	Abspeichern der Balkengrafik unter dem eingegebenen Namen.

Für den späteren Ausdruck soll die Grafik ebenfalls abgespeichert werden.

Sie befinden sich im Grafik-Hauptmenü.

S	Auswahl des Befehls Speichern. Es erscheint: Name der Grafikdatei: B:\.*
BALKEN	Eingabe des Textes Balken.
<RETURN>	Abspeichern der Balkengrafik auf Diskette.

9.2.3 Erstellen eines gestaffelten Balkendiagramms

Um ein gestaffeltes Balkendiagramm aus dem Datensatz zu erzeugen, müssen wir nur den Grafiktyp **Gestaffelte Balken (G)** wählen und sehen mit dem Befehl **Kontrolle (K)** das gestaffelte Balkendiagramm.

Wir befinden uns im Grafik-Hauptmenü:

TG	Auswahl des Befehls Typ Gestaffelte Balken.
K	Auswahl des Befehls Kontrolle. Sie sehen das gestaffelte Balkendiagramm.

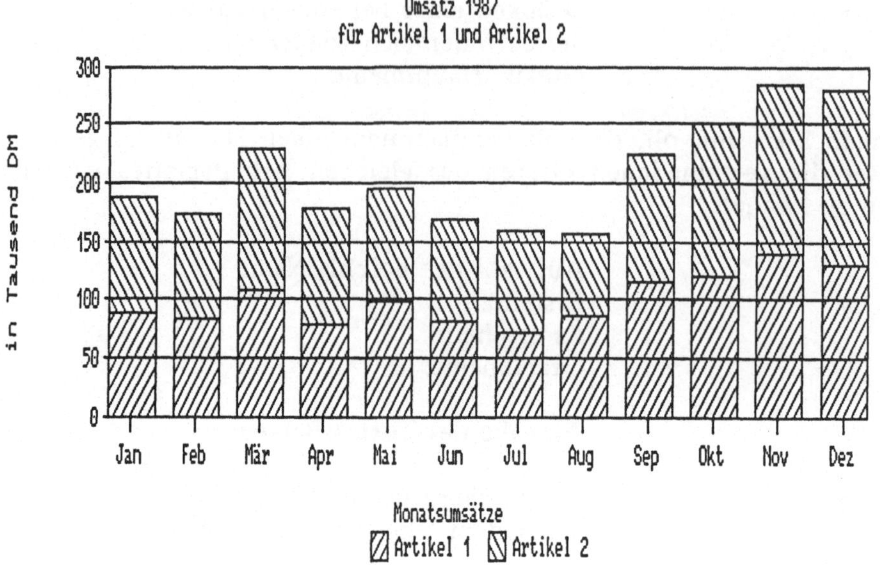

Bild 9-11 Gestaffeltes Balkendiagramm

<RETURN>   Zurück ins Grafik-Hauptmenü.

Die Monatsnamen auf der X-Achse sollen nun in jedem 2. Feld erscheinen. Mit dem Befehl **Skalierung Skip (SS)** und dem Sprungfaktor 2 wird nur jeder zweite Monatsnamen angezeigt. Die Monatszahlen (1 bis 12) wollen wir über dem oberen Balken zeigen.

Wir befinden uns im Grafik-Hauptmenü.

OSS   Auswahl des Befehls Optionen
                                 Skalierung Skip.
                                 Es erscheint:
                                 Skipfaktor (1..8192): 1

2   Eingabe von 2.

<RETURN>   Abspeicherung des Skipfaktors 2.
                                 Wir befinden uns wieder im
                                 Grafik-Hauptmenü.

B   Auswahl des Befehls
                                 Beschriftung.
                                 Sie befinden sich im Untermenü
                                 Beschriftung.

B	Auswahl des Befehls **B**. Wir wählen B, weil der B-Bereich die obere Balkenreihe beendet. Es erscheint: Labelbereich für Daten im Bereich B: A1
g7..g18	Eingabe von G7..G18. Die Zahlen für die Monate befinden sich im Bereich G7 bis G18.
<RETURN>	Abspeichern des Labelbereiches für die Monatszahlen. Es wird nach der Auswertung gefragt.
O	Auswahl des Befehls **O**ben. Die Beschriftung soll über die Balken gesetzt werden.
ZZ	Mit Zurück Zurück gelangen Sie ins Grafik-Hauptmenü zurück.
K	Auswahl des Befehls **K**ontrolle. Die Grafik erscheint auf dem Bildschirm.

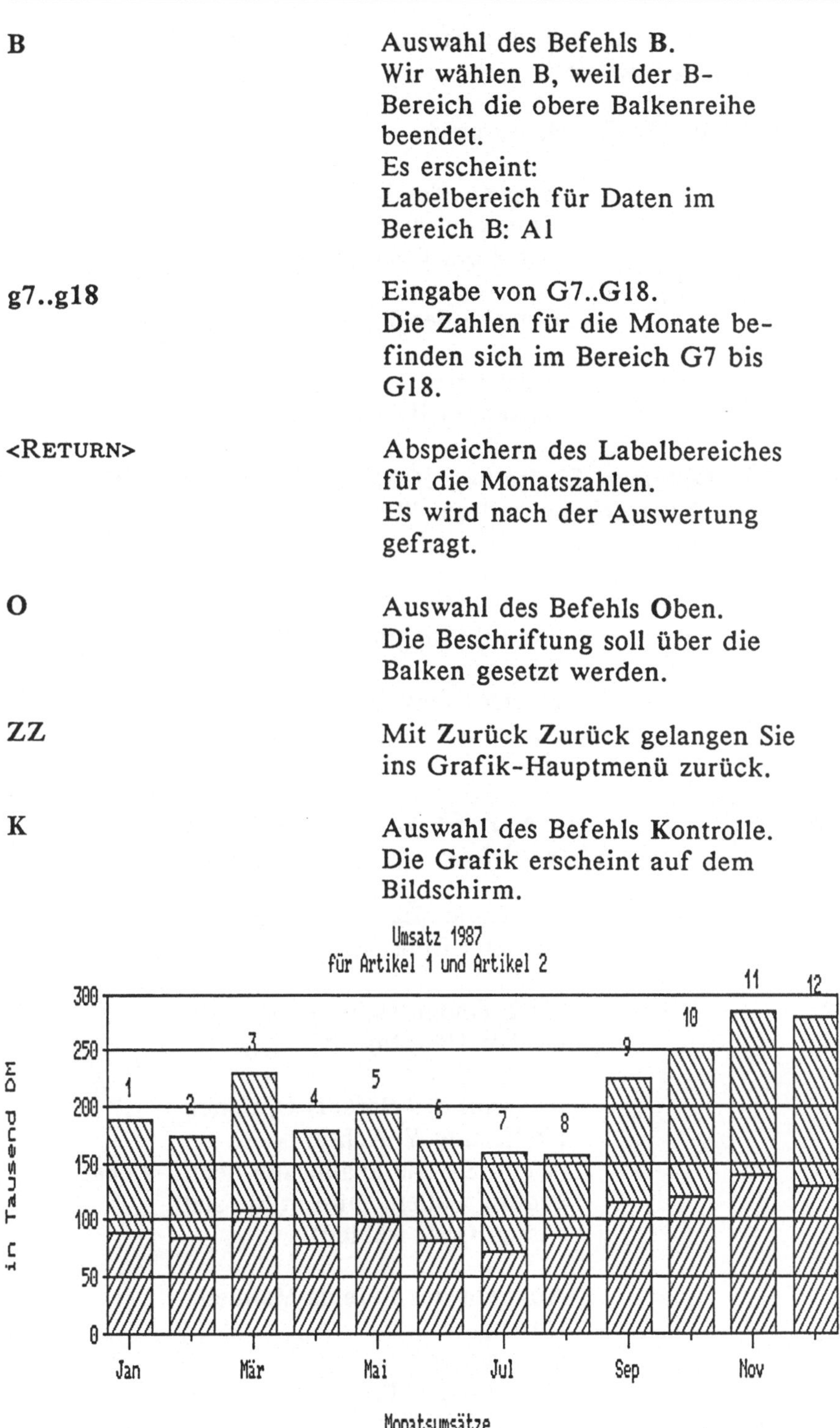

Bild 9-12 Gestaffeltes Balkendiagramm

Für den Ausdruck wird das gestaffelte Balkendiagramm unter dem
Namen GESBAL abgespeichert.

Sie befinden sich im Grafik-Hauptmenü.

S	Auswahl des Befehls Speichern. Es erscheint: Name der Grafikdatei: B:\.*
GESBAL	Eingabe des Textes GESBAL.
<RETURN>	Abspeichern der gestaffelten Balkengrafik auf Diskette.

Mit dem Befehl **Optionen Skalierung (OS)** haben Sie die Möglichkeit,
die automatische Skalierung zu ändern. Wir benutzen für unser Beispiel
das Liniendiagramm.

NW	Auswahl des Befehls Name Wählen. Es erscheint: Name der zu aktivierenden Grafik:
Linie	Die Grafik Linie soll aktiviert werden.
<RETURN>	Das Liniendiagramm erscheint auf dem Bildschirm.
<RETURN>	Sie befinden sich wieder im Grafik-Hauptmenü.
OSY	Auswahl des Befehls Optionen Skalierung Y-Achse. (Wenn Sie die Skalierung der X-Achse ändern wollen, müssen Sie statt dessen **OSX** wählen).
MU	Auswahl des Befehls Manuell Unten. Es erscheint: Untergrenze: 0.
60	Eingabe der Zahl 60.

<RETURN>   Die untere Skalierung startet
                               beim Zahlenwert 60.

O   Auswahl des Befehls Obergrenze.
                               Es erscheint:
                               Obergrenze: 0.

160   Eingabe der Zahl 160.

<RETURN>   Die obere Skalierung endet mit
                               dem Zahlenwert 160.

ZZ   Zurück ins Grafik-Hauptmenü.

K   Auswahl des Befehls Kontrolle.
                               Die Grafik erscheint auf dem
                               Bildschirm.

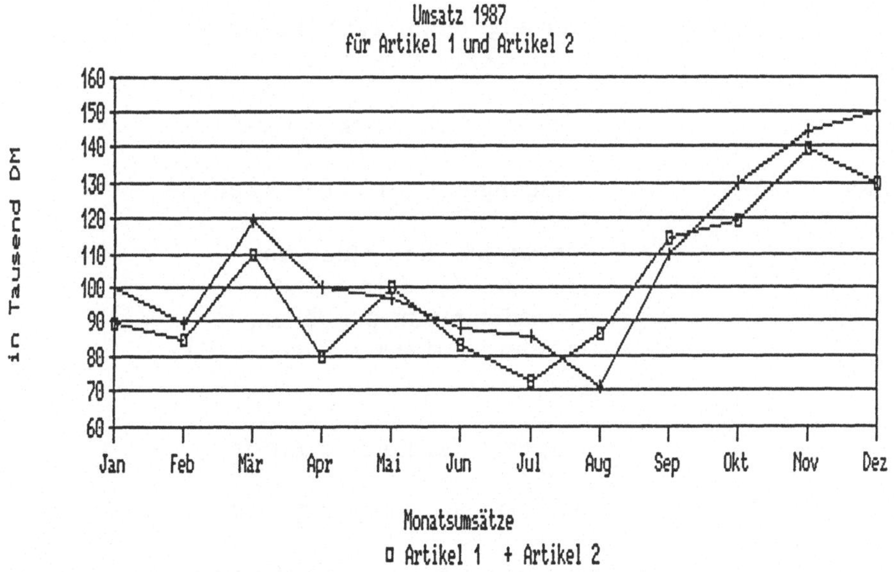

Bild 9-13 Liniendiagramm mit geänderten Werten

9.2.4 Erstellen eines Kreisdiagramms

In Kreisdiagrammen werden die Zahlen eines Bereichs in Kreissektoren
dargestellt. Jeder Sektor gibt den Anteil am Gesamtbereich an.

Kreisdiagramme können nur *einen* Zahlenbereich darstellen (z.B. Umsatz
für Artikel 1 bezogen auf den Gesamtumsatz aller Artikel). Die einzelnen Werte aus diesem Zahlenbereich werden immer in Prozentwerte um-
gerechnet und ebenfalls ausgegeben.

Lotus 1-2-3 nimmt immer den Zahlenbereich von A und benutzt die
Texte, die im X-Bereich festgelegt wurden. Werden die vorangegangenen
Diagramme verwendet, so werden die Werte von Artikel 1 grafisch dargestellt. Es ist nötig, die zweite Überschrift zu ändern, da der bisherige
zweite Titel lautete: für Artikel 1 und Artikel 2.

Sie befinden sich im Grafik-Hauptmenü.

OTZ	Auswahl des Befehls Optionen Titel Zweite. Es erscheint: Zweite Zeile für Grafiktitel: für Artikel 1 und Artikel 2
<ESC>	Der angezeigte Text für die zweite Zeile wird gelöscht.
Artikel 1	Eingabe des Textes Artikel 1.
<RETURN>	Abspeichern der neuen zweiten Überschrift. Wollen Sie die Zahlen von Artikel 2 (B-Bereich) als Kreisdiagramm darstellen, so müssen sie diese auf den A-Be-reich legen.
Z	Auswahl des Befehls Zurück.
TK	Auswahl des Befehls Typ Kreis.

Da man mit dem Kreisdiagramm, wie bereits erwähnt, nur einen
Datenbereich darstellen kann (Bereich A), löschen wir den Bereich B.
Dies geschieht mit folgender Befehlsfolge:

VB	Auswahl des Befehls Vorgabe **B**.
Z	Zurück ins Grafik-Hauptmenü.
K	Auswahl des Befehls Kontrolle. Es erscheint das Kreisdiagramm.

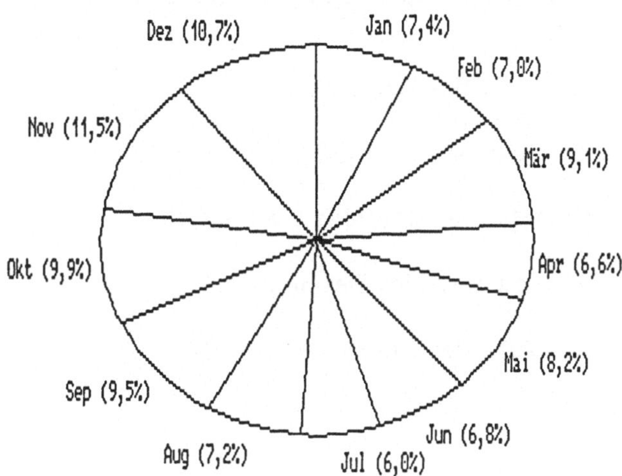

Bild 9-14 Kreisdiagramm

Auch diese Grafik erhält einen Namen und wird abgespeichert, um sie
später audrucken zu können.

NE   Auswahl des Befehls Name
Erstellen.
Es erscheint:
Grafikname:

Kreis   Eingabe des Textes Kreis.

<RETURN>   Abspeichern des Kreisdiagramms
unter dem eingegebenen Namen.

Sie befinden sich im Grafik-Hauptmenü.

S   Auswahl des Befehls Speichern.
Es erscheint:
Name der Grafikdatei: B:\.*

KREIS   Eingabe des Textes KREIS.

<RETURN>   Abspeichern der aktuellen Gra-
fik unter dem Namen KREIS auf
Diskette.

Es ist auch möglich, einzelne Kreissegmente herauszuheben. Dazu
benützen wir den Datenbereich B. Alle diejenigen Werte, die im Bereich
B über 100 liegen, werden als Kreissegmente herausgeschoben. Wir
gehen dabei folgendermaßen vor:

B   Auswahl des Bereichs B.
                               Es erscheint:
                               Zweiter Datenbereich: A1.

c7..c18   Eingabe des Bereichs C7 bis C18.

<RETURN>   Abspeichern des Bereichs B.

K   Auswahl des Befehls Kontrolle.

Es erscheint folgende Grafik:

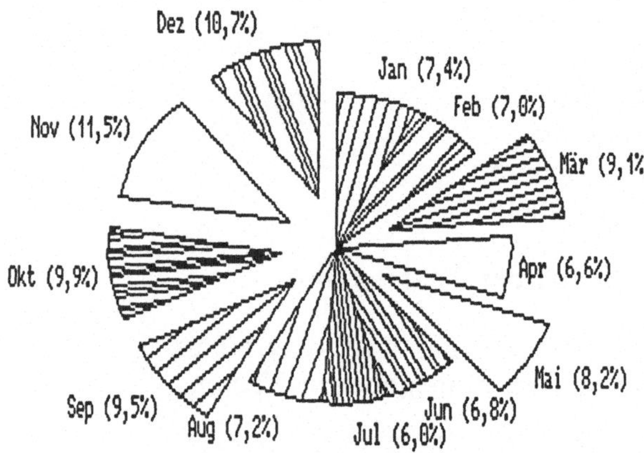

Bild 9-16

Kreisdiagramm mit
herausgeschobenen
Kreissegmenten

Alle Monate im Bereich B, bei denen die Umsatzzahlen über 100 TDM
liegen, erscheinen als herausgeschobene Kreissegmente (März, Mai,
September, Oktober, November, Dezember).

9.2.5 Erstellen eines XY-Diagramms

Mit den bisherigen grafischen Auswertungsarten wurden Zahlenbereiche
durch Balken oder Kreissegmente vergleichend dargestellt. XY-
Diagramme beschreiben dagegen eine Abhängigkeit der Y-Koordinate
(z.B. Balkenhöhe) von der X-Koordinate (z.B. Symbole der X-Achse).

Solche funktionalen Abhängigkeiten bestehen in unserem Beispiel zwischen Artikel 1 und Artikel 2 nicht. Eine sinnvolle Abhängigkeit des Umsatzes, beispielsweise von Artikel 1, besteht von der Zeit. Diese Darstellungsweise entspricht dem Liniendiagramm in Abschnitt 9.2.1 (s. Bild 9-9).

Eine brauchbare grafische Auswertung im XY-Diagramm wäre beispielsweise die Darstellung des Zusammenhangs zwischen Maschinentyp und Ausschuß in Kapitel 5. Der Leser wird ermuntert, dies nach Durcharbeiten dieses Abschnitts selbst zu probieren.

Wir befinden uns im Grafik-Hauptmenü.

X	Definition der X-Achse. Es erscheint: Bereich für die X-Achse:
g7..g18	Eingabe des Bereiches G7 bis G18 für die Monatszahlen.
<RETURN>	Abspeichern des Bereiches.
A	Auswahl des Befehls A. Es erscheint: Erster Datenbereich:
c7..c18	Eingabe des Bereiches C7 bis C18 für Artikel 1.
<RETURN>	Abspeichern des Bereiches.
B	Auswahl des Bereichs B. Es erscheint: Zweiter Datenbereich: C7..C18.
e7..e18	Eingabe des Bereichs E7 bis E18.
<RETURN>	Abspeichern des zweiten Daten- bereiches (Bereich B).
TX	Auswahl des Befehls Typ XY.
OTZ	Auswahl des Befehls Optionen Titel Zweite. Es erscheint: Zweite Zeile für Grafiktitel: Artikel 1.

und Artikel 2	Eingabe der neuen zweiten Überschrift
<RETURN>	Abspeichern der zweiten Überschrift
Z	Auswahl des Befehls Z. Zurück ins Hauptmenü.
K	Auswahl des Befehls Kontrolle. Es erscheint das XY-Diagramm. (Bild 9-16).

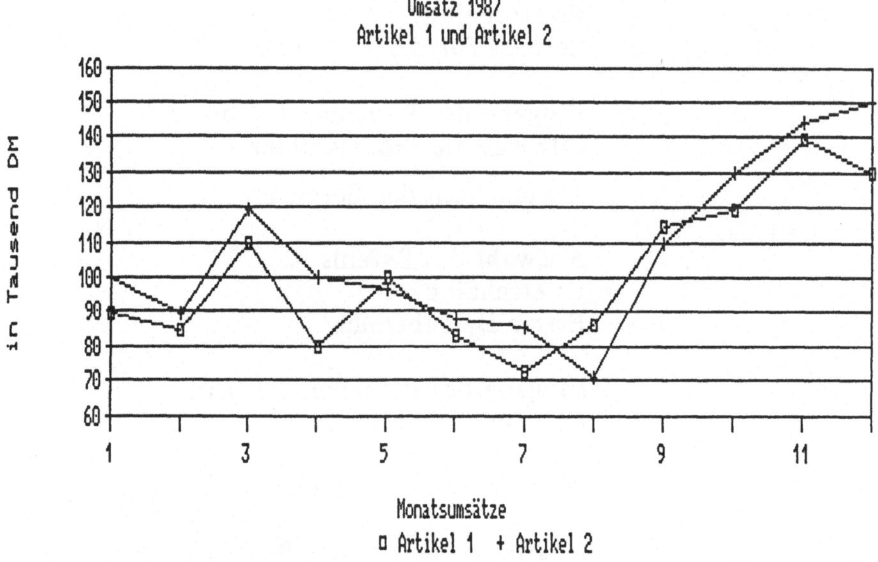

Bild 9-16 XY-Diagramm

Im folgenden wird das Diagramm abgespeichert.

Sie befinden sich im Grafik-Hauptmenü.

S	Auswahl des Befehls Speichern. Es erscheint: Name der Grafikdatei: B:*.PIC
XY	Eingabe des Textes XY.

<RETURN>   Abspeichern der aktuellen Gra-
                            fik unter dem Namen XY auf
                            Diskette.

Z   Auswahl des Befehls Zurück.
                            Wir befinden uns im BEREIT-
                            Modus.

9.2.6 Ändern von Werten im Arbeitsblatt

Werden Werte im Arbeitsblatt geändert, dann rechnet Lotus 1-2-3 das
veränderte Arbeitsblatt sofort neu aus. Wollen Sie eine Grafikauswer-
tung, dann müssen Sie lediglich die Taste <F10> drücken und die aktuelle grafische Auswertung wird sichtbar. Dabei wird der zuletzt ein-
gestellte Grafiktyp verwendet. Durch Auswahl eines anderen Grafiktyps
können aber auch andere Diagramme gezeichnet werden.

Im folgenden Beispiel wollen wir die Umsätze von Artikel 1 im Monat
Juli auf 200 und im Monat August auf 250 erhöhen.

Wir befinden uns im BEREIT-Modus.

Bewegen Sie den Zellzeiger zur Zelle **C13**.

100   Eingabe des Wertes 100 in die
                            Zelle C13 (Juli).

<PFEIL UNTEN>   Abspeichern der Zahl und
                            bewegen des Zellzeigers zur
                            Zelle C14 (August).

150   Eingabe des Wertes 150 in die
                            Zelle C14 (August).

<RETURN>   Abspeichern der Zahl.

<F10>   Die veränderte XY-Grafik ist zu
                            sehen (Bild 9-17).

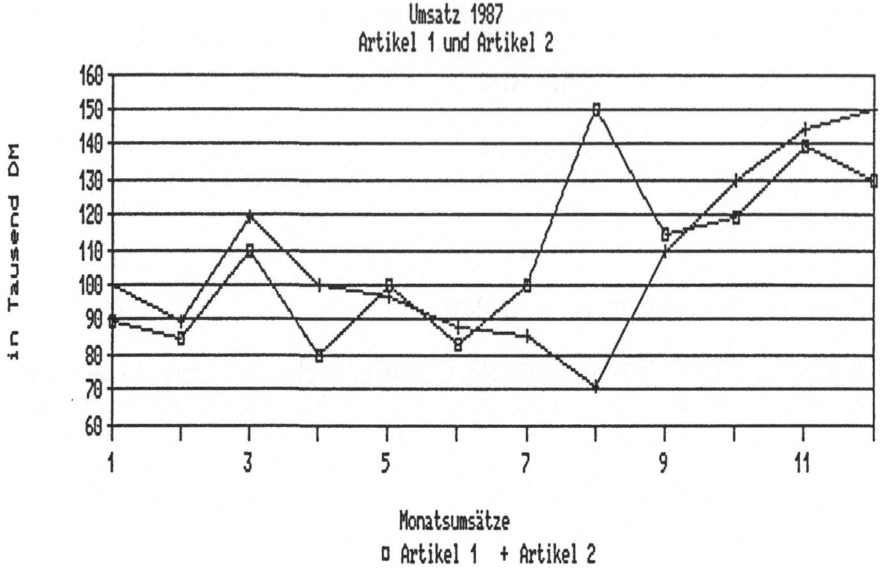

Bild 9-17 Verändertes XY-Diagramm

Dieses Bild zeigt, daß Lotus 1-2-3 die Skalierung automatisch so wählt, daß alle Werte im Diagramm erscheinen. Der Leser möge dies testen, indem er die Umsatzwerte für einige Monate einfach ändert.

Wollen wir mit diesen neuen Werten ein Balkendiagramm erstellen, so gehen wir folgendermaßen vor:

/GNW	Auswahl des Befehls Grafik Name Wählen. Es erscheint: Name der zu aktivierenden Grafik: In der dritten Zeile des Bedienfeldes erscheinen die Namen aller bisher abgespeicherten Grafikauswertungen. Wir bewegen den Zeiger zur Grafik **BALKEN** (Balkengrafik).
<RETURN>	Die Balkengrafik erscheint auf dem Bildschirm (Bild 9-17).

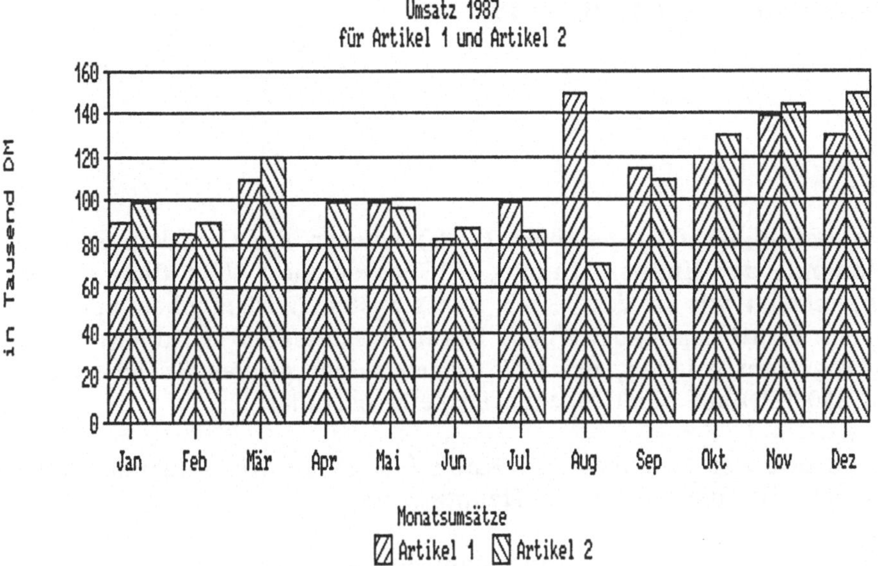

Bild 9-18 Verändertes Balkendiagramm

<RETURN>   Wir befinden uns im Grafik-
                                 Hauptmenü.

In diesem Kapitel haben Sie gesehen, wie problemlos Daten grafisch
aufbereitet werden können. Diesen großen Vorteil von Lotus 1-2-3 sollten Sie auch für Ihre eigenen Daten nutzen. Die in diesem Kapitel
erstellten und gespeicherten Grafiken können auf einem Drucker oder
einem Plotter ausgegeben werden. Die dazu erforderlichen Schritte werden im nächsten Kapitel erläutert.

10 Ausdrucken von Grafiken

Mit dem Befehl **Grafik Speichern** (/GS) wurden die Grafiken in Grafikdateien mit der Endbezeichnung .PIC gespeichert. Um diese auszudrucken, müssen wir in das 1-2-3 Acess System zurückgehen und dort den Befehl **PrintGraph** auswählen. Daran anschließend wird das Print-Graph-Programm geladen, das sich wegen seines großen Speicherplatzbedarfs (250 KB) auf einer eigenen Diskette befindet.

Zum Ausdruck der Grafiken aus Kapitel 9 gehen wir folgendermaßen vor (wir befinden uns im Grafik-Hauptmenü):

<Esc>   Hauptmenü Lotus 1-2-3 .

E   Auswahl des Befehls Ende.

J   Auswahl des Befehls Ja.

Dabei kehren wir entweder zum 1-2-3 Access System oder zum Betriebssystem zurück. Dies hängt davon ab, wie Lotus 1-2-3 ganz zu Anfang gestartet wurde. Wurde es mit **lotus** geladen, so kehren wir in das 1-2-3 Access System zurück, wurde es mit **123** aufgerufen, sind wir auf Betriebssystemebene.

In unserem Fall befinden wir uns im 1-2-3 Access System. In ihm wählen wir den Befehl **PrintGraph** aus.

<PFEIL RECHTS>
<RETURN>   Bewegen des Zellzeigers zum
                                Befehl **PrintGraph**.

Sie sehen folgendes Bild:

```
               Legen Sie die PrintGraph-Diskette in Laufwerk A ein

           Drücken Sie zum Fortsetzen [RETURN], zum Beenden [ESCAPE]
```

Bild 10-1 Aufforderung zum Einlegen der PrintGraph-Diskette

Die PrintGraph-Diskette wird in Laufwerk A eingelegt und die
<RETURN>-Taste gedrückt. Sie sehen folgendes Bild:

```
Copyright 1985 Lotus Development Corp.  Alle Rechte vorbehalten.  V2.0   MENÜ
Wählt Grafiken für Druck
Bildwahl  Parameter  Drucke  Justiere  Seitenvorschub  Ende

   GEWÄHLTE    BILD-OPTIONEN                         HARDWARE-KONFIGURATION
   GRAFIK       Format            Bereiche-Farben    Grafikverzeichnis:
   BILDER        Oben     1,00    X Schwarz            B:\
                 Links    1,90    A Schwarz          Schriftverzeichnis:
                 Breite  16,51    B Schwarz            A:\
                 Höhe    11,91    C Schwarz          Interface:
                 Drehung   ,000   D Schwarz            Parallel 1
                                  E Schwarz          Druckertyp:
                Schriftart        F Schwarz            HP 2686A
                1  BLOCK1                            Papiergröße
                2  BLOCK1                              Breite   21,59
                                                       Länge    27,94

                                                   ABLAUF-OPTIONEN
                                                     Pause: Nein   Vorschub: Ja
```

Bild 10-2 PrintGraph-Hauptmenü

Als erstes müssen die Parameter für den verwendeten Drucker und das Laufwerk, auf dem sich die auszudruckenden Grafikdateien befinden, ausgewählt werden:

<PFEIL RECHTS>
<RETURN>   Auswahl der Option **Parameter.**

<PFEIL RECHTS>   <PFEIL RECHTS>
<RETURN>   Auswahl der Option **Hardware.**

<RETURN>   Auswahl der Option **Grafikver-
                                 zeichnis:**
                                 Verzeichnis für Bild-Dateien
                                 eingeben A:\

B: <RETURN>   Die Grafikdateien befinden sich
                                 auf der Diskette in Laufwerk B.

3 MAL <PFEIL RECHTS>   Auswahl der Option **Drucker.**

<RETURN>   Wir sehen folgendes Bild:

```
Copyright 1985 Lotus Development Corp.  Alle Rechte vorbehalten.  V2.0    ZEIGEN

Wählen Sie ein Grafik-Ausgabegerät


      Typ des Grafik-Ausgabegerätes
---------------------------------------------- [Leertaste] bewegt #
# HP·2686A LaserJet·                           [Return] wählt Gerät mit #
                                               [Esc] beendet und ignoriert Änderung
                                               [Home] zum Anfang der Liste
                                               [End] zum Ende der Liste
                                               [Oben] und [Unten] bewegen Zeiger
                                                     Liste rollt, wenn Zeiger an
                                                     unteren/oberen Rand stößt
```

Bild 10-3 Grafik-Ausgabegerät

<RETURN>   Auswahl des Druckers.

Wir haben den Laserdrucker HP 2686A gewählt.

Z   Auswahl des Befehls Zurück.
                           Sie befinden sich im Parameter-
                           Menü.

S   Auswahl des Befehls Stop.
                           Sie befinden sich jetzt im
                           PrintGraph-Hauptmenü.

B   Auswahl des Befehls Bildwahl.

```
Copyright 1985 Lotus Development Corp.  Alle Rechte vorbehalten.  V2.0   ZEIGEN

Wählen Sie die zu druckende Grafik


   BILD         DATUM      ZEIT      BYTES
   ───────────────────────────────────────    [Leertaste] setzt/entfernt #
   BALKEN       12-05-86   16:33     6043      [Return] wählt Bilder mit #
   GESBAL       12-05-86   16:37     4313      [Esc] beendet und ignoriert Änderung
   GRAFIK1      12-04-86   16:55     1238      [Home] zum Anfang der Liste
   KREIS        12-05-86   17:31     1588      [End] zum Ende der Liste
   LINIE        12-05-86   16:32     1669      [Oben] und [Unten] bewegen Zeiger
   XY           12-05-86   18:09     1649           Liste rollt, wenn Zeiger an
                                                    oberen/unteren Rand stößt
                                               [Grafik] zeigt aufgehelltes Bild
```

Bild 10-4 Verzeichnis der Grafikdateien

Auf der rechten Seite von Bild 10-4 werden die Funktionen der Tasten
erklärt. Beispielsweise wählt die <RETURN>-Taste die Bilder aus und
markiert sie mit dem Zeichen #. In unserem Fall markieren wir die
auszudruckenden Grafikdateien mit einem # durch Drücken der
<LEERTASTE>.

<LEERTASTE>   Markieren der ersten Grafik-
                           datei (BALKEN).

<PFEIL UNTEN>   <PFEIL UNTEN>
<LEERTASTE>   Markieren der zweiten Grafik-
                           datei (GESBAL).

2 MAL <PFEIL UNTEN> <LEERTASTE>	2 MAL <PFEIL UNTEN> Markieren der vierten Grafik- datei (KREIS).
<PFEIL UNTEN> <LEERTASTE>	<PFEIL UNTEN> Markieren der fünften Grafik- datei (LINIE).
<PFEIL UNTEN> <LEERTASTE>	<PFEIL UNTEN> Markieren der sechsten Grafik- datei (XY).
<RETURN>	Sie befinden sich im PrintGraph-Hauptmenü.
D	Auswahl des Befehls Drucker. Nun werden die mit # markierten Grafikdateien ausgedruckt.

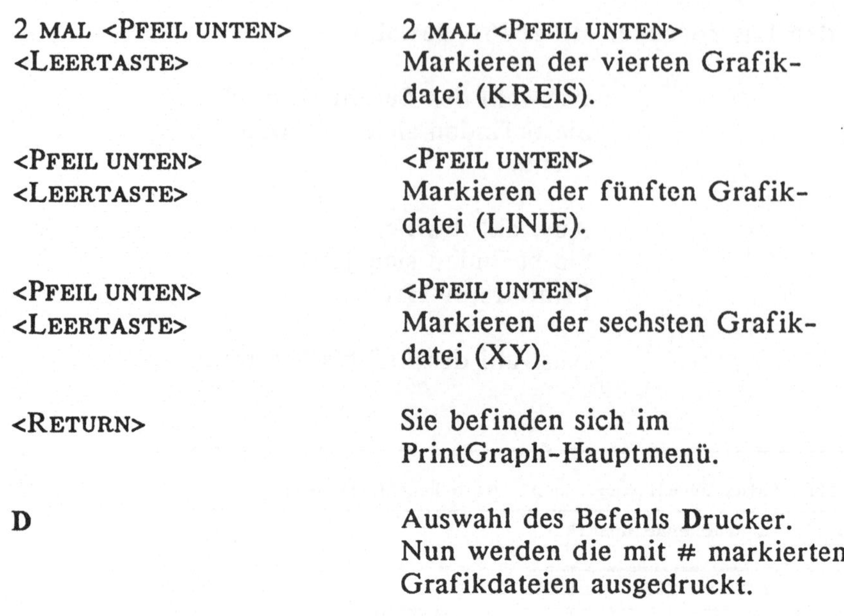
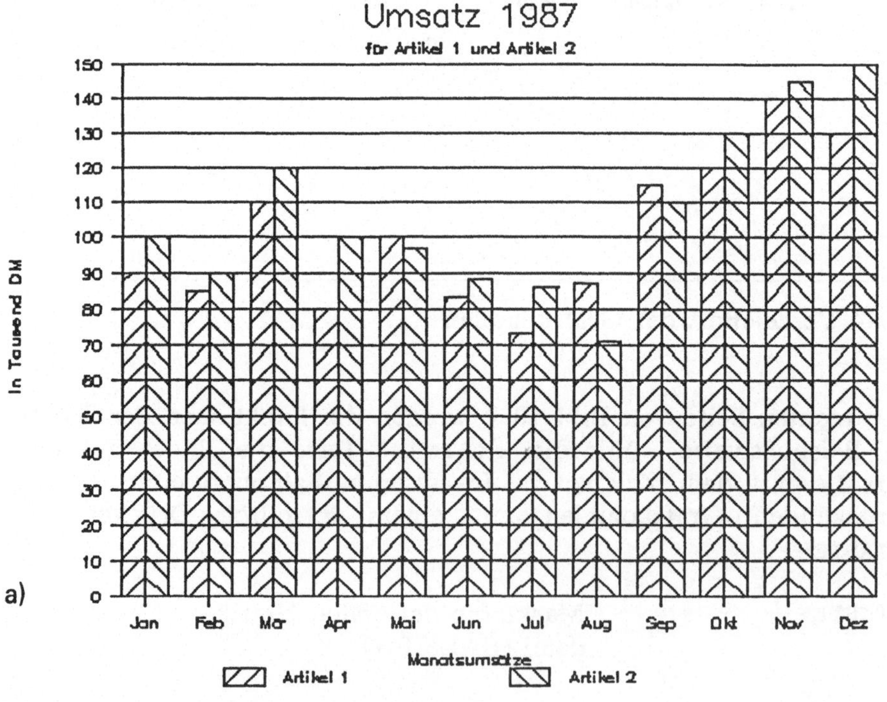

Bild 10-5 Ausgedruckte Grafikdateien:
BALKEN, GESBAL, KREIS, LINIE, XY

Umsatz 1987
für Artikel 1 und Artikel 2
In Tausend DM
300
280
260
240
220
200
180
160
140
120
100
80
60
40
20
0
Jan
Mär
Mai
Jul
Sep
Nov
Monatsumsätze
Artikel 1
Artikel 2

b)

Umsatz 1987
Artikel 1
Dez (10,7%)
Jan (7,4%)
Feb (7,0%)
Nov (11,5%)
Mär (9,1%)
Okt (9,9%)
Apr (8,8%)
Mai (8,2%)
Sep (9,5%)
Jun (8,8%)
Aug (7,2%)
Jul (6,0%)

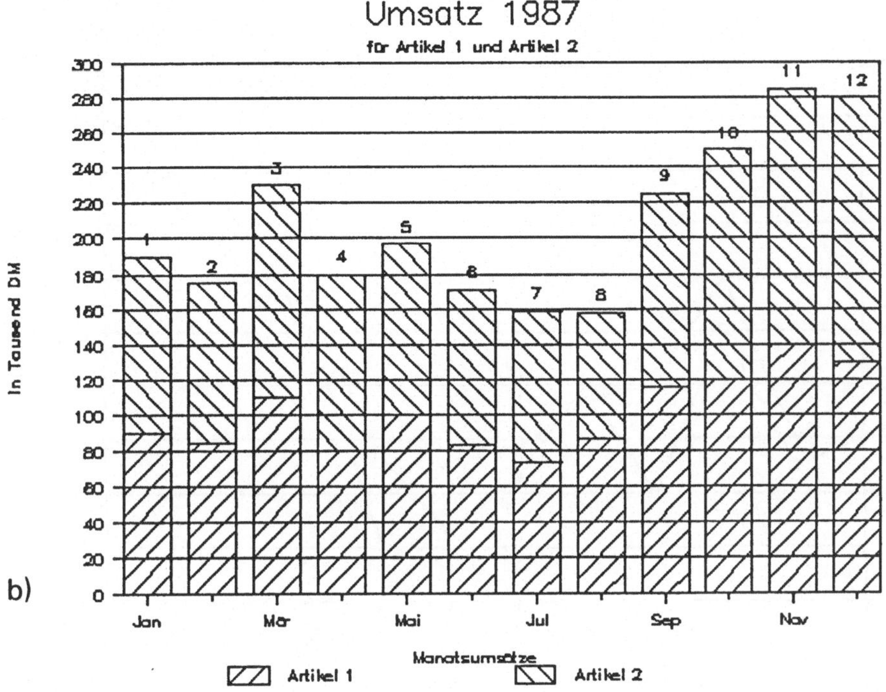

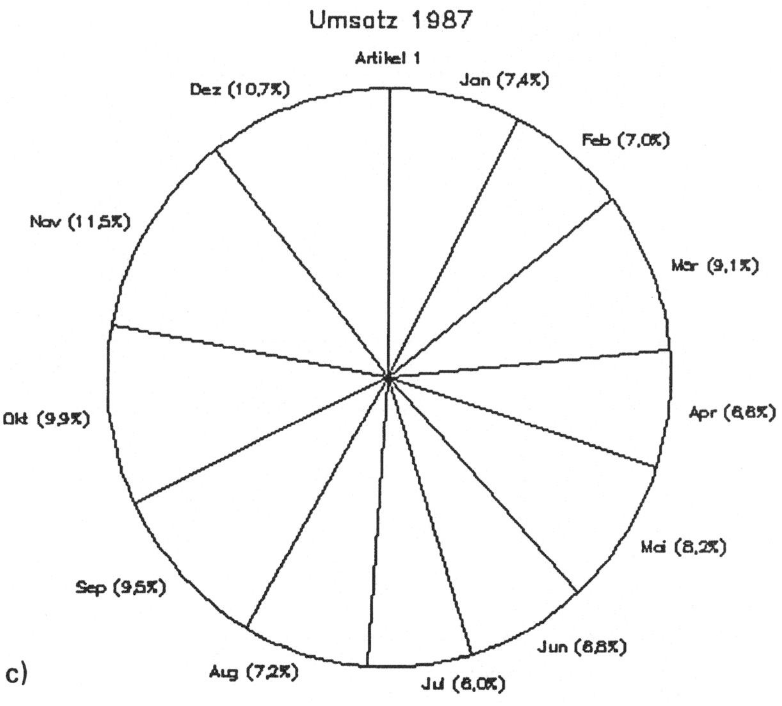

c)

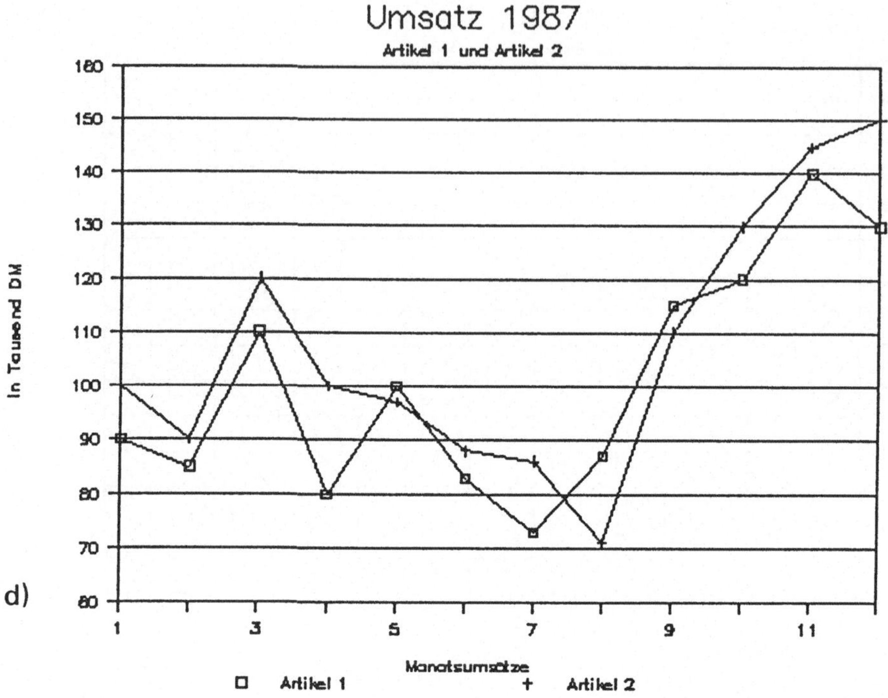

Umsatz 1987
Artikel 1 und Artikel 2
In Tausend DM
180
150
140
130
120
110
100
90
80
70
60
1
3
5
7
9
11
Monatsumsätze
Artikel 1
Artikel 2
d)

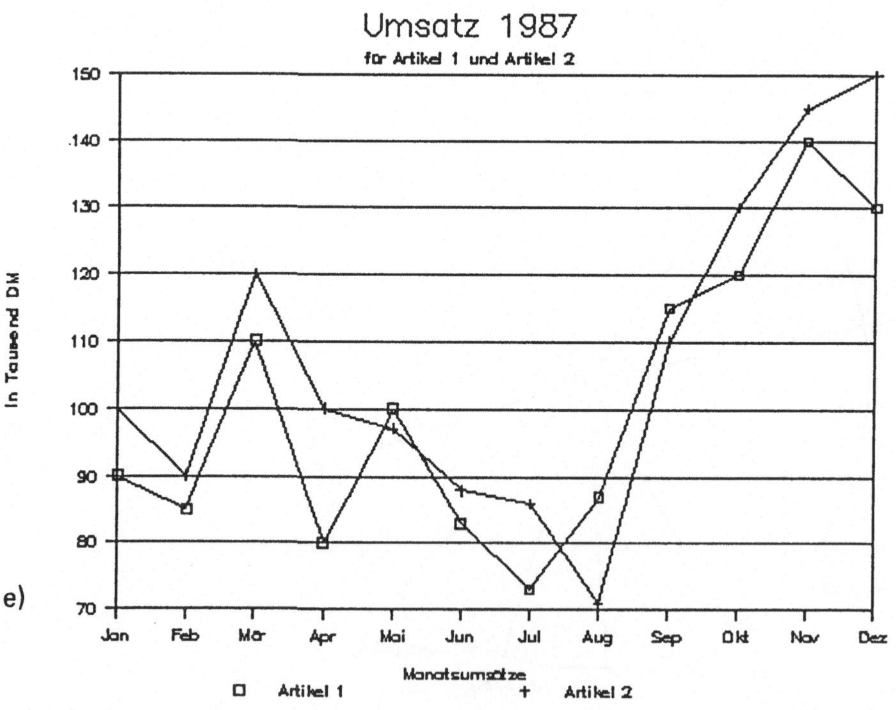

Umsatz 1987
für Artikel 1 und Artikel 2
In Tausend DM
150
140
130
120
110
100
90
80
70
Jan
Feb
Mär
Apr
Mai
Jun
Jul
Aug
Sep
Okt
Nov
Dez
Monatsumsätze
Artikel 1
Artikel 2
e)

Anhang

Datums- und Zeitfunktionen

Umwandlung von Datumsfunktionen in Seriennummern und umgekehrt:

@DATUM *(Jahr; Monat; Tag)*

@DATUMWERT *(Datum-Folge)*

@JAHR *(Datumseriennummer)*

@JETZT

@MINUTE *(Zeitseriennummer)*

@SEKUNDE *(Zeitseriennummer)*

@STUNDE *(Zeitseriennummer)*

@TAG *(Datumseriennummer)*

@ZEIT *(Stunde; Minute; Sekunde)*

@ZEITWERT *(Zeit-Folge)*

Finanzfunktionen

@AFADEG *(Kosten; Restwert; Lebensdauer; Zeitraum)*
Degressive Abschreibung

@AFADIG *(Kosten; Restwert; Lebensdauer; Zeitraum)*
Digitale Abschreibung

@AFALIN *(Kosten; Restwert; Lebensdauer)*
Lineare Abschreibung für eine Periode

@AKTWERT *(Investition; Zinssatz; Perioden)*
Gegenwartswert von Kapitaleinsätzen

@ANN *(Kapital; Zinssatz; Zukwert)*
Annuität einer nachschüssigen Rente

@INTZINS *(Schätzwert; Bereich)*
Interner Zinsfuß

@LAUF *(Zinssatz; Zukwert; Aktwert)*
Laufzeit eines Darlehens

@NETAKTWERT *(Zinssatz; Cashflow-Bereich)*
Barwert von Rückflüssen

@RATE *(Kapital; Zinssatz; Perioden)*
Periodische Rückzahlung eines Darlehens

@ZINS *(Zukwert; Aktwert; Perioden)*
Periodischer Zinssatz

@ZUKWERT *(Investition; Zinssatz; Perioden)*
Zukünftiger Wert einer Kapitalanlage

Logische Funktionen

@FALSCH
Logischer Wert 0 (FALSCH)

@ISTFEHLER *(x)*
Wenn x den Wert Fehler enthält, dann 1 (WAHR); sonst 0 (FALSCH)

@ISTFOLGE *(x)*
Wenn x einen Zeichenfolgenwert enthält, dann 1 (WAHR); sonst 0 (FALSCH)

@ISTNV *(x)*
Wenn x den Wert NV enthält, dann 1 (WAHR); sonst 0 (FALSCH)

@ISTZAHL *(x)*
Wenn x einen numerischen Wert enthält, dann 1 (WAHR); sonst 0 (FALSCH)

@WAHR
Logischer Wert 1 (WAHR)

@WENN *(Bed.; x; y)*
Wenn Bedingung WAHR, dann x; sonst y

Mathematische Funktionen

@ABS *(x)*
Absolutwert von x

@ACOS *(x)*
Arcuscosinus von x

@ASIN *(x)*
Arcussinus von x

@ATAN *(x)*
Arcustangens von x (zwei Quadranten)

@ATAN2 *(x; y)*
Arcustangens von x (vier Quadranten)

@COS *(x)*

@EXP *(x)*

@INT *(x)*
Ganzzahliger Teil von x

@LN *(x)*
Natürlicher Logarithmus von x

@LOG *(x)*
Zehnerlogarithmus von x

@MOD *(x; y)*
Rest von x geteilt durch y

@PI

@RUNDEN *(x; n)*
Wert von x wird auf n Stellen gerundet

@SIN *(x)*

@TAN *(x)*

@WURZEL *(x)*

@ZUFALLSZAHL
Zufallszahl zwischen 0 und 1

Sonderfunktionen

@@(Zelle)
Inhalt der Zelle, auf die mit der Zelladresse in *Zelle* Bezug genommen wird

@FEHLER
Der Wert Fehler

@HVERWEIS *(Argument; Bereich; Versatz)*
Das *Argument* in einem *Bereich* ist wieder nach *Versatz* Zeilen zu finden

@INDEX *(Bereich; Spaltennr.; Zeilennr.)*
Inhalt der Zelle am Schnittpunkt zwischen Spalte und Zeile

@NV
Wert nicht verfügbar

@SPALTEN *(Bereich)*
Anzahl von Spalten in *Bereich*

@VVERWEIS *(Argument; Spaltenbereich; Versatz)*
Das *Argument* in einem Bereich ist wieder nach *Versatz* Spalten zu finden

@WAHL *(Selektor-Zahl; Argument0; ..Argumentn)*
Die *Selektorzahl* wählt unter verschiedenen Möglichkeiten *(Argumenten)* aus

@ZEILEN *(Bereich)*
Anzahl von Zeilen in einem *Bereich*

@ZELLE *(Folge; Bereich)*
Informationen über die *Folge* in der oberen Ecke des *Bereichs*

@ZELLZEIGER *(Folge)*
Informationen über die hervorgehobenen Zellen in Form einer Folge

Statistische Funktionen

@ANZAHL *(Argument-Liste)*
Anzahl der Einträge in der *Argument-Liste*

@MAX *(Argument-Liste)*
Höchstwert in der *Argument-Liste*

@MIN *(Argument-Liste)*
Kleinster Wert in der *Argument-Liste*

@MITTELWERT *(Argument-Liste)*
Mittelwert der Werte in der *Argument-Liste*

@STDABW *(Argument-Liste)*
Standardabweichung der Werte in der *Argument-Liste*

@SUMME *(Argument-Liste)*
Summe der Werte in der *Argument-Liste*

@VAR *(Argument-Liste)*
Varianz der Werte in der *Argument-Liste*

Statistische Datenbankfunktionen

@DANZAHL *(Datenbank-Bereich; Spaltennummer; Kriterien-Bereich)*
Anzahl der Zellen in der *Spaltennummer* des *Datenbank-Bereiches*, die den Kriterien im *Kriterien-Bereich* entsprechen

@DMAX *(Datenbank-Bereich; Spaltennummer; Kriterien-Bereich)*
Höchstwert in der *Spaltennummer* des *Datenbank-Bereiches*, der den Kriterien des *Kriterien-Bereiches* entspricht

@DMIN *(Datenbank-Bereich; Spaltennummer; Kriterien-Bereich)*
Geringster Wert in der *Spaltennummer* des *Datenbank-Bereiches*, der den Kriterien des *Kriterien-Bereiches* entspricht

@DMITTELWERT *(Datenbank-Bereich; Spaltennummer; Kriterien-Bereich)*
Mittelwert der Werte in der *Spaltennummer* des *Datenbank-Bereiches*, der den Kriterien des *Kriterien-Bereiches* entspricht

@DSTABW *(Datenbank-Bereich; Spaltennummer; Kriterien-Bereich)*
Standardabweichung der Werte in der *Spaltennummer* des *Datenbank-Bereiches*, der den
Kriterien des *Kriterien-Bereiches* entspricht

@DSUMME *(Datenbank-Bereich; Spaltennummer; Kriterien-Bereich)*
Summe der Werte in der *Spaltennummer* des *Datenbank-Bereiches*, der den Kriterien des
Kriterien-Bereiches entspricht

@DVAR *(Datenbank-Bereich; Spaltennummer; Kriterien-Bereich)*
Varianz der Werte in der *Spaltennummer* des *Datenbank-Bereiches*, der den Kriterien des
Kriterien-Bereiches entspricht

Zeichenfolgenfunktionen

@CODE *(Zeichenfolge)*
ASCII/LICS-Codenummer des ersten Zeichens in der *Zeichenfolge*

@EIGENNAME *(Zeichenfolge)*
Die Wörter in der *Zeichenfolge* beginnen mit einem großen Buchstaben

@ERSETZEN *(Original-Zeichenfolge; Startnummer; Anzahln; Ersatz-Zeichenfolge)*
Ab der *Startnummer* werden *n* Zeichen aus der *Original-Zeichenfolge* gelöscht und die
Ersatz-Zeichenfolge an dieser Stelle eingefügt

@F *(Bereich)*
Wert der Zeichenfolge der linken oberen Eckzelle des *Bereichs*

@FINDEN *(Suchfolge; Zeichenfolge; Startnummer)*
Position, bei der die *Suchfolge* das erste Mal in der *Zeichenfolge* auftritt, wobei mit
dem *Startwert* begonnen wird

@FOLGE *(x; n)*
Setzt den Wert *x* in eine Zeichenfolge mit *n* Dezimalstellen um.

@GLEICH *(Zeichenfolge1; Zeichenfolge2)*
Wenn *Zeichenfolge1* gleich *Zeichenfolge2*, dann 1 (WAHR), sonst 0 (FALSCH)

@GROSS *(Zeichenfolge)*
Sämtliche Buchstaben in der *Zeichenfolge* werden Großbuchstaben

@KLEIN *(Zeichenfolge)*
Sämtliche Buchstaben in der *Zeichenfolge* werden Kleinbuchstaben

@KOMPR *(Zeichenfolge)*
Zeichenfolge ohne führende, abschließende oder aufeinanderfolgende Leerzeichen

@LÄNGE *(Zeichenfolge)*
Anzahl von Zeichen in der *Zeichenfolge*

@LINKS *(Zeichenfolge; n)*
Die ersten *n* Zeichen der *Zeichenfolge*

@MITTE *(Zeichenfolge; Startnummer; Längennummer)*
Gibt die *Zeichenfolge* an, die bei der *Startnummer* beginnt und die Länge *Längennummer*
hat.

@RECHTS *(Zeichenfolge;n)*
Die letzten *n* Zeichen einer *Zeichenfolge*

@W *(Bereich)*
Numerischer Wert der linken, oberen Eckzelle im *Bereich*

@WERT *(Zeichenfolge)*
Wandelt eine *Zeichenfolge* in einen numerischen Wert um

@WIEDERHOLEN *(Zeichenfolge; n)*
Eine *Zeichenfolge* wird *n* mal wiederholt

@ZEICHEN *(x)*
ASCII/LICS-Zeichen, das durch die Codenummer *x* dargestellt wird

Makrofunktionen und Makrobefehle

Makrofunktionen

{?}
Hält die Ausführung eines Makros für eine Eingabe von der Tastatur an

{Unterprogramm-Name <*Wahlweises Argument*>}
Ruft ein Unterprogramm auf

{ANZEIGE *Zeichenfolge*}
Ändert die Anzeige in der rechten oberen Ecke des Bildschirms

{BEDIENFELDAUS}
Unterdrückt während der Makroausführung die erneute Anzeige des Bedienfeldes

{BEDIENFELDEIN}
Zeigt das Bedienfeld während der Makroausführung wieder an und macht den Befehl
BEDIENFELDEIN wieder rückgängig

{BEIFEHLER *Sprungort;* <*Fehlermeldungsart*>}
Bei einem Fehler wird die Ausführung ab dem *Sprungort* weitergeführt und eventuell
die *Fehlerart* ausgegeben

{BERECHNE *Ort;* <*Bedingung*>*;* <*Iteration*>}
Berechnet die Formeln in einem angegebenen Bereich Zeile für Zeile neu

{BERECHNESPALTEN *Ort;* <*Bedingung*>*;* <*Iteration*>}
Berechnet die Formeln in einem angegebenen Bereich Spalte für Spalte neu

{BREAKAUS}
Schaltet die *Breaktaste* während der Makroausführung aus

{BREAKEIN}
Schaltet die *Breaktaste* während der Makroausführung ein und macht den Befehl BREAK-
AUS rückgängig

{DATEIUMFANG *Ort*}
Bestimmt die Anzahl der Bytes in der gerade geöffneten Datei

{DEFINITION *Ort1: Typ1; Ort2: Typ2...*}
Gibt Zellen an, die Argumente in einem Unterprogramm-Aufruf speichern

{EINTRAG *Ort*}
Hält die Ausführung eines Makros vorübergehend an und speichert ein einzelnes Zeichen,
das in eine bestimmte Zelle eingegeben wurde

{ERÖFFNE *Dateiname; Zugriffsmodus*}
Öffnet eine Datei zum Lesen oder Schreiben (oder beides)

{FENSTERAUS}
Unterdrückt die erneute Anzeige des Bildschirms während einer Makroausführung

{FENSTEREIN}
Zeigt während der Makroausführung den Bildschirm erneut an und macht den Befehl
FENSTERAUS rückgängig

{FÜR *Arbeitsort; Start-Nummer; Stop-Nummer; Schritt-Nummer; Startort*}
Zählschleife ab *Start-Nummer* bis *Stop-Nummer* in einer Schrittweite *(Schritt-Nummer),*
beginnend ab *Startort*

{FÜRBREAK}
Macht die Ausführung der aktuellen FÜR-Schleife rückgängig

{HOLADRESSE *Ort*}
Sprung zu einem *Ort*

{HOLPOS *Ort*}
Zeigt in einer geöffneten Datei die aktuelle Position des Dateizeigers in einem angegebenen
Ort an

{INHALT *Zielort; Quellort;* <*Breite – Zahl*>; <*Format – Zahl*>}
Setzt den Inhalt einer Zelle als Label in eine andere Zelle

{LABELEINTRAG *Aufforderungszeichenfolge; Ort*}
Die Makroausführung wird angehalten, um eine Labeleingabe abzuwarten, die in *Ort*
gespeichert wird

{LEER <*Ort*>}
Löscht den Inhalt einer angegebenen Zelle oder eines angegebenen Bereichs

{LIES *Bytezähler; Ort*}
Liest ein Zeichen aus einer Datei in eine angegebene Zelle

{LIESZL *Ort*}
Kopiert eine Zeile mit Zeichen aus der gerade geöffneten Datei an einen bestimmten *Ort*

{MENÜAUFRUF *Ort*}
Ruft ein Unterprogramm in einem vom Benutzer definierten Menü auf

{MENÜSPRUNG *Ort*}
Erstellt ein individuelles Menü mit den entsprechenden Auswahlmöglichkeiten

{RESTART}
Löscht ein Unterprogramm

{SCHLIESSE}
Schließt eine Datei, die mit einem ERÖFFNE-Befehl geöffnet wurde

{SCHREIBE *Zeichenfolge*}
Kopiert Zeichen in eine geöffnete Datei

{SCHREIBEZL *Zeichenfolge*}
Fügt zu einer Zeichenfolge eine Zeilenvorschub-Folge hinzu und schreibt sie in die Datei

{SEI *Ort; Zahl*}
{SEI *Ort; Zeichenfolge*}
Speichert eine *Zahl* oder eine *Zeichenfolge* in einer angegebenen Zelle

{SETZE *Ort; Spaltennummer; Zeilennummer; Zahl*}
{SETZE} *Ort; Spaltennummer; Zeilennummer; Zeichenfolge*
Speichert eine *Zahl* oder eine *Zeichenfolge* in einer Zelle des angegebenen Bereiches ab

{SETZEPOS *Datei-Position*}
Setzt den Dateizeiger in der gerade geöffneten Datei an eine neue *Position*

{SPRUNG *Ort*}
Springt zu einem bestimmten Ort

{STOP}
Beendet die Makroanweisung

{TASTE *Ort*}
Prüft während der Makroausführung, ob ein Zeichen eingegeben wurde

{TON <*Zahl*>}
Löst ein akustisches Signal aus

{WARTEN <*Zeitseriennummer*>}
Wartet eine Zeitlang, bevor die weiteren Makroausführungen bearbeitet werden

{WENN *logischer Ausdruck*}
Wenn der logische Ausdruck von null verschieden ist, dann folgt die Anweisung direkt hinter diesem Befehl; sonst wird die nächste Anweisung bearbeitet

{ZAHLENEINTRAG *Aufforderungszeichenfolge; Ort*}
Fordert den Benutzer zu einer Zahleneingabe auf, die als Zahl in *Ort* gespeichert wird

{ZURÜCK}
Rücksprung aus dem Unterprogramm

/X-Makrobefehle

/XCOrt~
Ruft ein Unterprogramm auf

/XGOrt~
Springt zu einem bestimmten *Ort*

/XIBedingung~
Bedingter Sprungbefehl

/XLMeldung~ Ort~
Zeigt eine *Meldung* im Bedienfeld an und fordert eine Benutzereingabe als Label an

/XMOrt~
Erstellt ein vom Benutzer definiertes Menü

/XNMeldung~ Ort~
Zeigt eine *Meldung* im Bedienfeld an und fordert eine Benutzereingabe als Zahl an

/XQ
Beendet die Makroausführung

/XR
Rücksprung aus dem Unterprogramm

Sachwortverzeichnis

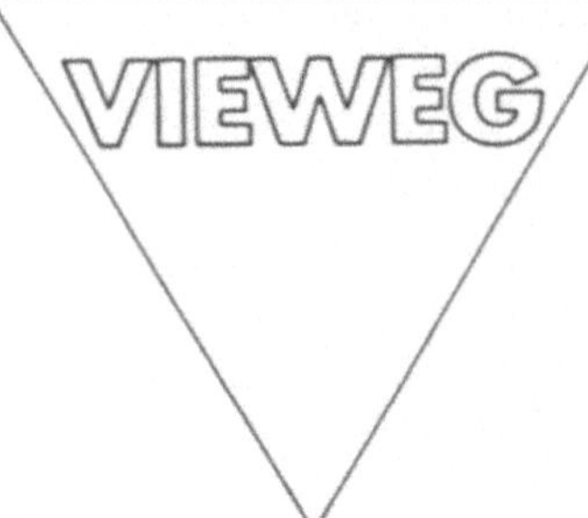

Ekbert Hering

Mathematische Probleme der Betriebswirtschaft

Finanzmathematik, Investitionsrechnung und Statistik auf dem IBM PC

1987. VIII, 183 S. mit 45 Programmen in BASIC. 16,2 x 22,9 cm. Kart.

Dieses Buch bietet die mathematischen Grundlagen und gibt Erläuterungen zu den Gebieten der Zins-, Renten-, Tilgungs- und Investitionsrechnung, ferner für die Renditen von Kapitalanleihen sowie der Statistik. Ausführliche Beispiele zeigen, wie mit Hilfe der ausgedruckten Programme eigene Probleme in diesen Gebieten effizient gelöst werden können. Die Programme in BASIC sind auch auf einer Diskette erhältlich, um das mühsame Abtippen zu ersparen. In den Diskettenprogrammen werden ebenfalls kurze Erläuterungen zu dem betreffenden Themenkreis gegeben. Alle Programme sind menügesteuert und benutzerfreundlich gestaltet.

Geeignet ist dieses Buch für Lernende und Studierende im Bereich Wirtschaft ebenso wie für Praktiker in Finanzierungsumfragen, zur Entscheidungsfindung bei Investitionsvorhaben oder zur statistischen Auswertung von Wirtschaftsdaten. Ebenso können interessierte Leser beispielsweise ihre Kreditfinanzierungsmöglichkeiten oder Investitionsalternativen sicher und schnell beurteilen. Dies ist insbesondere für Klein- und Mittelbetriebe wichtig.

Zum Buch ist eine begleitende Diskette für IBM PC unter MS-DOS ab Version 2.00 und kompatible Computer erhältlich.